实用口才艺术

交际　辩论　求职　商贸　演讲

● 董小玉　周绪全/著

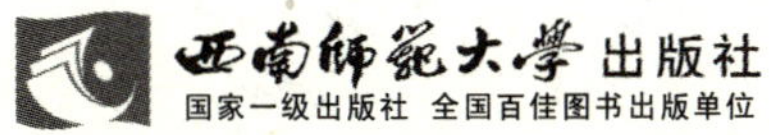

图书在版编目(CIP)数据

实用口才艺术 / 董小玉，周绪全著. —重庆 ：西南师范大学出版社，2013.9
ISBN 978-7-5621-6397-8

Ⅰ. ①实… Ⅱ. ①董… ②周… Ⅲ. ①口才学 Ⅳ. ①H019

中国版本图书馆 CIP 数据核字(2013)第 187175 号

实用口才艺术
董小玉　周绪全　著

责任编辑:钟小族
封面设计:刘何跃
制作排版:重庆大雅数码印刷有限公司
出版发行:西南师范大学出版社
地址:重庆市北碚区
网址:http://www.xscbs.com
印 刷 者:重庆五环印务有限公司
开　　本:787mm×1092mm　1/16
印　　张:12.25
字　　数:250 千字
版　　次:2014 年 1 月　第 1 版
印　　次:2014 年 1 月　第 1 次印刷
书　　号:ISBN 978-7-5621-6397-8

定　　价:25.00 元

致读者

年轻的朋友:

我国口才学理论的奠基人邵守义先生说:"人才未必有口才,有口才必定是人才。"此言极是。

本书献给你的,是千金难买的无价之宝——能说会道,能言善辩。难道你不想成为这样的人才吗?

人生在世,不可避免地要同各种各样的人打交道。与人打交道,尤其是与那些难以打交道的人打交道,实在是令人头痛的事情。"交际艺术"会让你左右逢源,无往而不成功;还能使你处好人际关系,和和美美地生活和工作。

当你的合法权益遭到侵犯,当你遭到冤枉、诽谤、诬陷,被人强加上莫须有的罪名,大难临头的时候,你最需要的是什么呢?"雄辩术"能使你逢凶化吉,化险为夷,转危为安;也可以帮助你在辩论赛场上、法庭辩论中稳操胜券。

"商务谈判术",运用它去买一套服装,可以为你节省几十甚至几百元钱;买一套设备,可以少花几千上万元。而作为卖方,也可以用它来增销量,赚大钱。

当今社会,只靠一纸文凭,已不能适应社会需要;即使你实力雄厚,但如果不善于自我推销,也很难如愿以偿地得到一个满意的工作。"自我推销诀窍"会帮助你顺利地把自己推销出去。

"当一个雄辩的演说家,你才能成为一个坚强的人……舌头是一把利剑,演说比打仗更有威力。""演讲艺术"能把你推上讲坛,成为一个雄辩的演说家。

本书熔实用性、知识性、趣味性于一炉,精彩纷呈。如若不信,请随手翻阅一二篇,保准你会爱不释手。

作者

目录

[MULU]

雄辩有扭转乾坤之功能，无论是在赛场辩论还是法庭辩论中，都有不容忽视的重要作用。

然而，辩论并不是人人都会的。在激烈的唇枪舌剑中，谁都想出奇制胜，都在制造“杀手锏”，随时都想置对方于“死地”。

那么，要怎样才能在辩论中获胜呢？

人人都要购买东西，都想少花钱多买点东西，但是你会砍价吗？而作为卖方，都想多推销多赚钱。这就必然形成“讨价还价”——这就是商务谈判。

商务谈判，既是经济实力的较量，更是智慧和技巧的比试。

谈判是一种斗智的谈话方式，因此，它需要技巧。

绪论

一、三寸之舌，强于百万之师

请想一想，要当好教师，没有口才行不行？要当好律师，没有口才行不行？要当好领导，没有口才行不行？要当好任何一个与人打交道的工作人员，没有口才行不行？

所谓口才，就是说话的才能，也就是善于运用口头语言准确、流畅、生动地表达自己的思想感情的能力。

早在公元前 2080 年，埃及一位年迈的法老就告诫即将继承王位的儿子麦雷卡："当一个雄辩的演说家，你才能成为一个坚强的人……舌头是一把利剑，演说比打仗更有威力。"18 世纪，法国的拿破仑也说过："一支笔，一条舌，能抵三千毛瑟枪。"我国古代文学评论家刘勰认为："一人之辩，重于九鼎之宝；三寸之舌，强于百万之师。"由此可见，口才之重要。

古希腊寓言作家伊索年轻的时候给贵族当奴仆。有一天，主人设宴请客，客人多是当时希腊的哲学家。主人吩咐伊索备办酒肴，要做最好的菜来招待客人。开宴时，看到席上的菜肴全是各种动物的舌头，主人大吃一惊，忙问是怎么回事，伊索回答说："您叫我为这些尊贵的客人办最好的菜，舌头是引领各种学问的关键，对于这些哲学家来说，舌头宴不是最好的菜吗？"客人都被伊索说得大笑起来。第二天，主人吩咐再办一次宴会，菜要最坏的。开宴上菜时，端上来的依然全是舌头，主人一见，便大发雷霆。伊索却镇定地解释道："很多坏事不是从口里出来的吗？舌头既是最好的，也是最坏的东西啊！"

这个故事表明，说话的好坏，会产生迥然不同的效果，口才绝不是无足轻重的东西。

在现代社会，口才已成为决定一个人工作及事业成败的关键。同样一件事，这么说就能办成，那样说就办不成；同样一句话，这么说听来悦耳，那样说令人反目。一句话可以把人说笑，一句话可以把人戳跳。良言一句三冬暖，恶语伤人六月寒。

朱元璋当了皇帝以后，他从前相交的一班苦朋友还过着穷日子。有一天，一位苦朋友从很远的乡下来到京城里求见皇帝朱元璋。他一见面，就当着满朝文武大臣的面，直接就说："你还记得吗？从前，你我都替人家放牛。有一天，我们在芦花荡里，把偷来的豆子放在瓦罐里煮来吃。还没等煮熟，大家就抢着吃，把罐子都打破了，撒下一地的豆子，汤也泼在地上了。你只顾在地上抓豆子吃，不小心连红草叶子也送进嘴里，叶子卡在喉咙口，痒得你哭笑不得。还是我出的主意，叫你用青菜叶子放在手上拍柔了吞下去，才把红草叶子带进肚子去了……"还没等他说完，朱元璋就恼羞成怒，嫌他太不顾体面，连声大喝："推出去斩了！推出去斩了！"这件事被另一位苦朋友知道了，他暗暗一笑，心想这位老兄太不会说话了，我必须如此这般，才能混个官做。于是他也来到京城求见朱元璋。行过大礼之后，他说："吾皇万岁万万岁！当年微臣随驾扫荡芦州府，打破罐州城，汤元帅在逃，拿住豆将军，红孩儿当关，多亏了菜将军。"朱元璋听他说得非常好听，既把过去的事点了出来，又把自己描绘得威风凛凛，心里很高兴，立刻封他为御林军总管。

同样一件事，同样的意思，说得不好的招来杀身之祸，说得巧妙的如愿所偿。

口才的作用已经渗透到当代社会生活的各个领域，大到解决国际争端，一场智斗，能够免除刀兵之祸；同外商洽谈，索赔，一段利辞，可以赢得亿万资财；作施政演说，一篇妙语，能使群情激奋，民心大振。小到做思想工作，一席恳谈，可使庸人立志，浪子回头；邻里纠纷、家庭不和，一顿劝解，能够消除"战火"，重归于好；法庭辩护，一番雄辩，可以避免冤假错案，伸张正义。至于待人接物、演讲报告、公关交际、座谈讨论、谈判论辩、课堂教学、论文答辩，等等，无一不需要口才。若缺乏这方面的素质，在当今社会会越来越感到寸步难行。

二、宝剑锋从磨砺出，梅花香自苦寒来

我们所处的时代要求我们必须具备口才，我们所要从事的职业要求我们必须掌握口头表达艺术。

然而口才并不是天生的，也不是无师自通的。"宝剑锋从磨砺出，梅花香自苦寒来。"古今中外著名的演讲家、雄辩家，无一不是通过刻苦练习而成的。

第二次世界大战期间的英国首相丘吉尔，是一位出类拔萃的演说家，被列为世界十大著名演说家之一。但是，丘吉尔在议会上发表演说时，曾经栽过一次大跟斗——当他讲到一半时，突然忘记了下文，怎么也想不起来了，憋得面红耳赤，只好中断演讲，尴尬地回到自己的座位上。但他毫不气馁，潜心研究演讲技巧，经常锻炼自己的口头表达能力。功夫不负有心人，丘吉尔终于成为"世纪的演说家"和卓越的政治家。

日本前首相田中角荣和英国前首相撒切尔夫人，在步入政坛之后，仍然努力提高自己的演讲水平。撒切尔夫人还特意请来声乐教师指导自己发声，使讲话更加悦耳。

萧楚女是毛泽东同志推崇的一位很有才华的演说家。他的演讲才能也是靠刻苦训练而来的。他在重庆女子第二师范学校教书时，除了认真备课外，每天天

刚亮，他就跑到学校后山僻静的地方，把一面镜子挂在树枝上，对着镜子练习演讲，从镜子里观察自己的表情、口形和姿势。他不是"科班"出身，经过勤学苦练，获得了很深的学问，掌握了高超的演讲才能和技巧。大革命时期，年方30岁的萧楚女就先后在广东农民运动讲习所当教员，在黄埔军校当教官。他说:"很多青年同志问我，不会演说不会写文章，怎么办？我答复他们，只有勤学苦练，除此以外，我想不出别的办法来。"

闻一多是最受群众特别是青年欢迎的演说家之一。他的口才也不是从娘肚子里带来的，他平时很注意练习演讲术。据他的日记记载，他在清华大学读书时，有一天曾到钟台下练习演讲8遍；第二天又"夜里外出练习演说12遍"；5天以后，他又在天寒地冻的深夜到清华园工字厅北面土山上的凉亭里，对着一片湖水，迎着呼啸的北风，用低沉坚定、富有感情的嗓音练习演说，直到严寒刺骨才返回宿舍。回到宿舍仍不罢休，又"温习演说5遍"。由此可见，闻一多练习演说之勤苦专心。

在上海读书演讲比赛中荣获一等奖的女青年裘琪芳，初次登台演讲时，脸上毫无表情，简直像一个中学生在背书。后来，她发誓苦练演讲术，多少个日日夜夜，她背着稿子讲，对着镜子演，抱着录音机练，请哥哥听，请老师教。有时喉咙讲哑了，仍不停歇。功夫不负有心人，她终于成为幸运儿——在成百上千个参赛者中，力挫群雄，独占鳌头。她深有体会地说:"中国女排的幸运，存在于她们成吨的汗水之中；数学天才的幸运，存在于他几十麻袋的手稿之中；著名作家的幸运，存在于他成千上万个不眠之夜中。"

无数事实证明，口才的好坏，取决于后天的练习。只要功夫深，铁杵磨成绣花针。只要肯下苦功，即使笨嘴也是可以变成巧嘴的。

你想成为能说会道的人才吗？你想提高演讲、谈判、论辩水平以适应社会需要吗？你想培养交际能力，迅速提高工作效率吗？那就请你从现在起，踏踏实实地锻炼自己的口才吧！

三、问渠哪得清如许，为有源头活水来

当代杰出的演说家李燕杰同志说过:"汝果欲演讲，功夫在讲外。"这就是说，成功的演讲，是辛勤劳动的结晶；出众的口才，不是凭主观愿望获得的，而是从勤学苦练中获得的。

那么，要怎样才能练好口才呢？

一要多积累知识。因为知识是口才的基础，没有知识就肯定没有口才。要想把话说好，必须有丰富的知识。只有具备了多方面的知识，才能在说话时得心应手，上下几千年，纵横数万里，古今中外，天南海北，旁征博引，滔滔不绝。

例如，李燕杰在题为《国家、民族与正气》的演讲中，就运用了肖邦、贝多芬、齐白石、屈原、文天祥等人的事迹，运用了我们伟大祖国的概况、中华民族的文化遗

产和古希腊、罗马、俄罗斯、英国的文化成就等等。这些材料涉及历史、地理、政治、文学、艺术、语言等多种知识领域。这样的演讲，气魄宏伟，内容充实，而又特别吸引人。

又如《我的理想》，是河北省滦县二中初一年级学生李婷婷所作的演讲。

同学们、朋友们：

我有一个理想，她是非常美好的，又是十分实际的；她是富有魅力的，又是充满风险的。我越来越感到实现这个理想是不容易的，但我还是坚定地选择了她。

朋友们，告诉你们吧：我，将来要做一个记者，一个有胆识、有才华、有成就的中国女记者！

我要像为朱德总司令写传记的美国女记者史沫特莱那样，让那些革命英雄的事迹传遍全球；我要像被毛主席多次接见过的女记者安娜·路易斯·斯特朗那样，向全世界传播真理的声音；我要像《红岩》里的女记者陈静一样，同邪恶势力斗争到底；我要像特级记者冯森龄那样，敢于把真话真情告诉党中央；我要像著名记者李文琪那样，从遥远的南极洲发回振奋人心的消息；我要像跟随胡耀邦同志访问太平洋五国的那位女记者那样，向全国人民报道友谊使者的行踪……

我将去台湾的日月潭，报道祖国统一之后海峡两岸亲人团聚的欢乐；我将去香港，拍下1997年香港各界欢迎人民解放军的场面；我将报道祖国大西北的荒原上怎样崛起一座工业基地；我将报道中国科技大学少年班怎样培养出一代英才；我将访问风景秀丽的平壤，报道“教育之国”尊重教师的故事；我将在巴黎的艾菲尔铁塔下面，请“巴黎公社”社员的子孙们叙述先人的业绩；我将从长江口路过爪哇岛然后一直到马达加斯加，重温郑和下西洋播下的友谊；我将沿着丝绸之路直达意大利的名城威尼斯，写出新的《马可·波罗游记》；我要访问赤道上的著名城市万隆，报道那里的人们对周总理的怀念……当然，我更要回到我的第二故乡唐山，向全世界报道这座在我3岁那年被强烈地震毁灭了的城市，又怎样以新的姿态，重新矗立在渤海岸边。

记者的职责要求我必须有高度的政治素养，渊博的知识，高超的表达能力。那么，在中学阶段未来的五年零两个月里，我该怎么做呢？

因为我将是跨世纪的女记者，所以我必须比林黛玉聪明12倍！她精通诗文，而我，除此之外，还必须掌握数学、物理、化学、生物、历史、地理和生理知识，这不但使我能理解各行各业的采访对象，而且还能使我从历史的宝库里吸取无尽的营养，让五洲的风云开阔我的胸怀，让我的大脑经受住严格的科学思维训练，使我的文章能像列宁那样：“以强大的逻辑力量把读者俘虏得一个也不剩！”

我还要学好音乐、美术和体育。这不但使我采访艺术家和体坛明星时，能够体会他们的甘苦，而且还将使我受到美的熏陶，使我对自然之美心灵之美、语言之美、运动之美，能有敏锐、准确的感受，能作美的表达。在未来的岁月里，跋山涉水将是家常便饭，五湖四海将是我的家，我必须有良好的体质和持久的耐力！

作为一个记者，当然要特别学好政治和语文。因为记者是捍卫马列主义的战士，是共产主义的宣传家，是具有真才实学的社会活动家，是党和政府的喉舌，是人民群众的代言人，又是良好文风的实践者和倡导者。我要认认真真地学，勤勤恳恳地练！写字，一笔不苟；造句，字斟句酌；阅读，细细咀嚼；作文，写出真情实感。要能吸收，能消化，能创造！

当然，我还必须学好外语。因为我将来不但要出席联合国秘书长的记者招待会，而且当我随着“中国太空考察团”登上火星的时候，我还要用5种语言向地球发回爆炸性的独家新闻，不打好外语基础怎么行呢？

朋友们！请看，在我的面前，还有多么遥远的征程啊！需要我奋力拼搏，也需要你们的帮助和激励！——今天需要，将来更需要！因为，只有有了你们的开拓和成功，才能使我这个记者有报道的素材！当你的科研项目取得突破的时候，当你的产品打进国际市场的时候，当你在奥运会上取得金牌的时候，当你的花生新品种终于培育成功的时候……我一定来。请不要忘了告诉我一声！写信请寄“新华社记者李婷婷收”。请注意：是“女”字旁的“婷”，不是停止的“停”！——因为，我既然树立了这样一个崇高而宏伟的理想，那么，我的学习就决不能“停”，我的追求也决不能“停”，我的奋斗就更不能“停”，永远不能“停”！

她讲到记者的素质和职责时，随口举出了14个人物，17个处所，从史沫特莱到列宁，从南极洲到火星。她那广博的学识，不但吸引了她所在学校的同学们，连老师们也觉得耳目一新，“开了眼界”。“不积跬步，无以致千里；不积小流，无以成江海。”这是她勤于积累知识的结果。

在我国近代史上，许多杰出的革命家都有着极好的口才，诸如孙中山、毛泽东、邓小平、周恩来、陈毅、鲁迅等，他们同时也是知识渊博的学者。

“问渠哪得清如许，为有源头活水来。”人们口若悬河，谈笑风生，都是以渊博学识和丰富阅历为基础的。

与此相反，那些胸无点墨、不学无术的人，是根本谈不上有口才的，说起话来，不是信口雌黄，就是错误百出。例如，抗日战争前，广东有个军阀叫李福林，他不学无术，却爱装成很有学问的样子。每讲一句话，都要附庸风雅地加上一两个文绉绉的词语。有一天，他到中山大学去演讲，一开口就说：“诸位大学生们，校长阁下敬请我光临敝校，本人深感侥幸，犹似鹤立鸡群，不由得使我飘飘然……”学生们哄堂大笑，李福林不高兴地说：“你们笑什么？我是个大老粗，说话虽然狗屁不通，可是打起仗来，我能赤膊上阵！”这几句话不但使更多的学生嘲笑，就连板起面孔瞪着学生们的校长也忍不住“嗤”地笑出声来。

像这样的所谓“演讲”，除了遭到耻笑之外，还有什么意义呢？

因此，要想成为一个能说会道的人，必须注意丰富自己的知识，要使自己对古今中外、天文地理、语言文学、物理化学、三教九流，都有所涉猎。

二要多开口说话。所谓口才，就是说话的才能。练口才，就必须多开口说话。如果不言不语，这才能从何而来？有的人从小到大，没有当众讲过一次话，自然就谈不上有口才。不过，“亡羊补牢，未为迟也”。从现在起，只要你高度重视，勤学苦练，“人一能之，己十之；人十能之，己百之”，通过千百次的实践，你就一定会早日磨利口才这把宝剑的。生活为我们提供了无数锻炼口才的机会。从你早上起来同别人打第一声招呼，到晚上就寝前道的“晚安”，凡是要说话的时候，都是锻炼我们口才的时机。关键在于自己要自觉地、大胆地、认真地讲好每一句话，并且经常对所讲过的话进行反思：哪些话讲得好，可以保持和发扬；哪些话说得不好，尚待改进。“一分耕耘一分收获”，收获的大小或提高的多少是与付出的劳动成正比的。你如果真想提高你的口才技巧，你就得不怕苦，不怕累，舍得牺牲休息时间，像丘吉尔、萧楚女、闻一多、裘琪芳等人那样刻苦练习。那种浅尝辄止、遇难便退、不肯多付出心血和汗水的人，那种三天打鱼、两天晒网，一曝十寒的人，是不可能有所成就的。

三要掌握说话的技巧。一个人敢说话、会说话，还不等于有口才，正如一个人会骑自行车还不是艺术一样，只有杂技演员娴熟的骑车表演，才称得上艺术。口才实质上是一种语言艺术，要真正掌握这种艺术、把话说好并非易事，它包括很多方面的技巧，诸如演讲、交际、谈判、辩论、教学，以及与这相关的控场、应变、说话得体、说服人的诀窍、拒绝人的妙法、幽默风趣、运用逻辑推理等等。正因为如此，我们才有必要研究口才学。

交际艺术

——如何成功地与人打交道

人生在世，不可避免地要同各种各样的人打交道。

现代人只有在与他人打交道的过程中才能实现其意图，施展其才华，获得其成就。

与人打交道，尤其是与那些难以打交道的人打交道，实在是令人头痛的事情。

那么，要怎样才能成功地与各种各样的人打交道呢？

一、说话要得体

与人交谈，你是想触怒对方，得罪对方，使他厌恶你，甚至离你而去，与你断绝关系呢，还是想让对方乐于与你交谈，喜欢听你说话，甚至同意你的说法，达到你的目的呢？

我想，任何一个正常人，从主观愿望上来说，都只会是后者，不会是前者。

可是，在客观实际上，在现实生活中，却往往事与愿违。

从前，有个叫刘大的人，满 60 岁了，特地办了一桌丰盛的酒宴，请他的好朋友张三、李四、王五、赵六来吃生日酒。快开饭了，赵六还未来，刘大着急了，自言自语地说："唉，该来的不来。"张三听到了，心想："我可能是不该来的。"于是拍拍屁股，扬长而去。刘大见张三莫名其妙地走了，更加着急地说："唉，不该走的又走了。"此话被李四听到了，他想："我大概是该走的。"于是也拂袖而去。王五见此情形，便劝刘大："老兄，你今后说话可得注意点啦！"刘大双手一摊，非常委屈地说："其实我又不是说的他们哩！"王五听了，心想："那一定是说的我了。"一转身也走了。刘大不明究竟，吃惊地说："啊，怎么都走了？"

刘大好客，反而把客人都得罪了。这是什么原因呢？主要是由于他说话不得体。

过去，有个姓李的小伙子，去给岳父祝寿。临走时，父亲特地嘱咐他，到了老丈人那里，要多说"寿"字，比如见人送礼，要说"寿礼"；见了面条，要说"寿面"；见了蜡烛，要说"寿烛"；见了桃子，要说"寿桃"。这样，老人家听了才高兴。小伙子牢记在心，到了岳父家，见岳父身穿一件崭新的长袍在迎接客人，他马上讨好地恭维道:“爸,您这件寿衣好漂亮啊!”一句话,差点把老丈人给气死。这位女婿弄巧成拙,好心说了错话。

在现实生活中,像刘大和这位女婿那样因为不会说话而不知不觉得罪人的情况,是屡见不鲜的。世界著名作家萧伯纳曾经说过:“任何英国人,一旦开口,能不使别的英国人记恨或蔑视,是一件难之又难的事。”岂止是英国人,中国人又何尝不是如此呢?常常一开口就伤害别人的自尊心,引起人家的不愉快,使人产生反感,令人厌恶。

说话要考虑后果,不能想说什么就说什么。所谓“言者无心,听者有意”。如果你说话时不考虑听者的感受,就很容易在无意中伤害别人,进而产生一些不必要的误会,导致交际失败。

说话一定要让人爱听,易于接受,并且不至于产生误解。要说得人心悦诚服,才会产生好的效果,如愿以偿地达到交际的目的。这就是说话要得体。

那么,要怎样才能把话说得得体呢?

首先,要讲究礼貌,注重效果。

每一个人都有自尊心,时时刻刻都在维护自己的人格尊严。你如果有求于人,你只有礼貌待人,尊重别人,才能得到别人的帮助。

古时候,有个年轻人骑着马赶路,时至黄昏,还没有找到住处。忽见路边有一老农,他便在马上高声喊道:“喂,老头儿,离旅店还有多远?”老人说:“无礼!”年轻人以为他说“五里”,于是策马飞奔,向前驰去。结果一跑十多里,仍不见人烟。他想,这老头真可恶,回去非得整治他不可!并自言自语道:“五里,五里,什么五里?”猛然间,他醒悟过来:“莫非他说我‘无礼’?”于是他拨转马头,往回赶去,见那老农还在路边耕耘,他连忙翻身下马,亲热地叫了一声“老大爷”。还没等他发问,老人就说:“你已经错过了旅店,如不嫌弃,可到我家住一宿。”

俗话说:“良言一句三冬暖,恶语伤人六月寒。”“一句话可以把人说笑,一句话可以把人戳跳。”如果你想接通感情的热线,使交际畅通无阻,你就得讲究礼貌。

与人谈话,称呼语是必不可少的。在交际中,人们对称呼恰当与否的问题,是十分敏感的。尤其是初交,往往会影响到交际的成败。一声得体的称呼,马上就可以架起交流思想感情的桥梁;如若称呼不当,就会使交际双方发生情感上的障碍,导致交际失败。

称呼有尊称与鄙称之分,尊称易使双方感情融洽,鄙称,特别是带有侮辱性的绰号,最容易使人反感。一般说来,直呼其名也是不礼貌的。尤其是上了年纪的人,很不喜欢别人叫他的名字;还有下级在领导面前、学生在老师面前、晚辈在长辈面前,如果直呼其名,更是深恶痛绝。所以对年老的人、对领导、对老师、对长辈、对同事,最好不要直呼其名,而应该用尊称。

亲切美好的问候,能沟通人们相互之间的心灵,密切彼此之间的情感。碰到熟人,主动打招呼,主动问好;打电话时,先道一声:“您好!”都会给人留下美好的印象。

常用的礼貌语言有：(1)求人帮忙，说“劳驾”“谢谢”；(2)回答别人的致谢或道歉，说“不值一谢”“别客气”“没关系”；(3)有疑而问，说“请问”“请教您一个问题”；(4)有了过失求人原谅，说“对不起”“请原谅”“很抱歉”“请包涵”；(5)有事找别人商量，说“打搅了”；(6)与朋友好久才见面，说“久违了”；(7)请别人勿送自己，说“请留步”、“请回去吧”；(8)有事不能陪客人，说“失陪”；(9)客人到来，说“欢迎光临”；(10)未及迎接，说“有失远迎”；(11)祝人健康，说“多多保重”；(12)分别时，说“再见”；(13)初到一个单位，与领导或同事见面，说“请多关照”。

讲究礼貌，还要注意静听别人的谈话。静听别人谈话，对讲话人而言是一种最高的礼遇。注重实际的学者伊利亚说：“专心注意对你讲话的人极为重要，没有别的东西像那样使人开心的。”应聘青年小李的经验可以给我们以启迪。

报上登了一则广告，某公司高薪招聘一名经理助理。应聘者纷至沓来，但 10 个当中有 9 个见了经理都是滔滔不绝地诉说自己的学历、经历和特长等，没有一个引起经理的重视。

只有小李一个人例外，他一见到这则广告，就多方面了解和收集这位经理的经历和业绩。与经理见面时，小李一开始就说：“周经理，我很乐意在您手下工作，我觉得能为您当助手，是最大的幸事。因为您是一位有成就的人。我知道您 15 年前创办公司的时候，只有一张桌子、一位职员和一部电话机，经过艰苦奋斗，才有今日的辉煌。您这种创业的精神令我敬佩不已。”

所有事业成功的人，一般都喜欢回忆当年奋斗的经历。这位经理也不例外，他很高兴地讲述起自己成功的历史。小李则自始至终专心致志地洗耳恭听，并不时地点头表示钦佩。最后，经理只是简单地问了一下小李的经历，接着就对旁边的人事部主任说：“这就是我们所需要的人了。”

由此可见，我们要想成为一个善于谈话的人，就要做一个注意倾听的人。在对方发言的过程中，既不要去插嘴，也不要左顾右盼，心不在焉，要注视对方，以示专心，在必要时，适当地表态，以示对他的赞赏或配合。

第二，赞美别人，赢得好感。

美国学识最渊博的哲学家约翰·杜威指出：“人类本质里最深远的驱策力就是希望具有重要性。”美国心理学家威廉·詹姆斯也说：“人类本质中最殷切的需求是，渴望被肯定。”美国总统林肯曾在写给别人的信中提到：“人人都喜欢受人称赞。”举例来说，美国石油大王洛克菲勒让人觉得自己“具有重要性”的方法，是捐款在中国北京建立一所现代化的医院，造福于那群未曾谋面的穷苦人民；作家雨果最热衷的，莫过于希望有朝一日巴黎能改名为雨果市；甚至莎士比亚，也千方百计地为自己的家族谋求一枚象征荣誉的徽章。总之，所有的人都希望自己能在别人心目中占有一定的地位，渴望受到别人的尊重、肯定和赞美。这是人类行为的一个极其重要的法则，也是人类区别于其他动物的一种特有的心理需求。这绝不是虚荣心的表现，而是渴求上进，寻求理解、支持与鼓励的表现，是一种正常的心理需要。所以，打动别人的最好办法，是通过真诚的赞赏表现出你衷心地认为他很重要。给人以真诚的赞美，体现了对人的尊重、期望与信任，并有助于增进彼此间的了解和友谊，是协调人际关系的好方法，是成功交际的重要秘诀。

1973年2月，美国总统尼克松访华，随访的国务卿罗杰斯因为尼克松没有安排他参加毛泽东主席的会见而感到不满，因此对《中美联合公报》的内容持有异议。周恩来总理知道后，主动到他下榻的宾馆去会见罗杰斯。一见面，周总理就说："国务卿先生，我受毛泽东主席委托，来看望您和各位先生。这次中美两国打开大门，是得到罗杰斯先生主持的国务院大力支持的。……我尤其记得，当我们邀请贵国乒乓球队访华时，贵国驻日本使馆就英明地开了绿灯，说明你们的外交官很有见地。"罗杰斯听了这赞扬话，很高兴，笑着说："总理先生也是很英明的。我真佩服你想出邀请我国乒乓球队的高招，太漂亮了！一下子就将两国疏远的距离拉近了。"在这里，我们可以清楚地看到，得体的赞扬，不仅转变了罗杰斯的态度，消除了成见，后来他还成了中国人民的朋友。

生活中没有赞美，简直是不可想象的。每个教师、演员、演讲者都知道，当他们倾其所有给听众，却得不到一丝赞赏时，内心有多失望！在人际交往中，别忘了我们所接触的是人，他们渴望被赞赏。

在这里，需要指出的是，赞赏与拍马屁是完全不同的两回事：赞赏是发自内心的对对方某种长处的肯定，而拍马屁是为了不可告人的目的虚伪地吹捧。是诚恳的赞赏还是虚伪的拍马屁，对方一听便知道。

其实，赞扬别人并不是一件太难的事，只要你愿意，并留心观察，人人都有值得赞扬的地方。比如高尚的人品、独到的见解、优良的成绩、巧妙的手艺、幽默的谈吐，乃至漂亮的长相、美丽的服饰等等，都可以信手拈来，作为赞美的谈资。

让我们尽量去发现别人的优点，然后，不是逢迎，而是出自真诚地去赞赏他们。真诚、慷慨地赞美，人们也会投桃报李，加倍地赞赏你。

第三，要看清对象，因人而异。

任何交际，都不能离开特定的对象。与人说话，必须根据对象的实际情况，如年龄、身份、地位、文化教养、性格、彼此间的关系等等，恰当地表达。正如俗话所说："射箭要看靶子，弹琴要看对象。"如果说话不看对象，就难免事与愿违。例如，在全国人口普查时，有一位年轻的普查工作人员问一位70多岁的老太太："你有配偶吗？"老太太愣了半天，才反问道："啥叫配偶？"普查员解释说："就是你老伴儿。"老太太这才明白过来，说道："你说老伴儿不就得了，俺们哪懂得你们文化人说的什么配偶啊！"这位普查员说话不看对象，就达不到交际的目的。

有一位农村中学教师到学生家里去家访，恰逢这个学生家里宾客满座，老师知道自己来得不是时候，连忙向家长道歉说："请恕冒昧，请恕冒昧！"说完，拔脚就走。学生家长却愣在那里，半天说不出话来。第二天，家长专程到学校去向校长告状："昨天是我妹妹出嫁的日子，你们学校的王老师却跑来对我说'请许胞妹，请许胞妹'，要我把妹妹许配给他。我看他是疯啦。"校长了解这位老师思想纯正，马上找这位老师来给家长作了解释。家长连连自责文化水平低，误解了老师的话；

那位老师既羞且恼，啼笑皆非。这也是说话不看对象而惹来的麻烦。

又如某单位有一对青年男女要结婚了，大家准备合伙送点礼物。经办人在筹款时，笑嘻嘻地向一位40多岁的女同志说明了原因，想不到那位女同志却抽咽着哭了起来。原来她有过不幸的遭遇，至今尚未结婚，别人的喜事勾起了她辛酸的回忆。经办人很快意识到了这一点，可是已经刺痛了别人的心，经办人自己也后悔莫及。

以上三件事表明，说话必须看清对象，对什么人说什么话。

具体地说，要考虑以下几个方面：

一、根据性别的差异——对男性，可以采取较强有力的语言；对女性，则应当温和一些。

二、根据年龄的差异——对年轻人，可以采用煽动性的语言，以调动他们的激情；对中年人，应该讲明利害得失，以供他们斟酌；对老年人，应以商量的口吻，尽量表示尊重的态度。

三、根据性格的差异——若对方性格直爽，便可以单刀直入；若对方性格内向，则要委婉含蓄一些；若对方生性多疑，切忌处处表白，应该不动声色，使其疑自消。

四、根据文化程度的差异——一般说来，对文化程度较低的人，应采用通俗易懂的语言、简单明确的说法，多运用一些具体的数据和实例；对文化程度较高的人，则可以采取抽象的说理，特别是富于哲理的语言，更受欢迎。

五、根据兴趣爱好的差异——对一个球迷，只要你一提起打球的事，他都会眉飞色舞，兴致勃勃，并且对你产生好感；对一个对球赛根本不感兴趣的人大谈球赛，则无异于对牛弹琴，甚至对你产生厌烦情绪。

六、根据职业的差异——不论遇到何种职业的人，只要你能运用对方所掌握的专业知识与之交谈，对方对你的信任感就会大大增强。

第四，分清场合，掌握分寸。

场合是指交际时的地点和氛围。场合有庄重与随便之分，正式与非正式之分，喜庆欢乐与悲伤哀痛之分，公开与私下之分。说话要根据不同的场合，选用恰当的词语，否则就会破坏交际的效果。

某法院开庭审理一起盗窃案，被告对作案时间交代不清，为了核实，审判长决定叫被告之妻到庭作证。由于心急，他脱口而出："把他老婆叫来！"法庭顿时哗然，严肃的气氛被冲淡了。当时，审判长应当运用法律术语，宣布"传证人×××到庭"。由于以日常用语取代了法律术语，不适合当时的场合，因而很不得体。

电视剧《钟鼓楼》里有一个很引人注目的人物詹丽颖，本来她心地善良，待人热情，乐于助人，可是她周围的人却讨厌她。究其原因，不为别的，就因为她在与人交往中，常常不看场合说话，无意之间得罪了很多人。如邻居有人结婚，正准备酒宴，她赶去帮忙，可是她一走进厨房就惊叫一声："哟，你们这儿味儿不对呀！"弄得人家很扫兴。她给新娘买了一枚精美的胸针，对方本来很感激，可她却议论起新娘的衣着:“哎呀,你这身西服裁剪真不错,可就是颜色嘛,跟里头的衬衣太不协调!干吗非要这么桃红柳绿地搭配?”新娘爱美,为婚礼精心设计了自己的服装,她却说人家颜色搭配不当。尽管她送了一枚胸针,可是她的言谈却给对方造成了不愉快。

1972年,中美两国首脑开始接触,周恩来总理在欢迎美国总统尼克松的宴会上致词:“由于大家都知道的原因,两国人民的往来中断了20多年;现在,经过双方共同努力,友好往来的大门终于打开了。”真是绝妙好词!在当时那种特定的场合,周总理说出的这一番话,既让人体会到造成中美断交20多年的原因是美国的侵略和干涉,同时又不伤美国客人的面子。听者皆发出了会心的微笑。

第五,理解心境,恰如其分。

说话是一个传递信息的过程。因此,要想增强自己的语言表达能力,把话说好,不仅在于说话者本人要准确、流畅地表达自己的思想感情,而且还在于你所表达的思想感情要被听话者接受并产生共鸣。也就是说,我们与人交际,要想收到“心有灵犀一点通”的效果,就要理解对方的心境,维护对方的自尊心,只有这样,才能赢得对方的信任和尊敬;如果伤害了对方的自尊心,就会导致交际的失败。

北京市103路电车售票员王桂荣同志,不仅具有全心全意为乘客服务的热情,而且有一副动人心弦的好口才,使她在平凡的工作岗位上创造出了不平凡的业绩。有一天,车上的乘客很多,没有空位了,这时又上来一位抱小孩的妇女。于是王桂荣照常对乘客们说:“哪位同志给这位抱小孩的女同志让个座?”但她连讲两次都无人响应。王桂荣没有着急,缓缓地站了起来,用期待的眼光看了看靠窗坐着的几位青年乘客,提高声调说道:“抱小孩的那位女同志,请您往里走,靠窗坐的几位小伙子都想给您让座,可就是没有看见您。”话音刚落,“呼啦”一声,几位小伙子都不约而同地站了起来。那位女同志坐下以后,只顾喘气,忘了向让座的小伙子道谢,那小青年脸上流露出不满的神色。王桂荣看在眼里,心中明白,于是忙中偷闲,逗着小孩子说:“小朋友,叔叔给你让了座,你还不谢谢叔叔?”一语提醒了那位妇女,连忙拍着孩子说:“快谢谢叔叔,快谢谢叔叔!”那小青年听到“谢谢叔叔”以后,连声说:“不必客气,不必客气!”

王桂荣同志的几句话为什么能产生这么大的魔力?就是因为她充分理解到别人的心境。只有充分理解别人的心境,才能把话说到别人的心坎里去。

一年秋天,齐齐哈尔市市委书记来到上海,恰逢齐市的50多名厂长在沪学习。中秋之夜,市委书记来到联欢会上看望学员们。当时,在场的还有江苏省盐城地区来的二十几位学员。这时,晚会主持人邀请齐市市委书记给大家讲几句话,这可给他出了个难题:面对天南地北的两部分人,该以哪方为主要的说话对象呢?以齐市的同志为主吧,会怠慢了盐城的同志;以盐城的同志为主吧,又可能辜负了“自己人”的期望。该怎么说才好呢?人们常说:“每逢佳节倍思亲。”学员们远离亲人来上海学习,中秋佳节也不能与家人团聚,此时此刻,他们的心里一定是非常思念亲人,也想听听暖人心脾的话语。市委书记想到这里,终于开口了——

他给大家讲了一个美丽动人的故事："齐齐哈尔的符拉尔基是著名的丹顶鹤的故乡。到齐市的人不去探访丹顶鹤，都觉得遗憾。丹顶鹤是一种候鸟，每年都要随着季节的转换南迁北回。冬天，丹顶鹤就要往南飞，飞到哪儿去呢？飞到盐城，和那里的人民一起过冬，第二年春天又飞回齐齐哈尔。丹顶鹤就这样一年又一年地飞来又飞去，早就把我们两地人民的心连在一起了……我希望我们两地人民加强往来，我们要到盐城感谢当地人民对丹顶鹤的关照，也欢迎盐城的同志来丹顶鹤的故乡游览观光。"

书记的一席话，表达了齐市人民的深情厚谊，把两地同志的心都烤热了。会场上爆发出热烈的掌声。之所以产生这么好的效果，也是由于他充分理解在场听众的心境，所以他说的话能够引起大家的共鸣。

第六，注意避讳，免伤感情。

"金无足赤，人无完人。"每个人都有一定的缺陷、不幸的经历或不愿告人的隐私。而每个人都有自尊心，都不愿意人家触及自己的某些缺陷、隐私和伤心事，使自己感到难堪。"己所不欲，勿施于人。"因此，我们在人际交往中，必须注意避讳，以免伤别人的心。

有一位美国老教师受到中国翻译的悉心照顾，很感激地说："多谢你的照顾！"翻译回答："照顾老人是我应尽的义务。"谁知这么一说，倒使这位美籍教师很不高兴了。因为在西方，一方面"老"就意味着老朽不中用了，是忌讳的；另一方面，"义务"使人感到对方的帮助并非出于自愿，而是职责在身不得已而为之。西方人不喜欢别人说老，所以翻译说"照顾老人"就是犯讳，也就是说话不得体。

不只是西方人不喜欢别人说老，就是中国人，如果是大龄女青年尚未结婚，又何尝不忌讳说她老呢？

又如，多年前，笔者有一位同事家里来了一位以前教过的学生，朋友请我去作陪，讲明他家出菜，我出酒。我拿出了一瓶五粮液。席间劝酒，那位学生说："已经喝醉了，不能再喝了。"同事也说："酒就不要劝了。"我当时脱口而出，说了一句蠢话："那好吧，我们就'跛子进医院——治脚（谐音自觉）'吧。"殊不知这句话一出口，酒席上欢乐的气氛一下子被冲淡了，同事的脸色也由红变青了，弄得大家都很尴尬，我更是后悔莫及，遗憾了很多年。是怎么回事呢？原来是我那位同事小时候当过放牛娃，有一次从牛背上摔下来，摔断了一条腿，成了残疾人，心灵上留下了伤痕。我那句话，无意之间触到了人家生理上的缺陷，无异于在他心里的伤口上撒了一把盐，所以是很不得体的，是犯讳。

日常交谈中，需要避讳的内容还有：(1)生理上的缺陷，诸如脚跛、眼瞎、背驼、脸麻等等，说话时都应当避开。不得已要涉及时，必须改换说法，对跛子讲客气，可以说"你腿脚不方便，请先走"；对聋子表示关心，可以说"你耳背，请坐前头"；老张长得胖，就说长得"富态"；老李长得瘦，就说长得"精干"。(2)家庭的不幸，例如，父母离异、子女品行不端、亲属有人触犯了法律被判刑等等，不是当事人主动提及，则不宜贸然相问。(3)个人的短处，如失恋、受过处分、高考落榜，以及种种不体面的经历和现状，也都是不希望他人碰撞的敏感神经。(4)特定的风俗习惯，不少人逢年过节和遇有喜庆时忌讳说不吉利的话；不少病人生怕听到“死”字；有些人不高兴别人打听自己的年龄、工资收入；南京人结婚不兴送伞，送伞意味着诅咒新婚夫妇早日离散；至于祝寿，那是切忌送钟作寿礼的，因为“送钟”谐音“送终”，这是使寿星感到晦气的。诸如此类的忌讳，在我们的现实生活中还有不少，我们在与人交谈中，一定要尽量避开；如果不注意，即使不是有意说出口的，也容易伤感情。无意之中触到了对方的痛处，引起人家的反感，应该立即表示歉意，巧妙地转移话题。

第七，避免争论，以免伤自尊。

在同学、朋友、同事、兄弟、姊妹、夫妻之间，常常发生争论，其中有一些涉及原则性的问题，是必不可少的；多数则是属于无意义的争论，这种争论不仅使个人的精神、时间、身体都蒙受损失，而最可怕的还在于影响团结，损伤友谊。因此，我们应当尽量避免无意义的争论。

美国著名口才学家戴尔·卡耐基在《处世的艺术》中告诉我们，在大战结束后不久，他在伦敦得到了一个无价的教训。有一天晚上，他参加一个宴会，在席间，坐在他旁边的人讲了一个幽默的故事，这故事涉及这么一句话：“无论我们如何粗俗，有一位神，就是我们的目的。”那位讲故事的人说，这句话出自《圣经》。卡耐基回忆道：

他错了，我知道的，我确实知道的，毫无疑义。为得到自重感并显示我的优越，我去纠正他了。但他坚持他的意见，说：“什么？出自莎士比亚？不可能！不近情理！那句话是出自《圣经》。”这位讲故事的人坐在我右边，我有一位老朋友加蒙，坐在我左边。加蒙先生曾用多年的时间专心研究莎士比亚，所以我们同意将这个问题交给加蒙先生裁决。加蒙先生静听着，在桌子底下用脚踢我，然后说道：“戴尔，你错了，这位先生是对的，那句话是出自《圣经》。”那晚回家的时候，我对加蒙先生说：“老实说，你是知道那句话出自莎士比亚的。”他回答说：“是的，当然，是在《哈姆雷特》第五幕第二场。但我是一个盛会的客人，我亲爱的戴尔，为什么要对一个人证明他是错的呢？那能使他喜欢你吗？为什么不让他保持面子？他并没有征求你的意见，他不需要你的意见。为什么要去同他争辩？要永远避免正面冲突。”

“永远避免正面冲突。”说这话的人现在已不在人世了，但他所给我们的启示却保留着。

你不可能在争论中得胜。因为你如果争不赢人家，你当然就失败了；如果你争赢了，你还是失败的。为什么？假定你胜过对方，将他的理由击得体无完肤，并证明他是荒谬的，那会怎么样呢？你觉得很开心，但他怎样呢？你使他觉得软弱无能，你伤了他的自尊心，他要反对你的胜利，因为“一个人被逆着自己的意见说服了，但仍固执着他本来的意见”。

真正的推销术，不是辩论，也不是与辩论相似的东西。人类的思想不是可以那样改变的。例如，多年前，有一位好争斗的爱尔兰人叫做亚哈亚，他受过的教育很少，但很喜欢争执。他曾经为一家公司推销载重汽车，但他没有成功地卖出过一辆。因为他始终同正要做交易的人争执并触犯他们。如果一位买主对他出售的汽车说任何贬低的话，他就会恼怒地截住那人的话头，同他进行辩论。后来，他参加了戴尔·卡耐基的口才训练班，结果成了纽约怀特汽车公司的一位推销明星。他是怎么做的呢？下面是他的叙述：

假如现在我走进一个买主的办公室，他说："什么，白色汽车？那是不行的！你白送给我，我都不要。我要买某某牌的汽车。"我会说："老兄，请你听我讲，你所说的那种牌子的汽车是一种好汽车，如果你买那种牌子的，你是不会错的。"于是，他没有话说了，没有争辩的余地，他就不会没完没了地说"某某牌最好"了。然后，我们离开某某牌的话题，我开始讲怀特汽车的优点。

像聪明的老富兰克林常说的："如果你辩论、争强、反对，你或许有时获得胜利，但这胜利是空洞的，因为你永远不能得到对方的好感了。"所以你自己衡量衡量，你宁愿要什么：一个非科学化的、表演式的胜利，还是一个人的好感？你很少能够两样兼得。

避免跟人争论的最好办法，就是同意对方的主张，不必管他的意见是如何可笑，如何愚笨，如何浅薄，你无条件地赞成他：他说是个长，你就说不短；他说是个方，你就说不圆；他说公鸡能下蛋，你就说亲眼见；他说砂锅能捣蒜，你就说舂不烂。这样，自然就争论不起来。

二、说服人的诀窍

在日常生活、学习、工作中，有很多事情都必须征得别人的同意后才能办成，那种想怎么办就怎么办的做法往往是行不通的。因此，我们经常都会面临着说服人的问题。

但是，人们由于阅历不同，文化教养不同，世界观不同，对问题的看法和认识往往不一致，有些观点和意见甚至完全相反。因此，要说服别人，尤其是说服领导改变决定，收回成命，实在是很难办到的事情。

那么，要怎样才能够说服别人呢？

首先，必须真有道理，只有以理服人，才能说得人家心悦诚服。那些以势压人、强词夺理、胡搅蛮缠甚至威胁的做法，都是不能得逞的。

同时，还要讲究说服人的技巧。否则，即使你手中掌握了真理，如果方法不当，别人也很难接受，搞不好还会顶起牛来，弄得个不欢而散。为此，下面介绍四种说服人的诀窍。

（一）设身处地为对方着想

每个人都有自己想问题的观点和角度，有自己特定的意愿和需求，这能导致他自觉的行动。所以，你如果要劝说一个人去做某件事，最好在开口之前先问问自己：我怎么样才能使他愿意去做这件事呢？不了解对方的意愿，光想自己认为怎么好就怎么做，难免导致交际的失败。

某文化单位一位领导人是个“瘾君子”，每逢开会时，他便吞云吐雾，使小小的会议室里烟雾弥漫，让在场的人苦不堪言。

有一天，他的一位下属实在忍不住了，就给他提意见：“馆长，你身为一馆之长，不应只顾自己的快乐，也应为我们这些群众想想！”

这位领导恼羞成怒，立即反驳说：“抽烟是我的自由，你有什么权力来干涉？你忍受不了，你就出去！”这位下属很难堪，闹了个不欢而散。

过了几天，另一位下属也想给他提意见，但考虑到前一个人失败的教训，便改变了策略。他是这样说的：“馆长，抽烟损害身体健康，如果您这样不停地抽下去，像您这个年龄，过不了多久，身体就会垮下去的。如果您的身体不允许您继续工作，从目前情况来看，咱们单位还没有合适的人选来接替您的职位。您应该为咱们单位、为大家想想呀！”听了这番劝告之后，那位领导在开会时，再也没抽烟了。

为什么这两位下级去劝同一个领导，产生的效果会如此截然不同呢？根本原因就在于前者缺乏说话艺术，后者是站在对方的立场上，设身处地地为对方着想，帮他分析抽烟的害处，使他体会到提意见者是真心实意地关心爱护他的，因而他能够心悦诚服地接受。

笔者在重庆中力律师事务所当律师期间，代理过一个经济纠纷案。四川省南部县大地面粉厂先是委托重庆市江北区一个面粉批发商陈明树销售面粉，付给报酬，后来大地面粉厂起了坏心，迈过陈明树，把面粉直接卖给客户，不给报酬了。陈明树就扣下了大地面粉厂一车面粉。为此，大地面粉厂向江北区法院起诉了陈明树。陈明树请我当他的代理人。经过法庭调解达成协议：由陈明树扣除面粉厂的货款 4500 元作为报酬，其余 10500 元货款半个月后返还面粉厂。但我的当事人陈明树却不肯付现金，只愿返还其余的面粉。经济庭的承办法官两天之内打了四五次电话来请我去帮忙解决，我实在推辞不掉了才去，当着经济庭几名法官的面，分别做原告、被告两方的工作。我先让面粉厂的厂长进来，对他说：“陈明树扣的不是钱，扣的是面粉，他不肯返还你现金，是有道理的。但如果返还你几吨面粉，我知道你现在未做重庆这边的生意了，你拿这几吨面粉也很恼火。我建议你再做点让步，让他返还给你现金好不好？如果你不肯让步，那就只有按法定程序申请执行，那又要多花钱，多花时间，到头来还是有可能只得到面粉，得不到钱。如果他返还给你的是霉变面粉，那更是一钱不值了！”我这么一说，厂长当即同意再让给对方 1000 元钱。于是我让他退出去，再把陈明树叫进来，我对陈明树说：“经过法庭调解达成的协议，同法院的判决书一样是具有法律效力的。协议上白纸黑字写明了的：你返还给对方的是现金，而不是面粉。你如果不履行这个法庭调解协议，对方就要向法院申请强制执行，由法院从你的银行账户上扣除这 10500 元不说，还要加收你的执行费。刚才，我已经说服对方，承诺再让你 1000

元钱，你看同不同意支付现金给他？”陈明树一听，也很爽快地答应了。

在这里，我也是运用了“设身处地为对方着想”的技巧，说服了原告、被告双方。结果，不到半个钟头就解决了。等两个当事人都走了以后，承办法官紧紧地握住我的双手，感激地说：“我真服了你了，这么大个难题，不到半个钟头，你就解决了！”

这个方法在家庭教育中也同样适用。有个小孩不肯吃饭，长得很瘦弱。孩子的奶奶和妈妈总是追着喂他，甚至求他吃饭，这孩子出于逆反心理，反而吃得更少了。后来他父亲终于明白过来，他对自己说：“这孩子要什么？我怎么把他所要的跟我们所要的结合起来？”他开始这么想，事情就好办多了。

他家有一辆小童车，孩子很喜欢在门前骑着玩。离他家不远处，住着一个大一点的孩子，经常把小孩子从车上拉下来，自己骑上别人的车子玩。这小孩心里最想要的是什么呢？很显然，他渴望赶快长大，变得有力气，谁也不敢来欺负他，那个大孩子如果再把他拉下车，他会把他的鼻子揍出血来。于是父亲告诉他：“儿子，如果你能多吃点东西，就能快快长大，变得很有力气。”从此以后，他们再也不用担心孩子不吃东西了。

我的儿子小的时候，我们也常常使用这个方法教育他。我问他：“将来长大了，你想做什么？”

他回答说：“当司机，开汽车。”

以后，凡是遇到他不肯吃饭或者不肯睡觉的时候，我和他妈妈总是说：“你不好好吃饭（或者不好好睡觉），个子就长不高，又没有力气，你连刹车都踩不到，方向盘也扳不动，你怎么去开汽车、当司机呀？”

这个方法很有效，结果我儿子 1.78 米的个子，当上了一家设计院的总工程师。

许多推销人员，每天踏破铁鞋，磨破嘴皮，疲劳沮丧，所获甚少。原因在哪里呢？原因就在于他们心里想的都是自己的需要——如何把东西卖出去，自己多得奖金；而不知道从顾客的角度去考虑——如何满足顾客的需求，适应顾客的心理。欧文·扬是个著名的律师，也是美国有名的商业领袖，他说过：“能设身处地为他人着想、了解别人心里想些什么的人，永远不用担心未来。”美国汽车大王福特也说过：“假如有什么成功的秘诀的话，那就是设身处地替别人想想，了解别人的态度和观点。”

在运用这个技巧说服别人时，你应当先陈述利害，使对方了解怎么做对他有利，不这么做对他有些什么坏处，然后再用商量的口气提出建议，让他自己作出抉择。

（二）用事实说话

俗话说：“事实胜于雄辩。”实践证明，用事实来说话，比长篇累牍地讲大道理更有说服力。以讲道闻名全美的传道士诺曼·文森特·皮尔告诉《演讲季刊》的记者说:“真实的例子是我所知道的最佳的方法,它可以使一个意念清楚、有趣,且具有说服力。”

抗日战争期间,有一天,杨虎城将军接到报告,说在一次战斗中,担任主攻任务的尖刀连,在战斗打响后,有30多人先后逃跑,都被抓回来了。杨虎城一听,勃然大怒,下令将逃兵全部枪毙。在刑场上,带头逃跑的副营长关黑子请求杨将军不要把弟兄们当成逃兵,杨虎城坚决不同意。关黑子为了说服杨将军改变决定,收回成命,便讲了事情的经过:原来,那天团部通知他们去打土匪,可是一侦察,发现是护送抗日募捐物资的老百姓。接着,关黑子又从衣袋里掏出一张粗毛纸——这是红军游击队的简报,还附有给抗日将士的慰问信。

在这活生生的事实面前,杨虎城将军被说服了,不但没有枪毙这些逃兵,还因为关黑子有功而提升他为团长。

美国首任总统华盛顿年轻时,有一天发现自己家里的一匹马被邻居偷走了,他就到警察局去报了案,并带来警察一道去索要。可是那个盗马贼却赌咒发誓说那匹马是自己的。

华盛顿走过去用双手蒙住马眼,对邻居说:“你说这马是你的,那你一定知道它哪只眼睛是瞎的,你说说看。”

邻居不假思索地说道:“这你还考得到我吗?右眼!”

华盛顿把蒙住马右眼的手拿开,马的右眼好好的。

“我说错了,应该是左眼才是瞎的。”邻居狡辩说。

华盛顿又拿开蒙左眼的手,马的左眼也不瞎。

“好了,我们已经明白了——毫无疑义,这匹马是华盛顿先生的。”警察让华盛顿把马牵走了,把盗马贼带回了警察局。

华盛顿对于邻居的谎言没有急着去反驳,而是当场让他接受了一个考验,通过对方自欺欺人的表现,以无可辩驳的事实证明了他先前的表态纯粹是胡说八道。不仅说服了警察,而且也使那个盗马贼不得不认罪伏法了。

又如,我在重庆原野律师事务所当律师时,代理过一起工伤索赔案。重庆大足县一位农民杨行九,在重庆市九龙坡区马王乡志力精铸铝厂打工,被烧化了的铁水溅出来烫伤了双眼,几乎失明。最初老板只同意赔2万元,我去同他谈判了几次,他像挤牙膏似的涨到了7万元就“封顶”了,说什么都不肯再让半步了。

在这种僵持的情况下,我先拿出了重庆市沙坪坝区法院对我代理的徐仲良工伤索赔案的《法庭调解书》给他看后,说:“徐仲良每月工资只有240元,伤残等级为四级,厂家就赔了82500元;而杨行九每月工资700多元,伤残等级可以评为一级,你想只赔几万元怎么可能了结呢?”我又拿出《重庆晚报》上登载的南岸区劳动仲裁委员会以及南岸区法院裁决的一个七级伤残获赔10多万元的事实给他看。

在这些铁的事实面前,老板无法辩驳,只好一让再让,终于同意赔偿14.5万元,并很快兑现。

用事实说服人,要注意以下两点:

第一，只有真实的例证才具有说服力。但即使是真实的例证，如果不注意讲述技巧，也会让人觉得不真实。因此，我们在举出事实作为证据的时候，要尽量使它符合事实。那么，要怎样才能让例证显得真实呢？除了尽可能说出事件所涉及的人物姓名、发生的时间地点外，尤其要注意具体、确切。

国外有人做过一次试验。在审理一起凶杀案之前，暗中找来两个证人，让他们一个说真话，一个说假话。说真话的人提供的时间不确切，他说："我在昨天晚上看见过受害者，时间大概是上半夜。"说假话的人提供的是确切的时间，他说："我也是在昨天晚上看见过受害者，但时间是下半夜 3 时 40 分，我当时看了一眼手表。"结果十几个陪审团成员除一人外，全都认定那个说假话的人提供的情况是真实的，而说真话的人反而被怀疑作的是伪证。

为什么会出现这么令人啼笑皆非的结果呢？因为人们普遍认为，说假话总会破绽百出，只有说真话时才能提供确切的情况，所以人们普遍存在着准确即真实的心理。

由此可见，要想最大限度地发挥例证的说服作用，就要尽量把事实说得具体、确切一些，尽量让事实显得真实。

第二，事例要富于人情味——"感人心者，莫先乎情。"只有富于人情味，才能打动人心；而能打动人心，才能说服人。所以运用事实说服人时，要注意选取那些富于人情味的事例。

有一位专门推销教材的推销员，每次与买主交谈时，都要讲这样一段故事："我小的时候，家里很穷，兄弟姐妹 7 个都上学，可是买不起教材。我母亲就借来教材为我们抄写，一抄就是大半夜。等到我们小学毕了业，妈妈的眼睛也熬瞎了。"说着说着，他就掉下了眼泪。几乎没有人拒绝他推销的教材，因为他举的事例太能打动人心了。

(三)让人觉得那是他自己的主意

任何人都不情愿被强迫去做一件事，而对于自己想出的主意总是比对别人提供的意见更加珍视，也更有信心。因此，我们在说服别人时，最好是只提供看法，而由人家自己去拿定主意，千万不能把我们自己的意见强加于别人身上。

北京建国门外的使馆区有一所小学——芳草地小学。这里的学生大部分是外国小朋友。有一天，11 岁的英国男孩希尼突发奇想——他想知道自杀是怎么回事。他把这个想法告诉了老师，老师很着急，便把这件事转告给他妈妈。这天放学回家，妈妈买回来一只鸡，让希尼帮着杀鸡。妈妈故意不把鸡一刀杀死，让那只鸡在地上扑腾，翻滚，惨叫，挣扎，让希尼亲眼看到这一幕。这时，妈妈才告诉他："人自杀时比杀鸡还可怕！而且人死以后再也见不到妈妈，见不到爸爸，见不到老师，再也活不成了。"第二天一上学，希尼就对老师说："自杀太可怕了，我再也不想尝试自杀了。"

在这个事件中，妈妈并没有粗暴地斥责，也没有长篇的说教，而是提供了一幕场景和看法，引导孩子自己去下结论。

世界球王贝利，自幼酷爱足球运动，并且很早就显示出超人的才华。但他在少年时期曾一度染上了抽烟的坏习气，经常瞒着父亲在外面抽烟。有一次正巧被他父亲碰见，小贝利红着脸，低下了头，准备挨揍或者遭父亲训斥。然而，出乎他的意料，父亲不但没有动怒，反而扶着他的肩膀诚恳地说："你踢球有几分天份，也许将来会有些出息。可惜，你现在学会抽烟了。抽烟，会损伤身体，使你在比赛时发挥不出应有的水平。作为父亲，我有责任教育你向好的方向努力，也有责任制止你的不良行为。但是，是向好的方向发展，还是向坏的方向滑去，主要还是取决于你自己。"说到这里，父亲又轻言细语地问贝利："你是愿意在烟雾中损坏身体，还是自愿做个有出息的运动员呢？你开始懂事了，自己选择吧！"说完，父亲从口袋中取出那只破旧而又薄得可怜的皮夹子，取出里面仅有的几张钞票，递给贝利，并说道："你如果还想抽烟的话，这些钱就作为你抽烟的费用吧！"说完，父亲走了。

贝利望着父亲远去的背影，回味着父亲那深沉而又恳切的话语，他不由得哭出声来。过了好一阵，他止住了哭泣，拿起桌上的钞票，去还给父亲，并对他说："爸爸，我再也不抽烟了，我一定要当一个有出息的运动员！"

贝利的父亲没有滥用父亲的权威，而是像一位朋友，平等地向儿子提出了建议，让他自己去拿定主意。同时，父亲不是泛泛地谈吸烟的害处，而是紧紧地抓住儿子踢球的兴趣爱好与吸烟的矛盾，并且顾及儿子的自尊，向他陈述利害，让他自己权衡利弊，做出选择，因而使儿子深受感动，心悦诚服地接受了父亲的意见。

再如，我在当律师期间，接待标的比较大的经济纠纷案子和工伤致残等级比较高的索赔案时，总要给当事人提供两种方案，让他选择：一种是交现金，按标的3%到6%收取代理费；二种是风险代理，待打赢官司后，按索回金额的20%～30%收取代理费，让他选择。

一般律师都不愿接风险代理案子，都想收现金，我也不例外，只想收现金。但如果直截了当地提出，只收现金，不搞风险代理，那就有可能失去很多案源，远不如像我这样提供两种方案，供他选择。当事人在权衡利弊之后，一般都会选取交现金——这本来就是我的主意，结果却变成了他自己的意见，心甘情愿地把钱交给你。

由此可见，让别人自己下结论比教给别人现成的结论，效果要好得多。因此，你要促成别人的意见同你一致，第三个诀窍是：让别人觉得那是他自己的主意。

（四）危言耸听

在通常情况下，做人的说服、劝导工作，应当采取和风细雨的方式，平心静气地摆事实，讲道理，启发别人的自觉性。但是，在有些特殊情况下，诸如对方头脑发热，感情冲动，即将做出危险的举动的时候；或者对方执迷不悟，一意孤行，在错误的道路上越滑越远的时候；或者对方态度严重对立，情况又很紧急，来不及做深入、细致的思想工作的时候；还可以采用危言耸听的方法去说服对方。

危言耸听法，就是劝说者故意把问题说得十分严重，将后果描绘得非常可怕，使对方惊心动魄，幡然悔悟。

在“西安事变”和平解决之后，张学良没有听从周恩来的劝告，亲自护送蒋介石回南京，结果被蒋介石扣押起来。

东北军中的几名青年军官得知张学良被蒋介石扣押，便把本应针对蒋介石的仇恨发泄到东北军的高级将领身上，还错误地认为共产党没有把他们的司令官张学良救回来，对此也很有意见。他们在暗杀了几名东北军高级将领后，又杀气腾腾地闯进周恩来同志的临时住所。

在这紧急关头，周恩来镇定自若。他霍地站起来，猛地一拍桌子，先发制人地说：“你们要干什么？你们这是要救张副司令吗？不！这恰恰是害了张副司令！因为你们的行动破坏了团结，分裂了东北军，你们在犯罪！”

周恩来的一番言辞，杀了这几个狂徒的威风，打下了他们的气焰。无礼闯进来的几个青年军官流着眼泪，立即跪下来，向周恩来认错请罪。

在这个例子中，周恩来正是运用危言耸听的方法，仅用几句话就使对方流着眼泪，跪下认错请罪，收到了很好的效果。

某单位一位科室干部，由于工作不负责，没加到工资，就大发雷霆，撂下工作，去找党委书记评理。党委书记把情况了解清楚之后，就十分严厉地对他说：“你平时工作不负责任，没有做好本职工作，不涨工资是对的。现在你又撂下工作不管，违反了劳动纪律，就凭这一点，就不具备加工资的条件。你如果再这样闹下去，还要降级处理。你自己考虑一下后果！”一番义正词严的警告，使这位干部哑口无言，羞愧而去。

在这个例子中，正当那位科室干部不顾职业道德和劳动纪律，在错误的道路上越滑越远的时候，党委书记的严重警告，犹如在他的背上猛击一掌，使其惊醒，是非常必要的。如果一味地跟他讲“因为名额有限，实在照顾不了”之类的安慰话，或者讲一通“要发扬风格”“要正确对待”之类的大道理，是无济于事的。

又如我在1999年代理的一个工伤索赔案。一位来自贫困山区（四川省荣县）的农村青年徐仲良，在重庆沙坪坝一家私营企业（环宁塑料厂）打工。有一天，他正在劳动时，身后堆了几米高的重物垮塌下来，将他的右手和双腿砸断。经过一年多的治疗，厂家为他花费了六七万元，结果右腿截肢，经鉴定为四级残废。

出院后，徐仲良去找老板交涉，要求一次性赔偿5万元了断，老板不同意，徐仲良只好求助于律师。

我从开始接触原告、被告双方时，就发现他们之间存在着严重的对立情绪：一方面，徐仲良从一个身强力壮的青年一下子变成了完全丧失劳动能力，甚至连生活也不能完全自理的残疾人，生理上的残疾必然导致心理上的变态，表现为悲观失望，丧失信心，甚至不想活了，易于冲动，稍不如意，就想与人拼命，同归于尽。他曾多次向我表示：“如果老板赔偿少了，我就去买两包炸药，捆在腰间，把老板连同他的塑料厂一起炸掉，与他们同归于尽。”另一方面，老板因为徐仲良进厂才一个月，还没有创造多少价值；出事后，厂里把他送到最好的医院治疗，他不但不好好配合医生治疗，还故意扩大伤残后果，导致住院时间长达将近两年，厂里已经为他花费了六七万元，他现在还要向厂里索取高额赔偿，因而对他深恶痛绝，不肯多给他一分钱。

面临这种局势，我一方面不厌其烦地反复启发、诱导徐仲良，逐渐纠正了他的错误想法，缓解了他的对立情绪；另一方面重点劝说厂家，要他们设身处地地为徐仲良着想。更主要的是，用危言耸听的方式晓之以利害："你们这个厂少说也有几百万的资产，而且塑料厂最怕火烧；徐仲良现在是对前途丧失信心，不想活了，随时随地都可能爆发。一旦真的如他所说的那样，去买两包炸药，捆在腰间，把你们全家连同塑料厂一起炸掉，那个后果如何，你们想过没有？对徐仲良这个人，你们比我了解：在医院住院时，因为医生不给他开止痛药'杜冷丁'，他就要去点燃液化气，把医院炸掉；半夜一两点钟了，他们还在病房里打牌，闹得其他病人睡不好，护士去干涉，他就抱着护士去跳楼——这些你们都是知道的，那真是个非常危险的人物，而且他是说得出来就做得出来的那种人哦，我可不是吓唬你们的。是多赔他几万元钱，求得个人财平安好呢，还是舍不得几万元钱，落得个厂毁人亡、人财两空的下场好呢？你们都是明白人，这个道理是很容易懂得的，希望你们千万别犯傻！"

经我这么一说，厂家很快就作出了大的让步——同意一次性赔偿徐仲良82500元。由沙坪坝区法院制作了《民事诉讼调解书》。这个数字现在看来不多，可是，按当时的赔偿标准是比较高的。

在诸如此类的情况下，运用耸人听闻的说服技巧，就能够取得出奇制胜的效果。

以上方法，单独运用，均能见效；综合运用，效果更佳。战国末年，李斯的《谏逐客书》，综合运用上述几种说服人的诀窍，竟然说服了专制独裁的秦王嬴政，改变决定，收回成命，取消了逐客令，迎回了被驱逐的客卿，恢复了李斯等人的官职。这篇文章堪称说服人的典范之作，很值得我们研究、学习。

这篇文章写于秦国统一六国之前。当时，韩国为了减轻强秦对自己的威胁，派了一个名叫郑国的人去帮助秦国修渠，企图以此来消耗秦国的人力物力。这个意图被识破后，秦国一些目光短浅的贵族、大臣就认为，所有别的诸侯国的人在秦国做官，都不是真心为秦国，应该通通赶走。秦王采纳了他们的建议，下了逐客令。丞相李斯也在被逐之列。在被解送出境的途中，他写下了《谏逐客书》。

作者先从秦国的历史写起，他精心选取了秦穆公、秦孝公、秦惠王、秦昭王四位前代君主的业绩作为论据，有力地说明了重用客卿对秦有利，暗示逐客之非。

文章由写历代秦君的作为过渡到写当今秦王的做法，就当今秦王的喜好之物，即秦王爱好的珍宝、美女、音乐等眼前最熟悉的东西，都产于"异国"，来比喻"客卿"，指出秦王不因珍宝、美女、音乐不产于秦国而弃之不用，进一步证明驱逐客卿是没有道理的——这些都是"用事实说话"。

在铺陈了异国的“色乐珠玉”为秦王所爱好之后，笔锋急转直下：“今取人则不然，不问可否，不论曲直，非秦者去，为客者逐。”两相对比，“逐客”措施就显得极端荒谬了。紧接着，作者针对秦王要吞并六国的雄心，指明逐客措施与统一天下的远大目标南辕北辙，背道而驰。“跨海内，制诸侯”是秦王梦寐以求的事，这就使得秦王不能不从自己的切身利益出发，重新考虑是否逐客的问题。

在以“昔秦王”的作为与“今陛下”的做法进行鲜明对比的基础上，作者又以生动而贴切的比喻，从理论上阐明纳客与逐客的利弊得失，暗示秦王应该接纳四方之士，任用异国之才，才能无敌于天下。这个结论仍然是从秦王“跨海内”“制诸侯”“成帝业“的宏图大业着眼的——这些都是“设身处地为对方着想”。

然后再从反面论述“逐客”的后果：不仅仅是使秦王统一天下的愿望不能实现，而且会“资敌国”“业诸侯”，透彻地揭示了“逐客”的严重后果，就是以人才帮助敌国，削弱自己，壮大敌人。这是晓以利害，对秦王有振聋发聩的作用。秦王读了，一定会坐立不安，难怪他要撤销逐客之令了。

文章最后，归纳出令人警觉的结论：“内自虚而外树怨于诸侯，求国无危，不可得也。”与开头的“臣闻吏议逐客，窃以为过矣”相呼应：逐客之过是什么？最后作出了回答：逐客措施是关系着秦国生死存亡的严重问题。这就促使秦王不能不斟酌利害，收回成命了——这是运用“危言耸听”的说服技巧。

三、拒绝人的妙法

在人际交往中，每个人都会遇到不能接受的要求或者不能回答的问题。你纵有三头六臂，也不可能做到有求必应和有问必答，因而不可避免地要拒绝别人。

但是，拒绝别人，又是使人难堪的，被拒绝者轻则失望、伤心，重则大发雷霆，骂你不讲情义，不管别人死活。如果我们不善于拒绝，一次拒绝，就有可能得罪一位多年的深交。因此，我们有必要掌握和运用拒绝人的方法和技巧，力争把拒绝带来的遗憾缩小到最低限度，做到既不伤对方的自尊心和感情，又获得对方的谅解、支持，从而增进友谊。

（一）移花接木

别人提出的问题或要求，不便回答或明确表态，就可以用与对方所提问题或要求相近或相关的话去回答，故意转换话题，引申出新的意义。从表面上看，像是在回答对方的问题或要求，实际上所答非所问。

日本影星中野良子35岁尚未结婚，有一次到上海来参加艺术活动，有人问她什么时候结婚，她回答说：“如果我结婚，就到中国来度蜜月。”这个回答非常巧妙，把“何时结婚”换成“何地度蜜月”，既避开了她不愿公开回答的问题，使人不好再追问下去，又强烈地表达了她对中国人民的友好感情，不至于使提问的人感到难堪。如果她直接用“这是个人隐私，无可奉告”或“我还不打算结婚”这类话来回答，都会使对方感到尴尬，而冲淡当时的友好气氛。

有位老教授给研究生做学术报告，从上午8点开始，整整讲了两个半小时，接着回答研究生的提问。有个研究生提出要求："请您谈谈当前这个学科研究的现状。"这个问题实在太大，不是短时间内能够讲得清楚的。这位老教授已是80高龄，需要早点休息，可他又不能当着年轻人的面说："你的题目太大，一时难以回答。"于是他很幽默地接过对方的话题说："你不让我回家吃饭了是不是？"一句话把大家都逗乐了，提出这个要求的那位研究生自然也接受了老教授的拒绝。

有一次，电影明星葛优在回答某记者"你认为谁是中国最杰出的导演"这一提问时，也运用了这一策略。他没有正面回答这一问题，而是自己重新划定一个答复的范围，转移到与记者提问相关的话题上去，他说："如果问我最喜欢中国哪一位导演，我会很高兴告诉你，是张艺谋，因为他使我获得了影帝封号。"

所以，你在遇到难以回答的问题或者无法满足的要求时，不要被所提的问题或要求束缚住，你可以找出一个类似的问题或方法，然后给出一个左右逢源的回答。这样你才能摆脱困境，又不使人难堪。

转换话题，有时甚至可以把话题引导到不着边际的地方，这是一种非常有效的拒绝方式，它能够转移别人的注意力，避免引起正面冲突，很好地维护双方的面子。

例如，日本有个叫井上的青年，有一天去拜访他父亲的朋友本田宗一郎，想把一块地卖给他。本田宗一郎很认真地听着井上的讲话，一直没有说话。

听完井上的陈述后，本田宗一郎并没有做出"买"或者"不买"的回答，而是从桌子上拿起一些类似纤维的东西给井上看，并对他说："你知道这是什么吗？"

"不知道。"井上老实回答。

"这是一种新发明的材料。我想用它来做汽车的外壳。"本田宗一郎详详细细地向井上讲述了一番。这一讲就是半个小时，讲的内容让井上摸不着头脑，但感到很愉快。

在本田宗一郎送井上走时，才顺便说了一句不想买他那块地。

本田宗一郎如果刚开始就告诉井上自己不想买他那块地，势必要引起一场说服与反说服的争论，而且还有可能弄得个不欢而散。本田宗一郎不想惹得朋友的儿子不高兴，于是巧妙地转移了话题，从而成功地拒绝了对方的要求。

（二）回以自解

有时，对别人提出的要求或问题不好直接表明态度，但又不好明确地表示拒绝，便可以援引相关的法律规章或者循着对方的问题提出一个反问，让对方自己去回答。

某开发公司商品大量积压，因而资金周转困难。经理问会计："小王，能不能在账面上把经营情况反映得好一些，以便向银行贷款？"小王一听就明白，经理是要她做假账去骗取银行的贷款，这是严重违反财务制度的犯罪行为，但她又不好

断然拒绝。这时,小王灵机一动,计上心来——只见她平静地说:"按财务制度,这样做有些难。经理,您说该怎么办?"小王提出财务制度,让经理明白这样做的严重后果;然后提出一个反问,请经理来回答。经理明白了自己的责任,只好作罢。

英国物理学家法拉第是近代电磁学的奠基人,他的科学发现为电的应用开辟了广阔的道路。但是,在电灯、电话、电动机发明之前,不少人怀疑电的用处。

有一次,法拉第在大庭广众中做完电磁学的实验表演,忽然有一位贵妇人站起来大声责问:"这有什么用处呢?"法拉第看了她一眼,笑嘻嘻地反问道:"夫人,请问,刚刚生下来的婴儿有什么用呢?"

法拉第以问代答,回以自解,既避免了回答之难,又不至于使对方难堪。

1987 年 11 月 2 日,赵紫阳同志在就任中共中央总书记之后,到记者招待会上去,回答来自世界各地区、各国的记者的诸多提问侃侃而谈。当记者问到"关于不同意见是否可以自由发表"时,赵紫阳同志在略作解答之后说:"你出国不是还要持有护照吗? 你也没有绝对自由。"将咄咄逼人的问题,与提问者手中的护照这个极为普通、常见的事物相比,深入浅出,让记者明白了一个道理:在任何国家,即使是标榜为"自由世界"的地方,也没有绝对自由。

当记者问道:"毛泽东说中国解放前有三座大山,请问中国在改革的道路上有几座大山?"赵紫阳同志回答:"我没有统计,请你帮我统计后告诉我,我将表示感谢。"对记者的这种将不能类比的事物硬拉到一起的发问,没有必要回答,但又不能不予理睬,于是答问者十分机敏地把对方踢过来的球给他踢了回去。这样回答,既不失其大度襟怀,又不伤害对方感情,收到了良好的效果。

(三)推诿搪塞

对于别人提出的要求或问题,不做任何实质性的回答,而是用一些说了等于不说的话去搪塞。因为说的都是一些无实际意义的话,所以又叫无效回答。

一位夫人对林肯有所请求:"总统先生,您必须给我一张委任状,委任我的儿子为上校。我提这一要求,并不是求您开恩,而是我有权利这样做。总统先生,我祖父在列克星敦打过仗,我叔叔是布拉斯堡战役中唯一没有逃跑的士兵,我父亲在新奥尔良作过战,我丈夫在蒙特雷战死了。"

林肯听了夫人这一席话,很有礼貌地说:"夫人,我想,你们一家为报效祖国已经做得够多的了,现在应该是把这样的机会给予别人的时候了。"这就是推诿搪塞。从表面上看,林肯对那位夫人一家作了肯定的答复,但那位夫人从这些话中得不到一点有实际意义的东西。

1984 年 2 月 9 日,莫斯科呈现异象:国防部长暂缓出访,苏联最高领导人安德罗波夫之子被从瑞典召回,国家电台用古典乐曲取代了正常的音乐和娱乐节目……敏感的西方人士以此推测安德罗波夫病逝。当晚,在美国国务院举行的一次晚宴上,外交官们将这一推测变成了中心话题,并纷纷向苏联驻美大使多勃雷宁探询。多勃雷宁诙谐地回答说:"我看,不要再谈论这个问题了。不然,他好好的都会被气死了。”人们在一片欢笑中转换了话题。

在一次外交部举办的记者招待会上，一位日本记者问外交部长陈毅：“中国的第三颗原子弹什么时候爆炸？”陈毅同志回答说：“中国爆炸了两颗原子弹，我知道，你也知道。第三颗原子弹可能也要爆炸。何时爆炸，请你等着看公报好了。”这也是推诿搪塞。

有的时候，你根本就用不着绞尽脑汁去想那些拐弯抹角的拒绝方式，就能把“不”字直接说出口，并且切断所有后路，让对方无法采取别的方式再来打搅你。不过，你要借用“别人的意见”。

某造纸厂的销售人员去一所大学推销纸张，他找到跟他有点亲戚关系的该大学的总务处长，求他帮忙。

总务处长非常热情地接待了他，并且非常客气地对他说：“你的事情也就是我的事情，只要能办到的事，我决不会推辞。只是这个事情我是爱莫能助，因为我们学校已经同一家国营造纸厂签订了长期购买合同，学校规定不准向任何其他单位购买纸张了。我也必须照规定办，实在对不起了。”

拒绝不是总务处长的意思，责任已经全部推到了“学校”那里——“学校规定”，谁也不能违反，事情就是这么简单。

以“别人”的名义表示拒绝，这种方法看似推卸责任，却很容易被人谅解，既然无能为力，也就不好勉强。

作为一个单位或一个部门的领导人，难免有人求你办事。如果是违反政策或者违反原则的事情，你可以这样说：“重大问题，必须由领导班子集体研究决定，我个人说了没有用。像你说的这种事情，必须领导班子讨论通过才行。不过，这件事恐怕很难通过，最好别抱什么希望。如果你实在要坚持的话，我还是会尽最大的努力为你争取，待大家讨论后再说。”——这就是推托之辞，请托者听了这样的话，一般都要打退堂鼓的。

利用“别人的意见”表示拒绝，至少有两点好处：一是容易被人理解和接受；二是让对方觉得你诚实可信——自爆“无能”，因此不会再为难你了。

（四）诱导否定

在对方提出要求或问题之后，不马上回答，而是先绕一个弯子，然后再引回到对方所提的要求上来，或者反问一个问题，诱使对方自我否定，自动放弃原来提出的要求或问题。

有一位语文教师，其弟因为民事纠纷，别人要与之对簿公堂。这桩案子恰好由这位语文老师昔日的得意门生处理。一天晚上，这位老师前往该学生家，希望他能念师生情谊，将手腕往自己弟弟这一边扳一扳。法官左右为难：一不能徇情枉法，二又不能得罪恩师。法官急中生智，对他说道：“老师，从小学到大学毕业，您是我最敬佩的一位语文老师。”老师谦虚地说：“哪里哪里，每个老师都有他的长处。”法官接着又说：“您讲课抑扬顿挫，声情并茂。尤其是您给我们讲的《葫芦僧判断葫芦案》那一课，至今还记忆犹新。”语文老师很快就进入了角色：“我不仅用嘴在讲，而且是用心在讲。薛蟠犯了人命案却逍遥法外，反映了封建社会官僚之间官官相护、狼狈为奸的黑暗现实。”法官接过话头，说道：“是啊，‘护官符’使冯家告了一年的状，也无人作主，凶犯薛蟠居然逍遥法外，贾雨村徇情枉法，胡乱判案……记得当年老师您讲授完这一课后，告诫我们‘以后谁当了法官，也不要做糊涂官，判糊涂案！’学生我一直把您这句话作为自己的座右铭呢！”听了学生的一席话，这位语文老师再也不好意思开口求情了，自动放弃了不合理的请求。

这位法官先用一句赞扬话引导老师说出一番大道理，然后逐步诱使对方自我否定，自动放弃了原来的要求。

富兰克林·罗斯福是美国连任届数最多的总统。有一天，一位记者来到罗斯福的府邸采访他：“总统先生，请您谈谈您任 4 届美国总统的感受。”罗斯福没有立即回答，他非常客气地请这位记者一连吃了 3 块三明治。当罗斯福指着第 4 块三明治请记者吃时，记者望着眼前那块松软可口的三明治，苦笑着说：“对不起，实在不想再吃了！”这时，罗斯福才微笑着对记者说道：“现在你不需要再问我对于第 4 次任总统的感受了吧？因为你刚才已经感受到了。”这也是用诱导的方法，使对方自我否定，从而解除了回答之难。

1972 年 5 月 27 日凌晨一点，美苏关于限制战略武器的四个协定刚刚签署，基辛格就在莫斯科一家宾馆向随行的美国记者团介绍情况。当他说到“苏联生产导弹的速度，每年大约 250 枚”时，一位记者问：“我们的情况呢？我们有多少潜艇导弹在配置分导式多弹头？有多少‘民兵’导弹在配置分导式多弹头？”基辛格回答说：“我不确切知道正在配置分导式多弹头的‘民兵’导弹有多少。至少潜艇，我的苦恼是，数目我是知道的，但我不知道这是不是该保密的。”一个记者急忙说：“不是保密的。”基辛格反问道：“不是保密的吗？那你说说是多少呢？”记者们都傻了，只好嘿嘿一笑了之。

这两个实例都是用诱导的方法，使提问人自我否定，从而解除了回答之难，又不使对方感到难堪。

(五)模糊语言

有时，别人所提的要求你不愿意或不同意，别人所提的问题你很难回答，甚至会使人陷困境。这时，可用模棱两可的语言来回答，帮助你摆脱困境，并保持友好关系。

《水浒传》中的鲁智深是个粗中有细的人物，他三拳打死镇关西后，为了逃避官府的追捕，只得到武台山削发为僧。在受戒时，他与法师有如下一段对话：

法师：尽形寿，不近色，汝今能持否？

智深：能。

法师：尽形寿，不沾酒，汝今能持否？

智深：能。

法师：尽形寿，不杀生，汝今能持否？

智深：……（犹豫）

法师：（高声催问）尽形寿，不杀生，汝今能持否？

智深：知道了。

要叫鲁智深不近女色不饮酒，他都能做到，但要他不惩杀世间的恶人，他这样疾恶如仇的人是绝对办不到的。但他如果回答说“不能”，法师必定不让他剃发为僧，他也就无处藏身了。于是，他就给了个含糊其辞的回答：“知道了。”“知道了”可以理解为“知道必须这样做”，也可以理解为“知道有这样的要求，但不一定这么去做”。这样回答，既在法师面前过了关，又不违背自己的本意，两全其美。

宋代大文学家王安石的儿子王元泽，从小聪明机智，备受人们的称赞。有一天，一位朋友用笼子装了一只鹿子和一只獐子来送给王安石。友人见王元泽在场，就想试试他究竟有多聪明，于是指着笼中问道：“你说哪只是鹿子，哪只是獐子？”因为鹿子和獐子很相似，加之王元泽又从未见过鹿子和獐子，实在分辨不清。但他没有着慌，只见他眨巴眨巴眼睛，略一思索，答道：“鹿子旁边那只是獐子，獐子旁边那只是鹿子。”客人大为惊奇。

王元泽的回答是含糊其辞的，因为他并没有确切地指明哪只是鹿子，哪只是獐子。然而妙就妙在这含糊其辞上。如果王元泽老老实实地回答“不知道”，那就显得太平庸了。但他不是这样，而是巧妙地用模棱两可的话来应答，这就不仅使他摆脱了困境，而且表现了他的聪明机智。难怪客人对他的才华感到大为惊奇。

1972年5月，在维也纳举行的一次记者招待会上，《纽约时报》记者马克斯·弗兰克尔向基辛格提出美苏会谈的“程序性问题”：“到时，你是打算点点滴滴地宣布呢，还是来个倾盆大雨，成批地发表协定呢？”从不放过任何机会讥讽《纽约时报》的基辛格回答说：“我明白了，你看马克斯同他的报纸一样，多么公正啊！他要我们在倾盆大雨和点点滴滴之间任选一个。所以我们无论怎么办，总是坏透了。”他略为停顿了一下，一字一板地说道：“我们打算点点滴滴地发表成批协定。”全场顿时哄堂大笑。

基辛格的回答，既巧妙地回避了对方的问题，又活跃了现场的气氛，不至于使提问的记者陷入尴尬的境地。

话说回来，妙用模糊语言，只能是在特定的场合，特定的语言环境中，用得合情合理，恰如其分；而在通常情况下，语言必须明确，决不能含糊其辞，模棱两可。如果滥用模糊语言，该明确的地方也不明确表态，那就会陷入逻辑混乱的泥坑中去。

（六）装聋作哑

如果对方所提的要求或问题正是你要回避的，只好假装没听见，当然也就用不着答复了。

伊斯美是土耳其著名的外交家，他个子矮小，耳朵还有点聋，却十分精明。

第一次世界大战刚刚结束，英国就企图迫使土耳其签订不平等条约，并纠集了法、意、日、俄等国代表，共同与土耳其谈判。

土耳其政府派出了以伊斯美为首的代表团参加谈判。尽管对方咄咄逼人，口出狂言，伊斯美始终从容镇定，毫无惧色，并且充分利用了耳聋这个缺陷来对付他们。对土耳其有利的发言，他都听得很认真，并极力表示赞赏；凡对土耳其不利的话，则不闻。

对此，英国外交大臣克尊非常恼火，暴跳如雷，他威胁说："你若不在这条约上签字，我们五国将联合起来，踏平土耳其！"

面对英国外交大臣克尊以及列强代表的恫吓，伊斯美却无动于衷，他正襟危坐，做出洗耳恭听的样子。等他们喊叫完了，他才不慌不忙地把身子移向克尊，将右手张开靠近耳边，十分温和地问道："你刚才在说什么？我还没听清楚。"气得克尊等人直翻白眼，最后，不得不放弃了不合理的要求。

1945 年 7 月，苏、美、英三国首脑在波茨坦举行会议。一次会议休息时，美国总统杜鲁门对斯大林说，美国研制成功了一种威力巨大的炸弹。这是用暗示的方式来试探斯大林对原子弹所持的态度。斯大林却像没听见一样，没作任何回答，也没有露出丝毫异常表情。以致许多人回忆说，斯大林好像有点聋，没听清楚。其实斯大林听得很清楚，会后他告诉莫洛托夫："应该加快我们工作的进展。"两年后，苏联也成功地爆炸了第一颗原子弹，打破了美国的核垄断。

1953 年 6 月，已 79 岁高龄的英国首相丘吉尔，到百慕大参加英、美、法三国首脑会谈。他以年事已高为借口，时常装聋作哑。在需要回避的问题上，就装作没有听见，不予回答；在感兴趣的问题上，就同美国总统艾森豪威尔和法国外交部长皮杜尔讨价还价，使与会者颇感头痛。艾森豪威尔幽默地说："装聋成了这位首相的一种新的防卫武器。"

装聋作哑也算得上一种拒绝别人的妙法。不过这种方法只有在特殊情况下才能用，否则就显得不礼貌。

拒绝回答，必然会在对方的心理上造成失望和不快，大者令人暴跳如雷，小者令人微微皱眉。掌握并且运用拒绝人的妙法，就是在于减轻对方的失望和不快，既使自己能从无法回答的困境中解脱出来，又使对方能够接受拒绝而无可挑剔。

四、幽默风趣

英国哲学家培根说："善谈者必善幽默。"一个真正有口才的人必然是富于幽默感的人。

例如，美国总统林肯的口才很好，而他的长相确实令人不敢恭维，脸颊窄长，颧骨高耸。有一次，他在森林里散步，遇到一位老太太，她对林肯说："你是我见到的最丑的一个人。"林肯回答道："请多包涵，我是身不由己呀！"老太太笑了，林肯也开怀大笑起来。

面临无礼的言行，心里是很不好受的，甚至会恼羞成怒。但是林肯却用这么一句幽默的话扫除了心中的不快，而且化怒为喜了，表现了他豁达的人品和高超的修养。

又如毛泽东，也是一位具有极好口才同时又富于幽默感的领袖。1945年赴重庆谈判期间，有人问他："假如谈判失败，战争开始，请问毛先生，有没有信心战胜蒋先生？"毛泽东轻松地答道："蒋先生的'蒋'字是将军的'将'字上加一个草头，他不过是一个草头将军而已；我的'毛'字，可不是毛手毛脚的'毛'字，而是一个反手，意思是代表大多数中国人民根本利益的共产党，要战胜代表少数人利益的国民党，易如反掌。"在这里，毛泽东运用别解词语的方法所创造出来的幽默，不仅表达出一个伟大的无产阶级革命家必胜的信念，而且给人造成了极深的印象，令人回味无穷。

那么，什么是幽默呢？

（一）什么是幽默

"幽默"是外国语的音译，源于拉丁文 Humor。中外许多思想家、文学家、艺术家、文艺理论家都对"幽默"作过研究，并给它下过定义。

恩格斯说："幽默是具有智慧、教养和道德上优越感的表现。"

列宁说："幽默是一种优美的、健康的品质。"

作家老舍说："嬉皮笑脸并非幽默，和颜悦色、心宽气朗才是幽默。"

漫画家方成说："幽默要有所含蓄，使人在笑中同时引起联想和推断，领悟其中的含义。"

杂文作家徐懋庸说："非但可笑，并且令人深思，这是一种上品的幽默。"

综合各家的说法，我们认为：幽默是在语言或举动中引人发笑而又使人深思的内在因素。

轻松发笑是幽默的外壳，富于哲理是幽默的内核。幽默是情趣与哲理的有机统一，它的形式是轻松愉快的，但它揭示的道理却是严肃的，即所谓"含笑谈真理"。因此，幽默与一般的开玩笑、说俏皮话是不同的。例如：

在火车站候车室里，一个中年男人见身边坐着一位美丽的少妇，很想和她攀谈。他见少妇穿着一双肉色丝袜，便嬉皮笑脸地问："大姐，你这双丝袜是在哪儿买的？我也想给我爱人买一双。"少妇冷冷地看了他一眼，说："我劝你最好别去买，穿着这种袜子，那些不三不四的男人会找到借口跟你爱人搭腔的。"这话回答得太妙了！用幽默的语言，转个弯来斥责他，使他哑口无言，又无从找机会再问下去或发火。

总之，幽默语言的特点是富于风趣，使人发笑，又意味深长，发人深省。

那么，幽默的语言在社会交际中有什么作用呢？

（二）幽默有哪些好处

幽默是一种才华，也是一种力量，或者说是人类面对共同的生活困境而创造

出来的一种文明，它以愉悦的方式表达人的真诚、大方和心灵的善良。它像一座桥梁，缩短人与人之间的距离，弥补人与人之间的鸿沟，是奋发向上和希望与他人建立良好关系的人不可缺少的东西，也是每一个希望减轻自己人生重担的人必须依靠的拐杖。

具体地说，幽默语言在社会交际中有如下作用。

第一，使你与人关系融洽。

说话幽默风趣的人，不管走到哪里，都会给那里带来笑声，带来愉快和欢乐。因此，人们总是喜欢同机智风趣、谈吐幽默的人交往，不愿同性情古怪、动辄与人争吵的人往来。幽默好比人与人关系中的润滑剂，它可以使人们的关系变得更加融洽。

有一个三口之家——一对夫妇和一个五岁的小男孩。他们想在城里租一套住房，就按房屋出租广告上标明的地址找到一所住房，发现那里的环境幽雅合意，于是便去敲门。门打开后，出来一位慈祥的老人。这家的父亲说："我们想租这套房子。"可是，那位老人把他们三人打量一下后，却露出很遗憾的表情，说道："对不起，这套房子我们不想租给有小孩的家庭，请你们再去看看其他合适的房子吧！"说完，他便把门关上了。

这对夫妻只好默默地离开。但他俩还没走出十步，忽然听到后面传来敲门声。他们回头一看，却发现自己的小儿子正在用小手敲着刚才关上的门。那位老人出来后，只见小男孩一本正经地说道："爷爷，请您把房子租给我吧！我没有小孩儿，只有爸爸妈妈。"老人一听这话，禁不住哈哈大笑起来，他高兴地夸赞这个小男孩的聪明机智，并且答应了他的要求，使得一家三口如愿以偿地搬进了新居。

由此可见幽默语言所产生的神奇功效。

又如台湾电视节目主持人凌峰，在1990年中央电视台春节晚会上的讲话：

"在下凌峰，我和文章不一样，虽然我们都得过'金钟奖'和'最佳男歌手'称号，但是我是以长得难看而出名的。两年多来，我们大江南北走了一趟——拍摄《八千里路云和月》。所到之处，观众给予我们很多的支持，尤其是男观众，对我的印象特别好，因为他们认为本人的长相很中国，中国五千年的沧桑和苦难全都写在我的脸上。一般来说，女观众对我的印象不太好，有的女观众对我的长相已经到了忍无可忍的地步。她们认为我是人比黄花瘦，脸皮比煤球黑。但是，我要特别声明：这不是本人的过错，实在是家父家母的错误，当初并没有征得我的同意，就把我生成这个样子了。但是，时代在变，潮流在变，审美的观念也在变。如果你仔细地归纳一下，你就会发现，现在的男人基本上分为三种：第一种，看上去很漂亮，可看久了以后，就觉得他没有什么男人的味道，这一种就像我的好朋友刘文正；第二种，看上去很难看，看久了以后，越看越难看，这种就像我的好朋友陈佩斯；第三种，看上去很难看，看久了以后你会发现，他有另外一种男人的味道，这种就是在下我这种。鼓掌的都表示同意了！鼓掌的都是一些长得和我差不多的，真是物以类聚啊！"

这么短短一篇讲话，就赢得了10余次掌声和笑声。由此可见，人们对他的喜爱。

有幽默感的人，在交际中是大受欢迎的人，因为有他们的地方，就充满了欢乐。

一个韩国旅游团在我国南方某省旅游，时值梅雨季节，外宾感到很扫兴。然而他们很幸运的是，遇到了一位善解人意、风趣幽默的导游。

导游在车上用韩语说："你们把雨水从韩国带到中国来，可是雨水被挡在车外；你们又把首尔的阳光也带来了，它已经进了车厢。"妙语既出，一片掌声和欢笑声，表达出大家对他的赞赏和喜爱。

其中有位老太太，在游武夷山时，由于裙子被蒺藜划破，泄气地坐在了地上。

"老太太，您别生气。"导游和颜悦色地说："这是武夷有情，它请您不要匆匆地离去，留您多看它几眼呢！"这话疾风般吹散了老太太脸上的"愁云"，使她重新恢复了游兴。

遇上这么好的导游，谁不喜欢呢？不用说，这一路上，游客跟导游是其乐融融的。

在日常生活和工作中，难免遇到不愉快的事，说几句幽默风趣的话，大家都会在轻松的笑声中变得轻松。比如说，妻子把饭烧焦了，丈夫却美滋滋地吃着焦饭，并打趣说："这饭黄、白、黑三色俱全，丰富多彩，黏糊糊，香喷喷，高级餐厅都买不到呢！"几句话，把妻子逗乐了。不言而喻，这对夫妻感情会更加深厚。儿媳把饭煮得太烂了，公公笑着说："没关系，烂饭好消化！"有时饭又太硬了，婆婆笑着说："多嚼嚼，锻炼牙齿嘛！"不用说，这样的翁媳关系、婆媳关系一定是十分融洽的。

社会需要幽默，家庭更需要幽默，因为它是融洽人际关系的神奇力量。正如一位哲人说的："幽默的本质是争取爱，也是给予爱。幽默者送给别人的，是比财物更贵重的礼品——快乐；而你所得到的回报，也是用金钱买不到的东西——喜欢。"

第二，调节气氛，化解困境。

幽默的语言能够调节气氛，化解困境。它能使紧张的气氛由冷变热，使消极的情绪由阴转晴。它还能使自己或别人摆脱尴尬的处境。

英国首相丘吉尔是一位极富幽默感的领袖，有一次他应邀去广播电台发表重要讲演。途中，小车抛锚，他招来一辆计程车，对司机说："请送我到BBC广播电台。"司机说："很抱歉，我没空，我正要赶回家收听丘吉尔的演说。"丘吉尔听了，非常高兴，便随手掏了5英镑，给司机。司机这下来劲了，高兴地叫道："上来吧，去他的丘吉尔哟！"丘吉尔愣了一下，旋即大笑着随声附和道："对，去他的丘吉尔！"丘吉尔的幽默感及他良好的心理素质，使他并没有因为对方的不恭而恼怒，反而以忘记自我的博大胸怀去欣赏对方的观点，并能客观地去感受这一幽默（虽然对他不利），从中得到快乐。

美国作家马克·吐温是幽默和讽刺的行家里手，他那犀利的笔锋，戳痛过不少道貌岸然者。一个愚人节,纽约报纸上出现了这么一篇报道:马克·吐温死了。于是,亲戚朋友纷至沓来。而出人意料的是,马克·吐温却端坐家中正在奋笔疾书。大家明白了真相,纷纷谴责那个造谣的人。而马克·吐温却哈哈大笑,说:“报道我死是千真万确的,不过他把日期提前了。”如此的幽默,不仅扫除了亲友心中的不快,给他们创造了欢乐,而且这幽默本身所蕴含的豁达洒脱的个性,足以震撼和征服一切人。

解放前,上海有位大学教授叫姚明辉,体弱清瘦,却总是宽袍大袖。入冬畏寒,姚教授头戴大风帽,只露出一副眼镜、一个尖尖的鼻子、一撮翘翘的山羊胡子,颇有点滑稽。一天上课,姚教授走进教室,只见黑板上画着一只人面猫头鹰,活像这位满腹经纶的老教授。姚先生立定看了一会儿,毫无愠色,拿起粉笔,一本正经地在漫画旁写道:“此乃姚明辉教授之尊容也。”大家笑了,姚先生也笑了。那位提心吊胆的漫画作者舒了口气,对姚教授产生了一种高山仰止的崇敬。在莘莘学子面前,宽容大度的姚教授面对取笑,用自我幽默的方式表现了闲适自处的超脱,诙谐中流露出一种韵味。

第二次世界大战初期,德国法西斯疯狂进攻欧洲各国,英国遭到重大创伤,而美国却严守中立。此时,英国首相丘吉尔访问美国,企图说服美国参战,共同抗击德国法西斯,而罗斯福总统仍然举棋不定。

当天晚上,罗斯福到丘吉尔下榻的宾馆去看望他,正碰上丘吉尔洗完澡出来,一丝不挂地站在罗斯福总统面前,宾主双方都很难堪。这时,丘吉尔急中生智,说出了一句“具有世界先进水平”的话:

“我大英帝国对你毫无保留。”

一句妙语,使罗斯福禁不住捧腹大笑。这句幽默的妙处,不仅在于解窘,在当时英国积极鼓动美国与之联合对德宣战这一政治背景下,这句用借喻手法创造的幽默,真是再恰当不过了,它具有深远的政治意义和外交功效——博得了罗斯福的同情和好感,终于同意了丘吉尔的要求。

具有这种幽默感的人,都有一种超群的人格,能自在地感受到自己的力量,独自应付任何困苦的窘境。我们或许不能像丘吉尔、马克·吐温和姚明辉那样超凡脱俗,但我们都可以时时去转动这把钥匙——幽默,用幽默来改变自己,使精神超脱尘世的种种烦恼;用幽默来增加活力,使生活多一点情趣;用幽默来使自己令人难忘,同时给人以友爱与宽容。

第三,最有效的批评。

如果说在交际中有什么事最难办的话,那就是批评别人。因为批评易伤自尊,难以收到实效。然而给批评套上幽默的外衣,它就变得容易接受了。实践证明,风趣幽默的批评最为有效。

重庆某大学的一间女生寝室住了5位学生。4位都爱整洁,只有年纪最小的小朱不拘小节,果皮纸屑到处乱扔。一天,室长召开“全家”会议,布置做清洁卫生,分工谁负责扫地,谁负责擦窗子,谁负责抹桌子凳子,谁负责拖地板。小朱见不给她分配工作，就问："我呢？"室长笑着说："你负责搞破坏吧！"几个姐妹哄堂大笑，小朱也乐了，马上保证："我一定改邪归正，重新做人。"

法国作家拉·封丹有个嗜好——特别喜欢吃马铃薯。

有一天，他家有人给他端来一个刚出锅的马铃薯。因为太烫，拉·封丹就把它放在桌子上凉一凉，便出去办点事。可是等他回来时，桌上的马铃薯却不见了。有个仆人曾经从桌边走过，拉·封丹猜想可能是这个仆人吃了。于是，他叫喊起来："噢，我的上帝，谁吃了我放在桌子上的马铃薯？"

"不是我。"那个仆人说。

"那再好不过了！因为马铃薯上有毒药，是我刚才抹上去的。"

"啊！毒药！我的天啦，我要死了！"

拉·封丹赶紧安慰他说："放心吧，孩子！没有毒药，这是我略施小计，为的是想知道事情的真相。"

拉·封丹并没指责那个仆人，但给他的教训比痛斥他一顿还深刻。

有一对青年恋人到一家生煎包子店去吃包子。这种包子的肉馅里油水很多。这对青年在一个中年男子旁边坐下了。包子端来后，那个中年男子张口便咬，"嗤——"一梭子油水直射向小伙子的脸上，又从他脸上一滴滴地流向他的衬衣。有人哄笑了，小伙子尴尬不堪，谁知那个中年男子却视而不见，若无其事地吃他的第二个包子。不少人等着看一场争斗。然而小伙子只是瞥了中年人一眼，一声没吭，低头吃自己的，任凭汤汁一滴滴落下。女朋友以为他没带手巾，便把自己的手绢递给他。这时候，小伙子抬起头，又瞟了中年人一眼，说："算了，别忙擦，他还有3个哩，油水还会飞过来，等他吃完后再一起擦吧！"一句幽默的话，化干戈为玉帛。中年人面红耳赤，匆匆吃完，连连道歉而去。

在这有趣的一幕中，那男青年的话颇为巧妙和艺术。表面上没有批评人，实际上包含着丰富的意思让人去体会，在场的人尤其是他的女友不能不佩服他的涵养。可以想见，假如当时小伙子直接批评、斥责对方，势必引起一场不大不小的争斗，哪如这样点到则止，让人在笑声中明辨是非，受到教益好呢？

左邻右舍，有时候会产生互相干扰的情况，闹得你睡不好觉。有一天，我敲开邻居的门，对他说："老王，请把你的收音机借给我用一晚上好吗？"

"怎么，你也喜欢晚间特别节目吗？"

"不，我只是想夜里安安静静地睡上一觉。"

"对不起，对不起！我原先没有想到，我把声音开大了，影响了你休息。"

这样既能表达你的意见，又能避免短兵相接，激化矛盾，还能表现你豁达大度的良好修养。豁达大度是一种高尚的品格，幽默能帮助你恰到好处地展现这种品格。

第四，保卫自己的人格尊严。

本来人与人之间应该互相尊重，友好相处，不应以任何借口去侮辱别人的人格；但是在现实生活中，却常常会遇到有意或无意的不尊重人甚至侮辱人格的行为。因此，我们一方面要严格要求自己必须尊重别人，坚持以是对非，决不要以非对非；另一方面，我们还应学会保卫自己的人格尊严，对于一些无礼的言行，用幽默之枪进行还击，不失为一种得体的自我保护方法。

丹麦童话大师安徒生生活简朴，经常头戴一顶破旧的帽子。有一天，安徒生走在街上，迎面碰到一个花花公子，他不怀好意地对安徒生说："你脑袋上面那玩意儿是什么东西，能算顶帽子吗？"

安徒生马上回敬道："你帽子下面那玩意儿是什么东西，能算个脑袋吗？"一句话，噎得那个花花公子半天说不出话来，而他又无从发火。

无独有偶，中国古代作家蒲松龄身着布衣，应邀去一个有钱人家赴宴。席上，一个穿绸挂缎的矮胖子阴阳怪气地说："久闻蒲先生文采出众，怎么老不见先生金榜题名呢？"

蒲松龄微微一笑，说："对功名我已心灰意冷，最近我投笔从商了。"

另一个绫罗绸缎裹身的瘦高个故意装出吃惊的样子，说："经商可是挺赚钱的哟，可是蒲先生为何还是这么衣着平平，是不是亏了本哦？"

蒲松龄叹了口气，说："大人说得不错，我最近跑了趟登州，碰上从南洋进口的一批象牙，大都是用绫缎包裹，也有用粗布包着的。我原以为绫缎包的总会名贵些吧，就多要了些，只要了少许粗布包的。殊不知带回来一看，咳！绫缎包的竟是狗骨头，粗布包的倒是象牙。"

权贵们听了，个个默默无言。

作家萧伯纳一向鄙视达官贵人，对资产阶级的伪善和剥削本质进行抨击成了他生命的组成部分。他常常以幽默的方式使对方陷入窘境而不能自拔。在一次晚会上，他独坐一隅想着心事，一个富翁走过来，不无调侃地说："萧伯纳先生，我愿出一元钱来打听您在想什么。"萧伯纳淡淡地一笑，说："我想的东西不值一元钱。""那么，您究竟在想什么？"萧伯纳笑着回答："我正在想您啊！"一句朴素浅显的话，将对方"用钱可以买到一切"的人生哲学击得粉碎，不知道这位富翁要恢复多长时间，才敢再用钱去买那些买不到的东西。

在旧中国，一场大雪之后，天气极冷，一个小长工身上只披了一张破羊皮，在地主家的院子里扫雪。

地主少爷在一旁取笑小长工："喂，穷小子，你身上怎么长出了一张兽皮？"

小长工很气愤，当即反唇相讥："大少爷，你身上怎么披了一张人皮？"一句话，呛得那个地主少爷半天回不过神来。

以上四例，都是面临别人无礼的攻击，运用幽默之枪进行还击，使得对方只有招架之功，而无还手之力。

天道谁无烦恼？风来浪也白头。生活是个极不愉快的玩笑，你若有意跟它闹别扭，你会觉得上帝造人就是不让人活。没有幽默感的人，是性格和素质上有缺陷的人，不能以趣味的态度对待人生，在这个紧张的尘世上，是一件麻烦事——将会活得很累，也很辛苦。因此，我们每一个人都需要幽默，不仅需要以语言形式表现的幽默，而且需要将幽默转化为一种素质，成为我们的第二天性。

那么，要怎样才能成为一个会说幽默话、具有幽默感的人呢？

（三）怎样成为幽默的人

同口才一样，幽默感也不是天生的，而是后天的环境影响和自己的努力培养的。只要你肯下工夫学习并付诸实践，你也会成为受大家欢迎的幽默大师，在生活、学习、工作、交际中，将取得意想不到的效果。

首先，幽默是一种人生态度。当你怀着乐观主义的心情，以审美的眼光来看待社会生活时，你便会发现，人间处处都是喜剧；只要你能笑对生活中的困难，那么你就是已经在运用幽默的力量了。

例如清朝年间，扬州八怪之一郑板桥，在一天夜里，因为月黑天冷，风大雨密，他辗转反侧，不能入睡。这时有个小偷溜进屋来，郑板桥见状，就翻身朝内吟道："细雨蒙蒙夜沉沉，梁上君子进我门。"小偷一惊，躲到墙角，又听到郑板桥吟道："腹内诗书存千卷，床头金银无半文。"小偷心想，看来没什么可偷的，就转身准备出门，又听后面传来："出门休惊黄尾犬。"小偷有点害怕了，想翻墙出去，里面又是一句："越墙莫损兰花盆。"小偷一看，墙头果然有一盆兰花，就小心地避开了。小偷跳下墙后，屋里一阵笑声，然后又吟道："天寒不及披衣送，趁着时早赶豪门。"

这种运用幽默的力量智退歹徒的趣事逸闻，无独有偶。有一天夜里，法国作家巴尔扎克躺在床上，朦胧中看见一个人蹑手蹑脚地走进他的房间，企图撬他抽屉的锁，巴尔扎克突然放声大笑。小偷仓皇失措地问："你笑什么？"巴尔扎克说："我的好伙计，我笑的是，我在白天翻遍了所有的抽屉，都没有找到一分钱，现在光线这样暗，你不是白费气力了么？"没等巴尔扎克说完，小偷便逃之夭夭了。

像这样具有乐观主义生活态度的人，不仅能够笑对一切困难，甚至能够笑对死神。

据说，在西方国家，有一个人被送上了绞刑台，他抬头注视着那飘荡在眼前的绞索，忽然问行刑者："这玩意儿结不结实，会不会断掉啊？"

贝多芬去世前耳聋了20多年，在生命的最后一刻，他说："到了天堂，我就能听得见了。"

法国16世纪著名的讽刺作家拉伯雷临死前笑着说："该把帷幕放下了，滑稽戏演完了。"

美国第一任总统乔治·华盛顿临终前像平时一样沉着地对他的秘书下命令："我得去了，把我的葬礼搞得像样些；但记着，我死后两天内不要把我放入墓穴，清楚了吗？好，就这样。"

这种乐观的生活态度，是具有幽默感的前提条件。我们要想具有幽默感，就必须培养自己良好的心理素质，养成乐观主义的生活态度。

幽默也是一种语言艺术。要想掌握这种艺术，还必须学习和运用构成幽默的方法和技巧。下面介绍几种构成幽默的方法。

(1)巧用反语

即使用和本意恰恰相反的话来表达本意的方法。其特点是正话反说,或者反话正说;表面上是一层意思,实际上却是另一层意思。

第二次世界大战,巴黎沦陷后,德国侵略军的将军们,为了显示其珍爱艺术,经常装腔作势地出入巴黎的毕加索艺术馆。

有一天,西班牙著名画家毕加索亲自站在艺术馆的入口处,把他的名画《格尔尼卡》的复制品分发给每一个来艺术馆参观的德国军人。这幅画真实地描绘了西班牙城市格尔尼卡遭到德军飞机轰炸后的惨状,有很强的现实意义和艺术价值。能得到这样的名作,使一向在巴黎遭到冷落的德国军人受宠若惊。一个德军盖世太保头目指着这幅画问毕加索:"这是您的杰作吗?"

他满以为毕加索会笑着回答他,并对他的光临表示感谢,哪料想,毕加索却愤怒地说:"这是你们的杰作。"

这绝妙的回答,使德军头目们个个目瞪口呆,有口难言。这就是运用反语创造的幽默——本来是德国军队的"罪恶",毕加索却反话正说,故意用个褒义词"杰作"来表达,这就比直斥德军的罪恶更加深刻有力。

美国作家卡尔·桑德贝格是一个脾气暴躁的人。有一天,他在匆忙中打不开门,就扬起双臂大声狂叫起来。这个时候,他的夫人走到他的身边,一边抬头望着他,一边用手抚摸着卡尔·桑德贝格的胸膛说:"您有一副多么令人鼓舞的好嗓子啊!"她的丈夫听后,难为情地安静下来了。

这也是巧用反语——把"刺耳、难听的狂叫"说成"令人鼓舞的好嗓子",创造了幽默,以柔克刚,制服了对方。

某校一年级新生军训时,三次打靶,一班的李平同学都没打中靶,使得班里团体总环数得了个全年级倒数第一。第三次打靶归来的路上,班主任老师一拍小李的肩膀,笑着说:"嗨,三次你都'吃烧饼',靶子以外的地方你都打中了,也真是不容易呀!"这风趣的"赞语"一出,连小李自己也忍不住笑了。笑过之后,抓了半天后脑勺,怪不好意思的。

以上三例都是用反话正说造成的幽默,也可以正话反说,同样能够制造幽默。

有一次,我急需用钱,到工商银行去取。可是营业大厅里坐满了人,要等很长时间才能取到钱,到自动取款机上去取吧,当时我又还未学会操作。正在着急的时候,走过来一位漂亮的女士。我一看,她胸前戴的牌牌上写着"大堂经理"几个字。她问明了我的意图之后,几下就给我办好了。我当时脱口而出,说了一句话:"你简直不是人!"她一听,就愣住了。我马上补充说:"你是仙女下凡尘。"她高兴极了。从此以后,我每次去工行,她都热情地帮我办这办那。

实际上人们常爱说反话,如到朋友家聚会,你发现朋友的夫人越来越胖了,有幽默感的人定会说:"啊,你怎么越来越苗条了?"对方会嗔怪地笑起来。

人们在恋爱过程中也常用反语。例如,常有女孩子对自己的男朋友说:"你真坏!"实质上是说"好"的意思。在爱情生活中,女人比男人更喜欢说反话,这是因为女人爱掩饰自己的爱。

(2)夸大其辞

为了突出某一方面的特点，故意言过其实，对客观的人、事、物尽力作夸大或缩小的描述。其特点是夸大其辞，加深印象。

宋代大诗人苏东坡与其胞妹苏小妹以诗相戏。苏东坡是个长方形脸，苏小妹戏之曰："去年一滴相思泪，今年方流到口边。"苏东坡则抓住苏小妹额头突出的缺陷反唇相讥："香躯未离闺阁内，额角已到画堂前。"

苏东坡兄妹二人都是运用夸张的手法构成了幽默，互相戏谑，为生活增添了乐趣。

一位姑娘因为失恋而茶饭不思，形容憔悴。她的一位女友对她说："看你，越来越瘦了。你再这样瘦下去，我就把晾衣绳系在你身上，给我当晾衣竿用。"说得她破涕为笑。这也是一种夸张的幽默。

在一家餐馆里，一位顾客正在吃饭。他吃到一半时，突然大喊："服务员，快来呀！"在场的人都很惊讶，忙问什么事。当服务员赶来时，他才不慌不忙地朝饭碗里指了指，说道："请帮我把这块石头从饭碗里抬出去，好吗？"

这种幽默得近乎艺术化的表达，比起板起面孔的训斥，何止好上一百倍？

有一对青年男女，事先约好9点钟在人民公园门口见面。男青年准点到达，女青年却迟到了45分钟。小伙子看到姑娘，真是又爱又恨，说什么好呢？他见姑娘"脸不变色心不跳"，一副心安理得的样子，小伙子灵机一动，幽默地说道："哎，人们都说一日不见，如隔三秋，可我对你却是一日不见，如隔千年啦！如果你再晚来十分钟，我就变成个老头子了。"这对那位女青年来说，无异于第一次吃了碗"老麻抄手"——真是又麻又辣而又印象深刻。

(3)张冠李戴

就是将本来只适合于彼种场合的话移植到此种场合来说，其特点是张冠李戴，语意翻新。

著名喜剧演员赵本山主演的小品《相亲》，有这样一段："你打小归父母管，出嫁了归丈夫管，老了又归儿女管，你啥时候能给自己承包一段，自己说了算？"

在这里，作者把政治生活中的术语，巧妙地移植到日常生活中来，劝说单身的老年妇女解放思想，独立自主地处理自己的婚姻问题。观众的笑声和掌声证明了它的幽默和魅力。

在美国的一所学校里，一位女教师在课堂上提了一个问题："要么给我自由，要么让我死。这话是谁说的？"教室里鸦雀无声，女教师脸上一片失望。这时，有人用不熟练的英语答道："1775年，美国国务卿巴特利克·亨利说的。"

"对，同学们，刚才回答的是一位日本同学。来自遥远的日本同学都能回答，而你们生长在美国却回答不出来，多么可怜哟！"

这时，从教室的一角突然发出一声怪叫："把日本人干掉！"

女教师听到叫声，气得满脸通红，大声问道："谁？这话是谁说的？"

静了一会儿，教室的一角有人答道："1945 年，杜鲁门总统说的。"

1945 年，杜鲁门总统的对日作战宣言，可以说是美国人的精神原子弹。而教室里冒出这句话，只能是笑的原子弹。妙的是，那位学生引用得那么贴切、合时。

有一天，生物学家格瓦列夫在讲课，突然，一个学生在下面学鸡叫，课堂里顿时一片哄笑。这时，格瓦列夫镇定自若地看了看自己的挂表，不紧不慢地说："唉呀，我这只表误事了，没想到现在已是凌晨两点钟。不过，请同学们相信我的话，公鸡报晓是低等动物的一种本能。"这种张冠李戴的幽默批评，对学生们可以起到警策作用。

(4)因势利导

接过对方的话头，向着有利于自己的方向引导。其特点是巧借话题，随意发挥。

在一次军事演习中，有一位指挥官的吉普车陷入了泥淖之中。指挥官看到地上躺着几个"阵亡"了的士兵，就请他们起来帮忙推一把。

其中一个士兵说道："很抱歉，先生！按规定，我们已被打死了，不能再参加任何活动。"

指挥官转向他的司机，命令道："你去给我把那几具尸体拉起来垫在车轮下，车子就可以开出来了。"

听了这话，地上的士兵一跃而起，帮指挥官推车。

两个小偷深夜溜入一家行窃，惊醒了这家夫妻俩。丈夫一跃而起，妻子却吓得不知所措。丈夫心想，与小偷硬拼不行——一人难敌一双。于是他急中生智，大声对他的妻子喊道："快去把鸟枪拿来！"

妻子则茫然，说："家里哪有鸟枪？"

"在墙上挂着。"

"胡说！"妻子坚决不信。

"胡说？"丈夫见妻子仍不明其意，但又不能直说，于是他改口说道："对对对，你就把'胡说'拿来，'胡说'比鸟枪更厉害！"

躲在门背后的两个小偷听到这话，心想：妈呀，鸟枪就够厉害了，"胡说"比鸟枪还厉害，还是赶紧逃命吧！于是，他们夺门而出。

彼得是一家大公司的职员，他经常在办公时间出去理发，尽管他也知道这样做是违反公司规定的。一天，当彼得又在理发时，公司的经理正巧也来理发，彼得无法躲开了。经理说："你好，彼得，我看见你在办公时间理发。"彼得镇静地回答："是的，先生。你看，我的头发都是在工作时间长出来的。""不是全部吧，其中一部分是在下班时间长的。"彼得很有礼貌地回答："是的，先生，你说得对极了。所以我剪掉一部分，而不是全部剪掉。"

以上三例，都是运用因势利导方法构成的幽默。

有一天，我家里来了几位大学时的同班同学。其中一位女同学还带着个五六岁的小女孩。交谈中,我见小女孩活泼可爱,便不时地逗她玩。在亲近中,小女孩孩突然惊奇地叫起来:“叔叔,你脖子上怎么有个疤?”天真而又不合适的问话,使在场的人都陷入了尴尬之中。

我当时也是急中生智,接过小女孩的话头,作了巧妙的解答:“这不是疤,这是花——这就叫作颈上添花(谐音‘锦上添花’)。”

这也是运用因势利导的方法,制造了个幽默的解答。顷刻之间,不仅使众人摆脱了尴尬的局面,而且更增添了欢乐的气氛,从而创造出“柳暗花明又一村”的佳境。

(5)隐含判断

即在自己所说的话中隐藏着另一个判断。其特点是话中有话,含而不露。

有一个打扮得怪里怪气的小伙子,自以为很美。他去问一位姑娘,是否喜欢他这副打扮,姑娘回答说:“看到你这个模样,我就想起了大海”。小伙子高兴极了,赶紧说:“你真有眼力,你真懂生活,真有艺术欣赏水平!是啊,我这身打扮,使人仿佛看到了大海的壮阔和它那吸引人的魅力……”姑娘打断他的话,补充说:“不,你错了,因为我晕船,一想到大海,就要作呕。”姑娘的前一句话里,隐含着“看到你这个模样,我就要作呕”的意思,但她没有明说,而是用“想起了大海”来表达,既富于逻辑力量,又充满了幽默感。

孔融是一位妇孺皆知的神童。据《世说新语》记载,孔融 10 岁那年,有一次上李膺家做客。当时到此登门拜访者都是社会名流,孔融与他们应答如流,不卑不亢,深得众宾客称赞。但是,有一位名叫陈韪的大夫却不以为然地说:“小时候聪明,长大了未必聪明。”孔融立刻回敬道:“我想先生小时候一定很聪明吧!”陈韪被说得面红耳赤,半天没吱声。孔融受到讥讽,既没有感情冲动,急于为自己辩解,也没有以牙还牙,直接指责对方不智,而是利用对方讲话的逻辑反制其人,藏而不露,引而不发,适可而止,有礼有节。这种高超的语言技巧,令人拍案叫绝。

印度作家泰戈尔接到一个姑娘的来信:“您是我最敬慕的作家。为了表示我对您的敬仰之情,我打算用您的名字来给我心爱的哈巴狗命名。”

泰戈尔当即给这位姑娘写了一封回信:“我同意您的意见,不过在命名之前,您最好还是和您心爱的哈巴狗商量一下,看它是否同意。”

面对那位姑娘表面“敬仰”,实则贬低自己的人格——把泰戈尔与哈巴狗相提并论的言行,泰戈尔并没有恼羞成怒,而是利用隐含判断的手法——你也是狗的同类——来回敬对方。显得既有礼貌,又饱含智慧。

世界上,凡有关交通安全的通告、标语和警告,都带有恐吓的色彩。然而,在马来西亚的柔佛市,关于交通安全的标语却别有风味,亲切幽默:“阁下,驾驶汽车,时速不超过 30 公里,可以饱览本市的美丽景色;超过 60 公里,请到法庭作客;超过 80 公里,欢迎光顾本市设备最新的急救医院;上了 100 公里,祝君安息吧!”这一组标语中,隐含着一系列的判断:驾驶汽车,时速最好不要超过 30 公里;超过 60 公里,就违反了交通法规;超过 80 公里,就会出车祸;上了 100 公里,则会造成车毁人亡的结果。这样表达，效果最佳。

(6)故作不知

就是明知不是如此，故意作如此解释。其特点是故作不知，我自怡然。

有一位妇女抱着婴儿上汽车，很不方便。上车后，一位小伙主动把自己的座位让给她。谁知那妇女一声不吭地坐下了。旁边的人都对这种不礼貌的行为面呈不满。这时，那位让位的年轻人转身问她："同志，你说什么？"妇女感到奇怪："我什么也没说呀！"小青年笑道："喔，对不起，我还以为你在说'谢谢'哩！"话音刚落，车厢里响起了一阵笑声。小青年并没有用责备的字眼，却同样使那妇女明白了自己礼貌上的欠缺。

钢琴家波奇到美国密歇根州的福林特城去演出。当他出场时，发现有一半座位空着。波奇环视了一下稀稀拉拉的听众，微微一笑，说："女士们，先生们，福林特这个城市一定非常有钱，我看到你们每个人都买了两个座位的票。"台下立刻爆发出一阵笑声，冷清的气氛顿时热烈起来，那次演奏十分成功。

一天，刘君陪女友买连衣裙，连挑 3 件都不满意，又要拿第 4 件，营业员很不高兴地责怪他们。刘君心平气和地说："你们的服务公约上不是说'百拿不厌，百问不烦'吗？我们才拿了 3 件，离 100 件还差 97 件，远没达到规定的指标。"营业员可不是那么好逗的，她说："你要挑 100 次，我们还做不做生意？"刘君笑着说："哪能呢？挑 100 次，我们自己就先累死了。哎，我建议你们把服务公约改为 10 次，我们顾客没精力完成 100 次。"营业员忍俊不禁，终于笑了起来。如果你以为刘君的聪明仅在于幽默，那就错了。他的最大聪明在于面对别人的责难(这种责难常使人们条件反射地感到愤怒)，却能故作不知，我自怡然。幽默者最可贵的品质就是以有趣的方式对待生活中的困难，他们会使一切都变成欢乐，因而他们生活得最潇洒。

明末清初的少年英雄夏完淳，在抗清斗争中不幸被捕。一次，敌人提审他。当夏完淳断定审讯他的就是与清兵交战时战败被俘、投降敌人的洪承畴时，决心嘲弄他一番。洪承畴狡诈地说："你这孩子，懂得什么，还不是被那些叛乱之徒拉了去，你要是肯投降，可就前途无量了。"夏完淳两眼紧盯着洪承畴说："人各有志，我虽年轻，却有自己的志向。我一向很仰慕本朝的洪承畴先生，决心做一个像他那样的英雄，焉能投降你们这些满清王朝的爪牙？"洪承畴听了，颇为得意，问："噢，你仰慕洪承畴？"夏完淳见这只老狐狸已经中计，假装称颂道："是啊，洪老先生是本朝的一位人杰，先生在关外和清兵血战于松山、杏山一带，最后弹尽粮绝，不肯投降，坚贞不屈，英勇就义了。当他阵亡的噩耗传来时，全朝为之震动，先帝也曾为之垂涕，感哀不已。这样的忠臣难道不值得仰慕吗？"洪承畴听了这一席话，犹如挨了当头一棒，目瞪口呆，不知如何是好了。随从忙说："你不要胡言乱语，堂上坐的就是洪大人。"夏完淳一听，立刻厉声说道："胡说，洪先生早已为国捐躯，天下谁人不知？你们这些朝廷的叛徒，民族的败类，认贼作父，投降清朝，人人得而诛之。你们竟敢败坏洪大人的名声，洪大人在天之灵也会寒心的。"一番话，把洪承畴的叛徒嘴脸揭露得淋漓尽致，批得体无完肤。洪承畴也奈何不得，只好草草退堂。

以上四例，都是运用故作不知的手法构成的幽默。

(7)谐音双关

即利用读音相同或相近的字(词)构成的一语双关。其特点是言此意彼，委婉含蓄。

我国古代的《四库全书》的总编纂纪晓岚，是个大学问家，早年在朝廷里担任侍郎。有一天，他应邀去参加兵部尚书王杰的宴会。

陈御史也受邀出席，他比纪晓岚大几岁，他同纪晓岚一样，也是个生性诙谐的人，与王杰、纪晓岚都是莫逆之交。

在他们推杯换盏、酒酣耳热之时，有一条家犬闻香而来。王尚书故意指着它问纪晓岚："是狼是狗?"这当然是朋友之间开玩笑。纪晓岚一听就知道，王尚书是用谐音双关的方法在骂他"侍郎是狗"，于是也就以其人之道还治其人之身，慢条斯理地回答："狼与狗的尾巴有区别——垂尾是狼，上竖(尚书)是狗。"此言一出，满座哄堂大笑，陈御史笑得连喝进口里的酒也喷了出来。

大家的笑声刚停，纪晓岚接着又说道："狼与狗之别，还可以从它们吃的食物来区分。大家都知道，狼是非肉不吃；狗却不同，它是遇肉吃肉，遇屎(御史)吃屎。"纪晓岚的话，使在座的人又笑成一片。这就是用谐音双关构成的幽默。

宋朝时候，一个胸无点墨而又自命不凡的富家子弟，听说欧阳修的诗文并冠一世，心里很不服气，他决心要去找欧阳修一比高低。

富家子弟走在路上，见路旁有一棵大树，便酸溜溜地吟起诗来："路旁一古树，两朵大丫杈。"只此两句，他便吟不下去了。正在这时，欧阳修路过这里，便替他补了两句："未结黄金果，先开白玉花。"富家子弟听了，禁不住点头称是。为了显示自己有才，他又作起诗来："远看一群鹅，一棒打下河。"欧阳修又帮他续道："白翼分清水，红掌踏绿波。"富家子弟佩服此人有诗才，便邀他一起去同欧阳修比试。

两人走水路，富家子弟在船上又吟诗道："诗人同登舟，去访欧阳修。"欧阳修则暗含讥讽："修已知道你，你还不知修(羞)。"这也是利用谐音双关的方式构成幽默，委婉含蓄地讽刺了那个富家子弟不知羞耻。

构成幽默的手法很多，除了上述方法之外，还有别解词语、借题发挥、顺水推舟、言语错位等等。但不管用什么手法，都必须注意其内容的意会性，即它不像一般的笑话那样直截了当地展示其喜剧性矛盾，而是千方百计地包藏它，掩盖它，使对方不经一番思索和体会，就不易悟出其潜在的喜剧性内容。也就是要尽量做到委婉含蓄，才能构成幽默。

例如，一位顾客到饭馆里去吃饭，发现饭中沙子较多，就用筷子把它们挑出来，一一摆在桌面上。服务员见此情景，很是不安，抱歉地说："哎呀，净是沙子吧!"顾客摇摇头，微笑着说："不全是沙子，也有米饭。"这种迂回曲折的回答方式，并没有直接批评饭馆，而服务员却能体会出来。

又如某医院的护士小丁长得漂亮又机灵，大家都很喜欢她。

有一天下班，年轻的郑医生对她说："小丁，一同去吃饭好吗？我有一件重要的事想跟你说。"

小丁立刻就明白了"重要"的含义，于是她笑着说："好哇！我也正好有事要求你帮忙呢。"

郑医生一听，高兴极了，忙说："行，只要是帮你的忙，我一定两肋插刀，你要我上刀山下火海，我都愿意……"

小丁又笑了："可没那么严重，只不过是我的男朋友脸上长了几个青春痘，我想问你怎么治疗效果好一些。"

运用这种委婉含蓄的幽默来表示推辞，比起生硬的拒绝，又何止好上千倍？这样做，既可以达到自己的目的，又不至于损伤求爱者的感情。

幽默的语言再辅之以幽默的动作，更相得益彰。

美国第16任总统林肯在当选总统之前，曾从事律师工作。有一次，林肯作为被告的辩护律师出庭。原告的律师将一个简单的证据翻来覆去地陈述了两个多小时，听众都不耐烦了。好不容易才轮到林肯辩护，只见他慢慢站起来，一言不发，先把外衣脱下，然后端起玻璃杯喝了口水，接着重新穿上外衣。然后，又脱下外衣，又喝水……这样的动作重复了五六次，逗得听众哄堂大笑。在笑声中，林肯开始了他的辩护演说。他的幽默表演，实在是对原告律师的绝妙讽刺，也为自己辩护的成功奠定了基础。

要想具有幽默感，还得注意收集和积累。只要你有意，就会发现，生活中处处蕴含着幽默。

雄辩术
——如何在辩论中取胜

辩论，就是对同一事物的是非之争，也就是持不同见解的双方彼此之间为确立自己的见解而进行的论证与反驳的说理过程。

马克思说："真理是由争论确立的。"没有辩论，就没有真理。没有辩论，伽俐略就不可能战胜亚里士多德，建立起自由落体定律；没有辩论，哥白尼就无法推翻在西方统治了一千多年的地心说，建立起日心说，使自然科学从神学中解放出来，大踏步地前进。

当你的合法权益遭到侵犯的时候，当你遭到冤枉、诽谤、诬陷，被人强加上莫须有的罪名，大难临头的时候，你最需要的是什么呢？难道你不想具备能言善辩的本领吗？

总而言之，大到世界争端、国家大事，小到个人利害得失，都离不开辩论。

雄辩术无论是在外交谈判还是在经济洽谈中，无论是单位间的交涉还是在个人交际中，都有不容忽视的重要作用。

然而辩论并不是人人都会的。在激烈的唇枪舌剑中谁都想出奇制胜，都在制造"杀手锏"，随时都想克敌制胜，把对方置于"死地"。

那么，要怎样才能在辩论中获胜呢？

我认为，可以把辩论分为三个层次：最基本的是要做到论据充分，论证深刻有力，使自己的立论站得住脚，不留漏洞给对方来钻；较高的层次是，不仅使自己的立论站得住脚，不留漏洞给对方来钻，而且能够及时发现对方的漏洞，特别是抓住对方的要害，展开猛烈的进攻，对对方的立论给予致命的打击；最高层次是将对方的论点或论据拿过来为我所用，用来证明自己的立论正确，从而摧毁对方的立论。

辩论可以分为赛场辩论、法庭辩论、学术辩论、决策辩论和外交辩论五类。

我们着重讲一讲与广大读者关系最为密切的赛场辩论和法庭辩论。

一、赛场辩论

赛场辩论，是有组织、有领导，按一定章程和规则，抽签决定正方和反方，事先形成对立面的辩论。辩论的目的，一是探讨某个理论问题，二是培养和训练雄辩的才能。

如何在辩论赛中获胜呢?

(一)分析辩题,选择最佳论辩角度

据《狮城舌战启示录》记载,首届国际(华语)大专辩论赛的首场比赛,是复旦大学队与英国剑桥大学队对垒,辩题是——“温饱是谈道德的必要条件”。我们对这一辩题的概念作了如下分析。

温饱:饱食暖衣。换一种说法,即无衣食之困。我们大致可以把人类的生存理解为三种状态:第一种是贫困,亦即勉强能够维持生存;第二种是温饱,表明生存状态较好,已脱离受冻挨饿的境地;第三种是富裕,指一种很优越的生存状态。

道德:调节人们行为的规范,由社会舆论和良心加以支持。

谈:提倡、宣扬。

必要条件:其逻辑含义是“无之必不然,有之不必然”。

通过对辩题中上述四个主要概念的分析,我们发现,剑桥大学作为正方在逻辑上最难跨越的是“必要条件”这个概念。既然这个概念蕴含着“无之必不然”这层意思,那么对方在逻辑上面临的最大困难在于必须论证:没有温饱就绝对不能谈道德。换言之,在欠温饱状态下是不能谈道德的。而欠温饱状态又有三种表现形式:一是贫困;二是正在走向温饱,但尚未达到温饱状态;三是温而不饱或者饱而不温。也正是从欠温饱状态的第三种表现形式出发,复旦四辩手蒋昌建说出了一段很幽默的话:“对方还没有论证如果温而不饱该怎么办。减肥小姐可谓温而不饱,那这个减肥中心不是按照对方的逻辑要变成拳击场了吗?”

在第一场辩论中,由于我方紧紧抓住对方在“必要条件”这一概念上陷入的逻辑困境,集中火力展开进攻,因而始终处于主动地位,结果以 5∶0 获胜。

又如 1986 年亚洲大专辩论赛,在北京大学队同香港中文大学队争夺冠军的决赛中,香港学生的论点是“发展旅游业利大于弊”,问北大学生是否赞同。我们若是直接表示赞成或反对,都不能取胜,因为赞成就意味着认输,而反对理由又不充足。在这种情况下,北大学生选择一个最佳的回答角度:“如果不分时间、环境,盲目地发展,则是有害的。”从而击败了香港学生,摘取了亚洲大专辩论会的桂冠。其中,王雷有一段很精彩的发言:

好,下面让我从社会和文化的角度来说明问题。我方并没有否认旅游业有促进文化交流的积极作用,但是如果盲目地、无节制地发展旅游业,就会导致招揽游客不择手段。许多国家招揽游客并不是靠他们优美的风景和所谓便宜的商品,他们的旅游业得以发展,主要是依靠色情业。澳门旅游业兴旺发达,但他们是为了满足赌客们,让赌客们在赌场里领略到了“湖光山色”和“风云变幻”。当然,在这里,我们并不是把旅游业同色情业、赌博业画等号,新加坡在这方面可以说是比较好的例子,但可惜的是这种成功的例子太少,而失败的例子又太多了。赌博、色情业就像是癌症细胞一样容易泛滥。马来西亚的云顶赌场、泰国的人妖艳舞,不都

可以算是举世闻名吗？如果是这样发展下去，说发展旅游业利多于弊，不就变成发展色情业、赌博业利多于弊了吗？

这段发言，不仅是从最佳的辩论角度出发，而且是恰当地举出了打击力很强的事例。

总之，在辩论赛之前，要通过分析，找到对方的薄弱环节，选择“最佳论辩角度”，以便战胜论敌。

在法庭辩论之前，我们也可以而且应当通过查阅案卷，分析案情，找到对方的薄弱环节，选择最佳论辩角度。

例如，我和唐斌律师共同代理的重庆市南岸区南坪镇政府土地租赁纠纷一案。

原南坪镇回龙村的土地已被经开区全部征用。只是因为种种原因还未开建，当地的村民也还未迁居。科德贸易公司就与回龙村村委会签订了《土地租赁合同》，约定将村里的一大片土地租给科德公司堆放河沙。科德公司为了方便运送河沙，又与村委会签订了《工程承包合同》，约定在原龙头庙社内重新修建一条泥结碎石公路，由科德公司组织施工。公路修好后，科德公司就在那片土地上堆放了五六万吨河沙。但又因为种种缘故，河沙没有销售出去。后来经开区开始基建了，再三敦促科德公司把河沙运走，他们始终都未运走。经开区只好通过法定程序，强制执行，把那几万吨河沙全部倒回长江了。为此，科德公司以多种理由向南岸区法院起诉了南坪镇政府(因回龙村建制已撤销)，要求被告赔偿102万元。

接手此案后，我们从原告方所陈述的多种理由中选择了最关键的一条——被告方是以欺诈的手段订立合同，把已被国家征用的土地拿来出租，收取租金，给国家和原告造成了巨大损失，以此作为突破口，加以辩驳。

在法庭辩论时，我们说:“双方所签的《工程承包合同》中写得清清楚楚、明明白白:‘甲方与重庆经济技术开发区管委会及有关部门协商，决定在原龙头庙社内重新推修一条泥结公路。现将推修泥结公路工程承包给乙方组织施工。’”这份证据明确无误地证实:原、被告双方均知晓，该路段及堆沙场地虽然都是在开发区已征地范围内，但是该路段是征得开发区同意后修建的。该堆沙场地出租给原告，也是开发区默认了的——合同履行期即1999年之内，开发区并未追究原、被告任何一方的责任。原告认为，被告“一方以欺诈的手段订立合同”，从何说起呢？更谈不上“损害国家利益”。因此，该项法律规定不适用于本案。

综上所述，原告的诉讼请求，理由不能成立，既无事实依据，又无法律依据，纯属无稽之谈，故不应主张，应予驳回。

与此相反，如果不注意选择论辩角度，就有可能导致自己败诉。例如，1999年，在重庆市渝中区发生了一场轰动全国的电车脱鞭伤人事件——电车脱鞭导致一个小男孩不幸被高压电流击中而致残。受害人廖克力把有关的三家单位(电车公司、电业局、城区供电局)告上了法庭。

在法庭辩论时，三家被告都不去针对原告的诉状加以辩驳，而是把矛头指向其他被告，形成被告与被告之间互相“残杀”，对原告有利、对自己不利的局面。

(二)攻防兼备，以攻为主

高明的辩手，不仅要做到论据充分，论证深刻有力，使自己的立论站得住脚，不留漏洞给对方来钻，而且能够及时发现对方的漏洞，特别是抓住对方的要害，展开猛烈的进攻，给对方的立论以致命的打击。也就是说，在辩论中，必须既要注意防御，又要注意进攻。

如果只注重进攻，不注重防御，会因为失去根基而削弱原有的锐气，还会因为自己后方空虚而给对手以可乘之机；反之，如果只注重防御，不注重进攻，那就只能算得上消极的防御，用复旦大学辩论队领队兼教练俞吾金教授的话来说：“这就像踢球一样，光是防守，至多对方进不了球，但球永远不可能滚进对方的球门。”因此，我们在辩论中应当攻防兼备，以攻为主。

在首届国际(华语)大专辩论会上，第二场半决赛为中国复旦大学队对澳大利亚悉尼大学队，辩题是“艾滋病是医学问题，不是社会问题”，通过抽签决定了正方悉尼队的立场为“艾滋病是医学问题，不是社会问题”，反方复旦队的立场为“艾滋病是社会问题，不是医学问题”。

实际上，艾滋病既是社会问题，又是医学问题，这就决定了正反双方都有一定的难度。

在这种情况下，如何构建自己的攻防机制就具有决定性的意义了。

反方复旦队首先肯定艾滋病是社会问题，而决不单纯是医学问题；然后提出艾滋病是一个需要综合治理的社会问题，需要依靠政治、经济、道德、法律、医学、教育等多种力量来综合治理，医学仅仅是其中的一种手段。

这样立论，就把原来的辩题中对立的社会问题和医学问题巧妙地统一到一个外延更加广泛的社会问题之中，使己方的立论具有了严密的逻辑性，显得无懈可击了。

而正方悉尼队则仍然将艾滋病当作单纯的医学问题去论证，这就势必留下很大的漏洞。所以在后来的舌战中，悉尼队的进攻乏力，防御又显得捉襟见肘。

反方四辩蒋昌建在总结陈词时，一针见血地指出对方在防御上的弱点：

第一是逻辑问题，把医学参与的活动就说成是医学问题，把社会应当承担的责任推到医学的身上去；

第二是理论上的问题，他们缺乏有效的判断标准，理论上不清，概念上的混乱，说艾滋病是一个影响。我想请问，艾滋病是好的影响还是坏的影响？如果是坏的影响的话，难道还不是个社会问题吗？

第三个是事实上的问题，对方习惯把大事化小、小事化了，但始终没有解决为什么化来化去，从5个患者化成了250万个；

第四个是价值判断的问题，对方视艾滋病对人类社会的总体威胁而不见，认为医学所谓治标而不治本的方法不能给社会的文明带来巨大的威胁，我不知道对方是怎么展望我们的未来世纪的。今天离世界“艾滋病日”只有126天了，它的口号就是“时不我待，行动起来”，这难道是社会对医学界的一个独门偈语吗？

这一连串的问题，犹如排炮一般，一一击中悉尼队的要害，使其只有招架之功，而无还手之力。

这一场辩论，复旦队之所以能够战胜悉尼队，根本原因就在于复旦队能够攻防兼备，以攻为主。

在自由辩论阶段，复旦队二辩季翔突然向对方提出一个问题：“今年世界‘艾滋病日’的口号是什么？”正方当时因为毫无准备，就乱猜了个“更要加强预防”的口号。季翔马上抓住这个漏洞加以进攻：“今年的口号是‘时不我待’。对方辩友连这个基本的问题都不知道，怪不得谈起艾滋病来还不紧不慢。”由此赢得了观众的掌声和笑声。

在自由辩论阶段，还有一个很有意思的例子。

“正方：那我倒要问对方同学，如果我们今天发明了一种可以控制艾滋病的疫苗，那会有什么社会问题？请你说明。”

“反方：用一个‘如果’的话，整个巴黎都可以装在一个瓶子里。如果人类不存在，艾滋病还有没有啊？”

又一次赢得了观众热烈的掌声。这是一个比较典型的抓逻辑漏洞的例证。辩论需要的是确凿的事实和使人信服的理论，最忌讳用假设来论证己方的观点。正方稍不留神，出了个差错，又被反方二辩季翔抓住，运用归谬法揭露了对手的荒谬可笑。

以上三例，都证明了：要想在辩论中取胜，必须做到攻防兼备，以攻为主。

再举几个法庭辩论中的例子。如在我代理的江津区第二人民医院医疗事故一案中，原告要求医院承担6000元律师费。在法庭辩论时，我抓住这个问题向对方“放了一炮”：“请问原告代理律师，有哪一条法律规定，律师的代理费也要由对方来承担？这是个法律常识问题，你应该懂的哟。”这一“炮”，把对方“打”得哑口无言了，而且一下子就把对方6000元的诉讼请求推翻了。

在法庭辩论中，不少人都只顾论证自己的立论，而没有注意去发现并抓住对方的漏洞，特别是一些要害问题，展开猛烈的进攻，给对方的立论以致命的打击。

例如在电车脱鞭伤人一案中，第一被告（电车公司）以“电车脱鞭是一个世界性的难题”为由，说明这是“不可抗力”，电车公司不应承担法律责任；又以“车门不是司机打开的，而是乘客打开的”为由，推卸责任。这都是关键性的漏洞，违反了充足理由律，犯了推不出的逻辑错误。但都没有被发现，也就没有遭到进攻。

又如在震惊全国的重庆市綦江县彩虹桥垮塌案中，第八被告王远凯的辩护人张律师一开始就说：“我为王远凯作无罪或者从轻处罚辩护。”这更是一个大漏洞。请问，王远凯究竟是有罪还是无罪？如果无罪，凭什么还要处罚他呢？如果要处罚他，那就是你承认他有罪，你为什么还要给他作无罪辩护呢？这样一问，就会把他问得晕头转向，狼狈不堪。可惜的是，公诉人也未这么做。

(三)以子之矛,攻子之盾

最高明的辩手不但能够做到攻防兼备,以攻为主,而且还能够将对方的论点或论据拿过来为我所用,用来证明己方的立论正确,从而摧毁对方的立论,这可谓"以子之矛,攻子之盾"。

这种方法能借助对方的进攻力量回击对方,对方进攻的力量越大,反击的力量也就越强,往往能使对手猝不及防,自食其果。这就好比对方向我方阵地投来一颗手榴弹,趁它还未爆炸,赶紧把它捡起来,向对方阵地扔回去,让它在对方阵地上爆炸,从而杀伤对方。

在首届国际(华语)大专辩论赛上,决赛是复旦大学队与台湾大学队辩论人性"本恶"还是"本善"的问题。台湾大学队强调人人有善根,因而能放下屠刀,立地成佛。这本来是作为正方的论据来证明"人性本善"的,却被反方复旦大学队三辩严嘉接过来反取其义,证明"人性本恶"。他提出了一个对方未曾想到、又难以回答的问题:"如果人都是本善的话,谁会拿起屠刀呢?"这就使得对方措手不及,无力反驳,陷入窘境。

又如,台湾大学队的一名队员提出,我们之所以制定法律等惩治制度,就是出于人的"善性"。显而易见,这也是作为正方的论据来证明"人性本善"的,但又被反方一辩姜丰接过来为我所用:"对呀,这不正好论证了我方观点吗?如果人性都是善的,还要法律和规范干什么?"这又一次把对方打得晕头转向,无言以对,只好"顾左右而言他"了。

在第三届亚洲大专辩论赛的决赛阶段,围绕着"人类和平共处是可能实现的还是不可能实现的"问题展开论战。反方台湾大学队刚刚对人类和平共处的前景充满忧患,表示要自卫的立场,正方南京大学队就立即接过话头,指出对方辩友们所表现出来的忧患意识和自卫立场本身就使制止战争多了一份保障,体现了维护和平的力量在增强,人类和平共处的可能性在增长。这也是将对方的观点转化为己方的论据,反过去摧毁对方的立论。

将对方的材料拿过来为我所用最精彩的战例,当数台湾大学队与香港中文大学队关于"考试制度是或不是衡量个人才智的最佳途径"的辩论。正方香港中文大学队一开始就用一则"灰姑娘"的童话故事作比方,形象生动地说明了考试制度是衡量个人才智的最佳途径:仙女送给灰姑娘一双玻璃鞋,让她到王宫的舞会上去跳舞,使灰姑娘有了一个表现自己美貌和才能的机会。接着指出,考试制度就像这双玻璃鞋,它提供了表现个人才智的机会。可是,出乎香港中文大学队的意料,反方台湾大学队一辩王文华却接过话头,续起对方没有讲完的故事:舞会散了,灰姑娘走了,王子也离开了王宫,拿着这双玻璃鞋作标准,到处去寻找自己的心上人灰姑娘。说到这里,王文华反问道:"如果一个丑八怪的脚大小正合乎这双玻璃鞋的尺寸,王子岂不是要找错人了吗?考试制度看起来客观公正,其实正像这双玻璃鞋一样很不可靠。"于是本来被正方作为立论依据的童话故事,却被反方转化成了自己立论的支柱。从此，正方阵脚大乱，败局已定。

像复旦大学队、南京大学队和台湾大学队这样，将对方的观点或材料拿过来为我所用，实在高明，令人叫绝！

这种“以子之矛，攻子之盾”的战术，同样适用于法庭辩论。

例如，一起盗窃案中，一位姓李的老人家里丢了一头80多斤的猪，他怀疑是邻村一个好吃懒做、经常偷鸡摸狗的中年人吴某偷去了。

犯罪嫌疑人吴某虽然是一个四十多岁的中年男子，但是长得又矮又瘦。在法院开庭审理的过程中，他一直大喊“冤枉”，并且为自己辩解说：“猪走得慢，偷猪的人怕被人发现，是不敢在路上赶猪走的，所以他们偷的时候，总是把猪捆了，背在背上。你们看我这么瘦骨嶙峋，手无缚鸡之力，怎么背得起那头猪呢？”

这时，坐在法庭上的公诉人突然“晕”倒在座位上了。法官马上宣布“休庭”，并且命令犯罪嫌疑人吴某把公诉人背出去抢救。吴某猝不及防，赶紧去背起公诉人就走。正要走出法庭，公诉人叫了一声：“行了，放我下来！”

法官宣布：“继续开庭，接着进行法庭辩论。”

公诉人先向被告提了个问题：“你说我有多重？”

被告回答：“你至少也有一百三四十斤嘛。”

公诉人接着就说：“对了，我有138斤重。你说你背不起80多斤重的猪，你怎么却背得起我这一百三四十斤重的人呢？”

犯罪嫌疑人再也无法狡辩，只好低头认罪了。

原来这是公诉人事先与法官商量好了，设下的一个局，引出了与前面说法自相矛盾的另一个说法，然后将对方的材料拿过来为我所用，粉碎了对方的谎言。

(四)借助逻辑力量增强说服力

辩论赛是以说服评委和听众为目的的，必须借助逻辑力量来增强说服力。因为逻辑力量是一种理性的力量，而理性的力量是巨大的、持久的、不可抗拒的。

辩论的逻辑性，要求选用词语表达概念时，必须明确清楚，判断要恰当，推理要遵守逻辑规则。下面分别举例加以说明。

1.辩论必须遵守同一律

同一律的含义是：在同一思维过程中，每一思想必须有确定性，不能改变为其他不同的概念或判断，否则，就是违反了同一律。违反同一律，就会犯混淆概念或偷换概念、转移论题或偷换论题的错误。

例如，两千多年前，古希腊著名学者普洛太哥拉斯招收了一名学生爱瓦梯尔，传授法律知识，两人签订了合同：爱瓦梯尔分两次交付学费，第一次是在入学时向他交付一半，第二次则须在结业后爱瓦梯尔第一次出庭胜诉时交付另一半。可是，爱瓦梯尔结业后老是拖延，不肯交付另一半学费。普洛太哥拉斯一气之下，要到法院去告爱瓦梯尔。他先去警告爱瓦梯尔：“只要我一告到法院，你就一定要把学费付给我。因为如果我胜诉了，按照法院的判决，你必须付学费给我；如果你胜诉了，那么按照我俩的合同约定，你也应该付学费给我。所以，我无论是胜诉还是败诉，你都得把学费付给我。”爱瓦梯尔听后，想了一想，回答说：“只要你到法院告我，我就可以不付给你学费了。因为如果我胜诉了，按照法院判决，我就不会付给你钱了；如果我败诉了，那么按照我俩的合同约定，我也不该付学费给你了。”这桩两千多年的悬案，一直无法裁决，问题出在哪里呢？问题出在他们二人都违反了同一律：普洛太哥拉斯没有坚持同一个标准，提出胜诉时以法院判决为依据，而败诉时以合同规定为依据；爱瓦梯尔也同样依据不同的标准，胜诉时以合同规定为依据，而败诉时以法院判决为依据。他们二人都没有保持标准的同一，因而都陷入了诡辩的泥坑。

又如，我国古代春秋时期，齐国大夫晏婴出使吴国，前往吴宫拜见吴王夫差。只听侍卫喊道：“天子接见齐使晏婴。”

“什么？天子接见！”晏婴心想，“只有周天子才可称‘天子’，吴国不过是周朝属下的一个小小的诸侯，怎么冒充起‘天子’来了，这不是在故意侮辱我齐国的国格吗？”于是，他假装没听见，故意不进宫门。侍卫又靠近他的耳朵，拉开嗓子高喊：“天子接见！”这时，晏婴显出特别惊讶的神情，说道：“哎呀，我晏婴今日怎么变得如此糊涂？我是受齐王派遣去出使吴国的呀，怎么竟把大方向都搞错了，走到周天子的大殿前来了？实在抱歉！”说完，转身就走。侍卫赶紧叫住他，但又不好再说什么。

为了让侍卫好下台，晏婴就说：“我要见吴王，该往哪里走？”“好好，请等一下，我去问问就来。”

吴王听侍卫回报后，只得令门人传话：“夫差请见。”这时，晏婴才昂然走进吴宫，晋见吴王。

这段故事表明了晏婴不愧为我国历史上一位杰出的雄辩家。他以那犀利的辩才，维护了自己高尚的人格和齐国的尊严。从逻辑上讲，晏婴的雄辩，就是通过揭露侍卫“偷换概念”的逻辑错误来实现的——“吴王”和“周天子”是两个截然不同的概念，各有其不同的内涵和外延，不容混淆。晏婴以其巧妙的雄辩迫使吴王通过门人的传话，纠正了这一逻辑错误。

再如，有一天刮大风，田家的院子里吹来一块油毡。由于一时弄不清是谁家的，田家就捡起来搭在自家的棚子上。风停后，赵家发现厨房顶上的油毡少了一块，爬上房顶一看，居然盖在一墙之隔的田家棚子上。于是，马上到田家质问：“你们为什么趁风大的时候偷我家的油毡？”田家一听此话，勃然大怒，马上与赵家争吵起来，并发展到互相扭打，打得难解难分。后来闹到法院，经过调查，法官对双方当事人说：“你们这场纠纷的实质，只是在一个字上，即油毡到底是田家‘偷’的还是‘捡’的。从事实上看，这油毡是捡的，不是偷的。不过，按照我国传统的道德观念，知道失主是谁后，就应及时还给失主。”田家觉得法官言之有理，不仅洗清了自己“偷”的罪名，而且妥善地解决了两家的矛盾，便主动买来一块新油毡赔给赵家。赵家也主动向田家赔礼道歉，表示不该说对方偷了自己的东西。事后，双方都高兴地说："法官用一个字讲明了道理，分清了是非，帮我们解决了纠纷。"

这位法官之所以能排难解纷，使双方当事人都高兴，正是由于他运用了同一律的原理，指出一方混淆了"偷"和"捡"这两个不同概念的结果。由此我们可以看到，在日常谈话中，由于犯了"混淆概念"的逻辑错误，会导致怎样不良的后果；同时也可以看到，由于运用了逻辑原理，将被混淆的概念重新加以明确后，在解决问题时所显示出来的强大威力。

转移论题，又叫离题、跑题或走题。无论是演讲还是辩论，都应该围绕论题展开论述，始终回答同一个问题，而不应该用另外的"题"来顶替所要讨论的"题"，从而将二者混为一"谈"。否则，就会犯转移论题的逻辑错误。

1986年亚洲大专辩论赛争夺冠军的决赛中，北京大学队的杨金霖同学有一段发言：

我提请对方注意，今晚的辩题是"发展旅游业利多于弊"。你们跑题了，你们说，发展旅游业在一定条件下利多于弊。刚才对方第二位同学实际上是这个观点。

这里，杨金霖同学指出了对方(香港中文大学)第二位同学违反同一律所犯的"转移论题"错误，给了对方重重的一击。

2.辩论必须遵守矛盾律

矛盾律，又叫不矛盾律，它的含义是：在同一思维过程中，两个互相反对或互相矛盾的判断不能同时都是真的，其中至少有一个是假的。违反这一要求，就必然犯自相矛盾的错误。

例如，有一个年轻人想到发明家爱迪生的实验室工作，爱迪生接见了他。年轻人满怀信心地说："我想发明一种万能溶液，它能够溶解一切物品。"爱迪生听罢，惊奇地问："那你想用什么容器来装你要发明的那种万能溶液呢？它不是能够溶解一切物品吗？"年轻人被问得哑口无言了。

年轻人提出的"发明一种万能溶液，它能够溶解一切物品"，这个想法本身就包含着两个互相矛盾的判断，即"能溶解一切物品"和"不会被溶解的容器"，违反了矛盾律，犯了自相矛盾的逻辑错误。爱迪生的问话，实际上揭露了对方的逻辑错误，所以年轻人就无言可答了。

列宁在他的论战性著作《唯物主义和经验批判主义》中，曾经这样揭露过某些唯心主义者的逻辑错误：

他们曾经一百次、一千次地宣告唯物主义已被驳倒，可是，直到现在，他们还在一百零一次、一千零一次地继续驳斥它。

列宁在这里对唯心主义者所犯逻辑错误的揭露，很有幽默感，而且语言口语化，很值得我们在演讲、论辩中学习。这里，被列宁所揭露的逻辑错误，也是自相矛盾——他们同时承认了"唯物主义已被驳倒"和"唯物主义尚未被驳倒"这两个互相矛盾的判断都是正确的。

让我们再看一个律师在法庭辩论中运用矛盾律取胜的例子。美国大律师赫

梅尔曾在一件赔偿案中代表保险公司出庭辩护。原告声称，他的肩膀被摔下来的升降机轴打伤了，至今右臂仍然抬不起来，要求保险公司赔偿他医疗费和养老金100万美元。赫梅尔说："请给陪审团看看，你的右臂现在能抬多高？"原告慢慢地将右臂抬到齐耳的高度，表现出非常吃力的样子，以示不能抬得更高了。"那么，你在受伤以前右臂能举多高呢？"赫梅尔话音刚落，原告不由自主地一下将右臂举过了头顶，引得全场哄堂大笑。这笑声宣告了原告的败诉，以及辩护的成功。

在这一回合的法庭辩论中，原告的失败就在于承认了"我的右臂是完好的"。

3.辩论必须遵守排中律

排中律的含义是：在同一思维过程中，两个互相矛盾的判断，必须有一个是真的，即二者必居其一，排斥中间的可能性，故曰排中律。

排中律要求我们，在同一议论过程中，必须在互相矛盾的判断中肯定其中的一个，不能两个都否定，不能含糊其辞，也不能骑墙折中。否则，就会犯"模棱两不可"的逻辑错误。

鲁迅先生的杂文《立论》写道：

我梦见自己正在小学校的讲堂上预备作文，向老师请教立论的方法。"难！"老师从眼镜圈外斜射出眼光来，看着我，说："我告诉你一件事——一家人家生了一个男孩，合家高兴透顶了。满月的时候，抱出来给客人看，大概自然是想得一点好兆头。一个说：'这孩子将来要发财的。'他于是得到一番感谢。一个说：'这孩子将来要做官的。'他于是收回几句恭维。一个说：'这孩子将来是要死的。'他于是得到一顿大家合力痛打。说要死的必然，说富贵的说谎，但说谎的得好报，说必然的遭打。你……""我愿意既不说谎，也不遭打，那么，老师，我得怎么说呢？""那么，你得说：'啊唷，这孩子呵！你瞧，多么……啊唷，哈哈！呵呵！呵，呵呵呵！'"

结合当时的语言环境，只允许"我"在"说谎"与"遭打"之中进行选择。就是说，根据排中律的要求，"我"必须在"我愿意说谎"与"我愿意不说谎"这两个互相矛盾的判断中，承认其中一个是真的。可是，从"我"的回答"我愿意既不说谎，也不遭打"这句话表明，"我"对以上两个矛盾的判断都持否定态度，即同时认为，这两个互相矛盾的判断都是假的。这就显然违背了排中律的要求，犯了"模棱两不可"的逻辑错误。而那位"老师"用"啊唷，这孩子呵！你瞧，多么……啊唷，哈哈！呵呵！呵，呵呵呵……"之类的话，对"我"的"既不说谎，也不遭打"这两个互相矛盾的判断的真假不置可否，即既不肯定，也不否定。显然，"老师"的回答同样也违反了排中律，犯了"模棱两不可"的逻辑错误。

为了使我们的论辩富有逻辑力量，不仅我们自己不要违反排中律，同时，还要善于揭露别人违反排中律的逻辑错误。例如，邓小平同志1983年6月26日的一段谈话："中美关系最近略有好转，但是，美国的当权人士从未放弃搞'两个中国'或'一个半中国'。美国把它的制度吹得那么好，可是，总统竞选时一个说法，刚上任一个说法，中期选举一个说法，临近下一届大选时又是一个说法。美国还说我们的政策不稳定，同美国比起来，我们的政策稳定得多。"

在这段谈话的前半部分，邓小平同志指出了“两个中国”的观点错误，因为这个观点实际上就是在“台湾是中国的一部分”和“台湾不是中国的一部分”这两个互相矛盾的判断中不置可否，这就显然犯了“模棱两不可”的逻辑错误；后半部分，揭露了美国政策的不稳定，实际上，这也是在揭露美国在政策上违反排中律所犯的逻辑错误。邓小平同志指出美国总统竞选时一个说法，刚上任、中期选举、临近下一届大选时又是一个说法。我们可以将刚上任、中期选举、临近下一届大选时概括为“竞选后的执政阶段”。而“竞选时的说法”和“竞选后执政阶段的说法”二者之间构成两个互相矛盾的判断。到头来，总统本人在竞选获胜后的执政阶段是否定竞选时的说法的；当然，在竞选时又是否定他执政期间将要采取的做法和说法的。这不正是违反了排中律，犯了“模棱两不可”的逻辑错误么?

4.辩论必须遵守充足理由律

充足理由律的内容是：在任何议论中，一个判断被确定为真，必须有充足的理由。充足理由律对辩论的要求是：

第一，理由必须真实；

第二，理由与推断之间有逻辑联系，从理由能够必然推出推断。

违反充足理由律所犯的逻辑错误是：①虚假理由；②推不出。所谓“虚假理由”，是指用来论证推断的那些判断是假的或者是不能成立的；所谓“推不出”，是指虽然理由本身并非虚假，但是由于理由与推断之间没有必然的逻辑联系，因而据此理由推不出推断的真实性。

例如，有人说：“你的普通话说得这么好，你一定是个北京人。”这里，“你的普通话说得这么好”是理由，“你一定是个北京人”是推断。从表面上看，不存在“理由虚假”的逻辑错误，但是，这个论证明显地省略了另一个判断：“凡是普通话说得好的都是北京人”，显然，这也是“你一定是北京人”的理由，而这个理由是假的。可见这句话违反了充足理由律，犯了“虚假理由”的逻辑错误。

又如，在延安整风时的“抢救运动”中，康生对一个被打成特务的女同志说：“你长得这样漂亮，跑到根据地来，不是来搞特务活动是干什么?”在这里，康生不仅犯了“虚假理由”的逻辑错误(这里省略了另一个判断：“凡是长得漂亮的跑到根据地来，都是来搞特务活动的”，这个理由是虚假的)，而且犯了“推不出”的逻辑错误——“长得漂亮”、“到根据地来”与“搞特务活动”有什么必然联系呢?

在论辩中，我们不仅要做到自己不违反充足理由律，还要善于运用充足理由律，揭示对方违反充足理由律的逻辑错误。比如，在车站候车室里，当清洁工人劝阻一位青年不要随地吐痰、乱扔果皮时，他却振振有词地说：“我不吐不扔，还要你们干什么? 你们就该失业了。”面对这种奇谈怪论，我们怎样去批驳呢? 我们可以这样说：“清洁工人是否失业，与你是否乱吐痰、乱扔果皮有什么必然联系? 清洁工人的存在与否，并不是根据你乱吐痰、乱扔果皮来决定的。如果认为有人打扫就可以乱吐乱扔，岂不是等于说，有了公安局、检察院和法院，人们就可以随便违法犯罪了吗?”

5.辩论还可以运用逻辑推理,增强说服力

逻辑推理包括类比推理、归谬法、二难推理、反二难推理等,是论辩者发表意见、阐明事理的有力武器。例如:

战国时期,秦国有一位丞相名叫甘茂,是一位忠臣,遭到奸臣的嫉妒,想方设法要陷害他。有一天,秦王患了重病,请了好些名医诊治,都不见效。那些奸臣趁机对秦王说:“大王这病只有用公鸡下的蛋才能治好。”秦王于是降旨叫丞相甘茂去寻找公鸡蛋,并且限定他3天之内找回来。甘茂回家以后闷闷不乐,唉声叹气。他的孙子甘罗听说后,叫爷爷不必发愁,到时候他去对付。到限期已满那天,甘罗叫爷爷留在家里,自己独自一人去见国君。秦王见一个10岁左右的小孩来朝见,觉得惊奇。一问,才知他是甘茂之孙,就问他:“你爷爷怎么不来?”甘罗一本正经地回答:“我爷爷生了小孩,正在家里坐月子。”秦王一听,龙颜大怒,喝斥道:“胡说!哪有男人生小孩的?”甘罗马上接着说:“哪有公鸡能下蛋呢?”问得秦王哑口无言了。

这是运用类比推理,粉碎了那些奸臣的阴谋诡计。

类比推理是根据两个(或两类)事物的某些属性相同或相似,推知它们在另一些属性上也可能相同或相似的结论。正确运用类比推理,能够增强论辩的说服力、辩驳力。

俄国著名作家赫尔岑应朋友的邀请,出席一个音乐会。可是,音乐会上演奏的节目使他厌烦,他用双手捂住耳朵,打起瞌睡来了。女主人对他的举动很不理解,便推了他一下,并问道:“先生,你不喜欢音乐吗?”赫尔岑摇了摇头,指着演奏者们说:“这些低级轻佻的音乐有什么好听的?”女主人惊叫起来,对赫尔岑说:“你说的什么呀?这里演奏的都是流行歌曲呀!”赫尔岑平心静气地反问道:“难道流行的东西就是高尚的吗?”女主人很不服气地说:“不高尚的东西怎么能够流行呢?”赫尔岑微微一笑,风趣地对女主人说:“那么,流行性感冒也是高尚的了?”

赫尔岑对女主人所持观点的反驳,既富于幽默感,又非常有力。这是因为他使用了一个逻辑武器——归谬法。

归谬法是人们在论辩中经常使用的一种逻辑推理方法。其推理过程为:为了驳倒对方的论点,先假定对方的论点是对的,然后从中推导出一个或一系列显然荒谬的结论,从而把对方的论点推翻。

在前面的故事中,女主人的话实际上隐含着这样一个推理:流行的是高尚的,这些乐曲是流行的,所以这些乐曲是高尚的。对此赫尔岑先假定女主人“流行的是高尚的”这一命题是真的,再由此引出“流行性感冒也是高尚的”这个荒谬结论。这样,就巧妙而又明白无误地驳倒了女主人的论点。

有一个教徒问:“神甫大人,上帝能给我什么帮助吗?”神甫答:“上帝是万能的,他能帮助你所需的一切。”

教徒说:“我是信教的,我的邻居也信教。要是我祈祷上帝下雨,他却祈祷天晴,那么,上帝会作出怎样的决定呢?”神甫无言以对了。

这段对话中，包含着教徒对神甫关于上帝万能的说法所作的归谬法反驳：教徒先假定“上帝万能”这一论题是真的，然后从中引出两个互相矛盾的判断，即“上帝应该决定下雨”和“上帝应该决定不下雨”，从而驳倒了“上帝万能”的说法。

从以上两例中可以看出，归谬法确实是我们论辩的一个有力的逻辑武器。

古代有个国王，自吹已听遍了世上所有的故事。为了显示他“知多识广的才学”，便向全国发布了一道圣旨：谁能讲一个我没听过的故事，我就把独生女儿嫁给他，并赏赐给他很多钱。消息一传开，每天都有很多人来给国王讲故事。可是，国王每听完一个故事，总是把头一摇，说：“唉！早听过了。”大家都无可奈何。有一天，一个农夫来到国王面前，说：“我讲一个绝妙的故事，我敢保证，您一定没听过。”国王看着这个穿着破旧的农夫，并不把他放在眼里。但当他看见农夫那泰然自若、信心十足的表情时，不得不装出耐心听的样子。只听农夫不慌不忙地讲道：“很久很久以前，您的祖父欠了我祖父一大笔钱；到了您父亲手上，这钱加上利息，就欠得更多了，您父亲还不起，就答应用他的孙女来抵一部分债；到了您的手上，您不但欠我很多很多的钱，还欠了我一个女儿。”农夫讲完，满脸堆笑地问道：“陛下，这故事您听过没有呢？”国王脸色陡变，呆若木鸡，懊悔不迭。但他的许诺已家喻户晓，为了维护国王的威信，他迫不得已，只好把公主嫁给农夫，并赐给他很多金钱。

农夫也许不懂什么逻辑推理，但他却不自觉地运用了一个“二难推理”。“二难推理”，顾名思义，就是论辩的一方说出两种可能，不论对方肯定或否定其中一种可能，都会陷入进退维谷、左右为难的境地。这种论辩方式，表面上看，似乎让对方享有最大的选择余地，实际上却使自己掌握了必胜的主动权，前后夹击对方，使之无路可逃。善于运用二难推理，就能在论辩之前洞悉那必然的结论。农夫讲这件事之前，之所以信心十足，就是因为他早已胸有成竹：无论国王回答听过还是没听过他的故事，都得把女儿和钱给他。

前面讲过，农夫只是不自觉地运用了二难推理这一逻辑方法。如果我们能够从理论上认识并掌握这个方法，就可以变不自觉为自觉，在论辩的实践中充分发挥这一逻辑武器的作用。运用这个方法的关键在于抓准论辩的焦点。焦点就是双方争论的集中点。聪明的农夫不是像其他人那样只顾自己去讲故事，而是把“听没听过”作为焦点——国王承认听过这故事也罢，回答说“没听过”也罢，他都能达到预期的目的：国王得把女儿和钱给他。

不过，寻求焦点并没有一个现成的公式可套，唯一的办法是对所遇到的具体情况进行具体的分析，找出其焦点。又如：

中世纪，欧洲的神学家们曾大肆宣扬：“世界是由全能的上帝创造的。”批驳这一谬论的焦点在于“能与不能”。根据这一焦点，有人设问：“上帝能否创造一块他自己举不起来的石头？”那些神学家们一个个都目瞪口呆了。

这个问题里面包含着如下的二难推理：

如果上帝能够创造一块他自己举不起来的石头，说明上帝不是全能的；

如果上帝不能创造出一块他自己举不起来的石头，更说明上帝不是全能的；

总之，上帝不是全能的。

正是这个隐含在一个问题中的二难推理，使“上帝全能”的神学基础发生了动摇。难怪有人说：“一个问题就打倒了上帝。”由此可见，二难推理威力之大。

焦点找对了，这种设问也可以换成“上帝能否创造一件他自己不能穿的衣服”“上帝能否创造一种他自己不敢吃的食物”，如此等等。

在我代理的一起离婚案中，我也是运用二难推理战胜了对方当事人：

男、女双方都是再婚，并且各有一个子女。女方徐某因为与前夫离婚时分得了一笔财产，比较有钱，并且还有固定收入；男方何某靠卖纯净水维持父子两人的生活。因此，男方经常向女方要钱，女方不给，他就动手打她。最近的一次，男方抓住女方的头发往床头木板上撞，撞得她头破血流。为此，女方徐某请我当代理人，向重庆市南岸区法院起诉，要求离婚。在法庭调解阶段，男方要求女方补偿他4万元钱，他就同意离婚；否则，他就不同意离，拖也要把她拖死！在法庭辩论时，男方说：“婚姻法上明文规定，男女双方有互相扶持的义务。女方没有尽到自己应尽的义务，所以也有过错。而且不光是我打她，她也打了我的。”于是，我就抓住他这个话，紧接着说：“对了，不管是你打了她，还是她打了你；也不管是她的过错，还是你的过错，都是实施家庭暴力，都导致了双方感情破裂——这是法院判决是否准予离婚的关键。”我这样一说，对方哑口无言了，法院也判决准予离婚。

总之，“二难推理”是辩论的一种有效武器，在某些特殊的场合，它的确可以使你在“山穷水尽”之时绝处逢生，出奇制胜。

但是，善辩者往往使用一种以牙还牙的反驳方式——反二难推理。反二难推理无需选取焦点，直接利用对方的前提条件，导出与之相反的结果，继而推出与之相反的结论。这种反驳针锋相对，显得更为有力。例如：

传说，古代有一位国王，制定了两种处死犯人的方法：绞刑和杀头。行刑前，国王允许犯人说一句话，并根据这句话的真伪选择施刑的方式——如果犯人说的话正确，他将被送上断头台；如果他的话是错误的，就送他上绞刑架。国王颇为自己的发明而得意。可是，终于有一天，他的得意被一名囚犯粉碎了。那个囚犯在行刑前，对刽子手叹道：“看来我一定会被绞死的。”这样一句极为普通的话，其作用在于与国王的逻辑针锋相对，破坏了国王的二难推理。

国王的逻辑是：

如果死囚的话正确，他将被送上断头台；

如果死囚的话错误，他将被送上绞刑架。

或者正确，或者不正确；死囚或被送上断头台，或被送上绞刑架。总之，死囚必死无疑。

“我一定会被绞死的”逻辑在于：如果死囚的话是正确的（被绞死），那他就应该被送上断头台，但这样做，死囚的话又是错误的。如果死囚的话是错误的（他不会被绞死），那么就该被送上绞刑架，但这样做，他的话实际上又是正确的了。这反而使国王左右为难了。因此,只要死囚说“我一定会被绞死的”或者“我肯定不会上断头台”,都会使国王陷入无法处死犯人的境地。这就是反二难推理。

生活中还有许多类似的例证,只要稍加留意,你就会发现。例如:

“文革”期间,某人被提拔为党支部书记,可是他的父亲却劝阻他说:“孩子啊,还是莫当这个官吧!这年头,如果你说真话,领导就会恨你;如果你说假话,群众就会恨你。一个人不是说真话,就是说假话,总免不了要遭人恨的。”儿子听后,不以为然地说:“爸,不见得吧!照您这种说法,如果我说真话,群众就会喜欢我;如果我说假话,领导就会喜欢我。虽然我不是说真话,就是说假话,但不是群众喜欢我,就是领导喜欢我。这官怎么当不得呢?”

在这里,儿子的话中,也用了反二难推理——直接利用父亲的逻辑作为前提条件,导出与之相反的结果,继而推出与之相反的结论。

归纳和概括是辩论中最重要的逻辑方法。归纳和概括从属于形式逻辑中的归纳推理,在辩论中起着最基础、最普遍的作用。

首先,从一、二、三、四辩的分工来看,四辩是负责“总结陈词”的,对于他来说,归纳和概括的好坏,起着关键性的作用。据《狮城舌战启示录》讲,在狮城舌战中,我方四辩蒋昌建在这方面有着出色的表现。举例来说,在第一场比赛(辩题:温饱是谈道德的必要条件)的总结陈词中,他一开头就迅速地归纳出对方辩论中的一些基本问题:

下面我总结对方的几个基本错误:对方犯的第一个错误是“李代桃僵”,用“温饱过”来代替“温饱”,用“温饱”等同于“生存”来构建他们的立论基础,这显然是错误的;对方犯的第二个错误是“扬汤止沸”,认为一个贫寒的人只要叫他追求温饱就可以了,从来不问用什么手段,我刚才已经说过,如果到麦当劳里面去打砸抢的话,难道就能合法地追求到温饱吗?这显然又是荒谬的;对方犯的第三个错误是“避实就虚”,对方始终强调温饱能够给谈道德提供更好的条件,但没有说不温饱的情况下绝对不能谈道德;对方犯的第四个错误是“指鹿为马”,把谈道德与道德的效果混为一谈。对方今天的论点可谓是云山雾罩,让我们一头雾水,不知所云。

这样的概括,不仅条理清楚,而且用词形象化,生动地勾勒出对方的逻辑错误,得到了听众和评委较高的评价。

其实,归纳和概括不光对第四辩手,而且对一、二、三辩手的陈述来说,也是十分重要的。换言之,一、二、三辩的陈述并不是随意的,而是既有分工,又有各自的层次分明的归纳。试以我方准备的“人性本善”(正方)为例:

一辩(逻辑分析)

①人是由人性和兽性组成的;

②人性是人之为人的根本特性;

③人性先天是善的。

二辩(理论分析)

①从哲学本体论看,人性本善;

②从日常文化意识看，人性本善；

③从现实生活看，人性本善。

三辩（事实分析）

①人之为人的关键是人性而不是兽性；

②本善的人性是与生俱来的；

③人性本善不仅从现实生活也从理想中表现出来。

由此可见，一、二、三辩对自己的陈述都要有精到的概括，明晰的层次，才能给评委和听众留下深刻的印象。

归纳和概括在自由辩论中也起着十分重要的作用。比如，在第一场辩论中，我方概括出来的核心问题是："在没有温饱的条件下能不能够、应不应该谈道德？"在第二场辩论中的核心问题是："既然医学对艾滋病无能为力，我们究竟该怎么办？"在第三场辩论中的核心问题是："既然人性本善，那么善花是如何结出恶果来的？"只有善于概括和归纳，才能抓住最根本的问题，既把自己一方的思想表达清楚，又能给予对方的要害问题以决定性的打击。

抓漏与反驳也是重要的逻辑手段。

在对方发言之后，要迅速地抓住对方的要害来组织自己的进攻，而不要纠缠在小的失误和问题上。"摧其坚，夺其魁，以解其体。"在辩论中，容易犯的错误是被一些小的错误所迷惑，揪住不放，虽然有效果，但是不能对对方的立论给予致命的打击。在一般情况下，可以利用对方的一些小的失误来调节场上的气氛和情绪。如在与剑桥大学辩论的过程中，对方讲"李光耀总统……"这是一个明显的错误，但不是对方的要害，复旦大学队四辩蒋昌建起来说："首先，纠正对方一个常识性的错误，李光耀是总理，不是总统。"赢得热烈的掌声。但是，下面的辩论还是要进攻对方关于温饱问题的逻辑立论，而不能在这个问题上纠缠，否则，就不能形成强大的打击力。

要在最短的时间里，抓住对方在逻辑结构上的弱点，或者从对方的发言中归纳出内在的逻辑错误，然后集中力量加以攻击，这是辩论获胜的诀窍。在同台湾大学队的辩论中，复旦大学队抓住了对方在逻辑结构上的弱点："善花中如何结出的恶果？"即台大队立场中的逻辑难题——既然人性本善，那么社会上为什么有恶？第一个恶是从哪里来的？这在逻辑上不好解释。他们归之于社会环境，那么社会环境中的恶又是从哪里来的？复旦大学队在这一个逻辑点上猛烈进攻，连续进攻，终于战胜了对方，摘取了首届国际大专辩论赛的桂冠。

（五）反驳诡辩

雄辩不同于诡辩。雄辩必须言之有理，言之有据；它不是强词夺理，吹毛求疵，胡搅蛮缠，无理也要编出个道道。那样做，就成了诡辩论。

有位医生讲了一个真实的故事，听了令人啼笑皆非。

某日，他接待了一个病人。医生客气地说："请坐！"病人说："为什么要我坐呢？难道你要剥夺我的不坐权吗？”医生没有办法，便给他倒了一杯水，说：“请喝水吧！”病人说：“这样谈问题是片面的，因而是荒谬的，并不是所有的水都能喝。例如，你如果在水里掺上氰化钾，就绝对不能喝。”医生说：“我这里并没有放毒药嘛，你放心！”病人说：“谁说你放了毒药呢？难道我诬告你放了毒药？难道检察院起诉书上说，我说你放了毒药？你这才是放了比毒药还毒的毒药！”医生毫无办法，便叹了一口气，换了个话题说：“今天天气不错。”病人说：“纯粹胡说八道！你这里天气不错，并不等于全世界在今天都是好天气。例如，北极，今天天气就很坏，刮着大风，漫漫长夜，冰山正在撞击……”医生哭笑不得，忍不住反驳道：“我们这里并不是北极嘛。”病人说：“但你不应该否认北极的存在。你否认北极的存在，就是歪曲事实真相，就是别有用心。”医生只得说：“你走吧！”病人说：“你无权命令我走，这是医院，你不可能逮捕我，你不可能枪毙我。”

这就是诡辩。它是用似是而非的论证进行狡辩，它形式上好似运用正确的推理手段，实际上是违背真理，将无理硬说成有理的狡辩，是“能胜人之口，不能服人之心”的强辩。

黑格尔说：“诡辩这个词，通常意味着以任意的方式，凭着虚假的根据，或者将一个真的道理否定了，弄得动摇了；或者将一个虚假的道理弄得非常好听，好像真的一样。”这是对诡辩极其简要精确的诠释。诡辩论者总是从主观意图出发，把次要夸大为主要，把现象说成本质，把个别当作一般，玩弄十分狡诈的手法，为错误论点或不正当行为辩护。

所以诡辩不是不讲道理，而是说它讲的是虚假的道理；它不是毫无根据，而是凭借虚假的论据把你弄懵，使你不辨真假，然后把谬误说成正确，让你受骗上当。

在历史的长河中，一切反对进步、反对科学、反对革命的人，由于他们是与人民群众的根本利益相对立，逆历史潮流而动的腐朽、反动的势力，所以他们的手中无真理，身边无群众，为了维护其统治地位和权力，不得不玩弄诡辩术。

在现实生活中，有些人的言行明明是错误的，但他们不肯承认，不想改正，还要千方百计地为其错误辩护，于是也求助于诡辩。

1.诡辩的常用伎俩

为了帮助大家增强识别诡辩的能力，撩开诡辩那迷人的面纱，现将诡辩的一些常用伎俩剖析如下。

(1)偷换概念

就是故意违反同一律的原则，将这一概念偷换成另一概念。

《中国法制报》上曾登载过一篇文章，文中写道：

某地人大开会，审议一项由当地党委提名的对一个政府部门干部的任职提案。经过讨论，人大否决了这项提案。该党委一位负责人指责人大负责人说：“你们为什么不与党保持一致？”某地司法部门查处一起干部违法乱纪案，在征求当地党委负责人意见时，对方提出要“大事化小，小事化了”。司法部门依法行使职权，进行了判决，结果也遭到指责：“你们不与党保持一致！”

“不与党保持一致”，就是说不服从党的领导，就意味着违背了四项基本原则，犯了原则性的大错误，这是一顶多么吓人的大帽子啊！可是当你认清了它的本质不过是一种偷换概念的诡辩以后，就一点也不可怕了。原来“与党保持一致”是有其特定含义的，它指的是“与党中央在政治上保持一致”。可是，某些领导同志却随心所欲地改变了它的内涵，把“与党中央在政治上保持一致”偷换成了“与党的某个地方组织，甚至某个人的意见保持一致”，陷入了诡辩论的泥坑。

又如：

在一家旅馆的房间里，4 个旅客在打牌，又是笑又是叫的，一直闹到深夜 12 点多还不停歇，附近几个房间的旅客都无法休息。有一位老同志去劝阻打牌的人：“12 点多了，你们也该休息了吧！”

“你睡你的，管不着我们。”一个打牌人说。

“你们这样大声吵闹，影响别人休息！”老同志继续劝说。

“影响别人，又没影响你。”

“这是公共场所，应该遵守公共秩序。”老同志还是耐心地劝说着。

“这是公共场所，又不是你的家，你管得着吗？”

打牌的几个人越闹越凶了，老同志说不过他们，只好回房去生闷气了。

看起来，那几个打牌的人好像很有道理，但实际上都是“能胜人之口，不能服人之心”的狡辩。他们玩弄的也是偷换概念的把戏。老同志说“你们这样大吵大闹，影响别人休息”，这话中的“别人”当然是包括老同志在内的其余旅客；而打牌人说“影响别人，又没影响你”，其中的“别人”却不包括老同志在内了。尽管同是一个词，但两个“别人”的内涵并不相同，所以说打牌人玩弄的是偷换概念的诡辩术。

老同志说“这是公共场所，应该遵守公共秩序”，这话中的“公共场所”，指的是旅客们共同休息或睡觉的地方，却被打牌人故意歪曲为“不是你的家”，这仍然是故伎重演——偷换概念的诡辩。

(2)转移论题

就是在论辩中不正面回答别人提出的问题，而是从对方所提问题中引出另外的问题来讨论。这也是故意违反同一律的原则，将这一论题转换成了另一论题。

前文所举那位医生遇到的那个病人，就是玩弄的这种手法——不断转移论题。又如：

在公共汽车上，两个青年争吵不休。甲说：“你踩了别人的脚，倒有理了！”乙则反唇相讥：“你嫌挤吗？去坐小轿车呀！”

这也是转移论题的诡辩。

本来，甲的论题是“踩了别人的脚，反而强词夺理是不对的”，乙却故意回避这个问题，节外生枝地扯到“你嫌挤吗”的问题上去。

有人患了感冒，医生给他开了 3 天病假证明，他把“3”字改成“8”字。结果被领导知道了，领导批评他弄虚作假，他却反驳道：“难道我患感冒是假的吗？”

这还是转移论题的诡辩。

本来领导批评他“不该在病假的天数上弄虚作假”，他却把论题转换成“患感冒不是假的”这个论题。

(3)虚假理由

就是有意捏造论据，或者有意地用一些不能成立的道理作为论据进行论证。这是违反充足理由律的诡辩。

美国国务卿艾奇逊在1949年7月30日致杜鲁门总统的信中，大谈美国对中国的“友谊”。为了证明这种“友谊”，艾奇逊说：“许多年来种种善意措施便是证据，例如，用庚子赔款来教育中国学生，在第二次世界大战期间，废除治外法权，以及战时和战后对中国的大规模援助等等。”

艾奇逊列举的这些“友谊”的“证据”完全是假的。对此，毛泽东同志在《“友谊”，还是侵略?》一文中一针见血地指出：“艾奇逊当面撒谎，将侵略写成了‘友谊’。”美国参加八国联军打败中国，强迫中国庚子赔款，又用之于“教育中国学生”，从事精神侵略；治外法权是“废除”了，强奸北京大学女生沈崇的犯人回到美国，却被美国海军部宣布无罪释放；“战时和战后的对华援助”是帮助蒋介石杀死几百万中国人。

由此可以看出，艾奇逊所列举的这些事实，根本就不是什么“友谊”的证据，恰恰是侵略的铁证。艾奇逊玩弄的就是“虚假理由”的诡辩。

有的电器产品在使用中，被发现质量不合格，用户要求调换或维修；有的营业员嫌麻烦，不但不予调换或维修，反而振振有词地说：“我们出售的电器产品都是经过生产厂家检验合格之后才出厂的，你看，你买的这台也有检验合格证嘛！这就证明它是合格的。不合格就不会出厂了，我们也不会出售给你了。产品出毛病不是产品质量不合格，而是使用不当造成的。”

这个营业员的谈话中，有两处是虚假理由的诡辩：一是“只要产品上有检验合格证的，就证明该产品的质量是合格的”；二是“产品出毛病都是使用不当造成的”。显而易见，这两条理由都是不能成立的，用它们作为论据来论证电器产品的质量合格，是站不住脚的。

应该承认，电器出毛病，有的是由于使用不当造成的，但有的是因为产品质量未过关造成的。一件产品的质量合不合格，固然要看出厂检验是否合格，但更重要的还要看它在使用中的情况如何，在使用过程中经受检验。像上述营业员那样一概而论，认为“只要有检验合格证书，就证明它是合格的”、“产品出毛病都是使用不当造成的”，都是以偏概全，因而是不能成立的。

(4)强词夺理

就是把没有因果关系的两个判断硬拉到一起，由一个判断推出另一个判断的诡辩方法。这种诡辩，其列举的论据不一定都是假的，但由于这些论据与推断之间没有必然的联系，因而是推不出这个推断的。若要推出，就是强词夺理的诡辩了。

在“文化大革命”中，“四人帮”一伙制造了大批冤假错案，广东的官明华被打成“反革命分子”，就是一个典型的例子。

1970年2月的一天，官明华在日记中写下了这么一句话：“金黄色的太阳仍挂在防风林的上空，放射出金色的光彩。”就因为这句话，官明华成了“攻击毛主席”的“现行反革命”，因而锒铛入狱。在狱中，审判员提审官明华：

“你写金黄色的太阳是什么意思？”

“因为我看到傍晚的太阳是金黄色的。”

“反动！毛主席明明是最红最红的红太阳，你竟敢用金黄色的太阳来影射毛主席！挂在防风林上空是什么意思？”

“我看到快要落山的太阳是挂在防风林上空的。”

“反动透顶！毛主席明明是永远不落的红太阳，你却用快要落山来攻击毛主席！”

于是，官明华的头上就被戴上了一顶“攻击毛主席”的“反革命分子”帽子。真是“欲加之罪，何患无辞”啊！

在这里，审判员所用的论据是真实的，但他据此所作出的推断却是荒谬的。因为官明华日记中所写的“金黄色的太阳挂在防风林上空”与“攻击毛主席”这二者之间没有必然的联系，因而审判员所搞的是强词夺理的诡辩。

无独有偶，也是在“文化大革命”期间，在四川省宜宾市的一所中学，发生了这么一件事：

语文老师潘显中给学生上课，讲《孔雀东南飞》。有一位造反派“工宣队员”去听他的课。下课时，那位“工宣队员”把他喊住：“潘显中，你跟我到办公室来一下。”一走进工宣队办公室，那位“工宣队员”就大声训斥他：“潘显中，你好反动！你在课堂上教学生孔雀东南飞。飞到哪里去？你这不是煽动学生到台湾去，投靠国民党蒋介石吗？”当时，把这个语文老师搞得哭笑不得，真是“秀才遇到兵——有理也说不清”。

这也是强词夺理的诡辩——“孔雀东南飞”与“到台湾去投靠国民党蒋介石”这二者之间也没有必然的联系。

在我们日常生活中，用这种诡辩术为自己的行为辩护的现象也时有所见。

有一个学生学习成绩下降，父亲批评他听课不专心，课后不刻苦，他却埋怨起父母来：“都怪你们，你看我的脑袋这么小，装不了多少知识，这说明学习不好的原因就在这倒霉的长相上。”

这个学生的“脑袋小”“长相不好”，可能是事实，但这与“学习成绩不好”也没有必然的联系。所以这也是强词夺理的诡辩。

(5)攻其一点，不及其余

就是抓住一点细枝末节的东西加以攻击，不管其本质或主流如何。比较典型的例子是宋玉攻击登徒子好色的故事。

战国时期，楚国大夫登徒子在楚王面前说宋玉的坏话，攻击宋玉好色。宋玉首先为自己作了辩护，然后反戈一击，说道："登徒子的妻子，头发乱蓬蓬的，耳朵蜷成一团，嘴唇遮不住牙齿，牙齿稀稀拉拉的，走起路来歪歪斜斜，弯腰驼背的，身上还生了疥疮和痔疮。对这么丑陋的女人，登徒子竟然那么喜欢，使她生了5个孩子。由此可见，登徒子是何等的好色呀！"

在这里，宋玉不管登徒子平时的道德品质如何，也不管他与别的女人有没有不正当的关系，仅仅根据他同丑陋的妻子感情深、生了5个孩子这个理由，就推断出登徒子好色的结论。这是典型的"攻其一点，不及其余"的诡辩手法。

从表面上看，宋玉的论证也是有事实、有道理的：什么登徒子的妻子是个丑八怪呀，什么登徒子很喜欢她呀，连这么丑陋的女人都爱，岂不是最好色了吗？因此，宋玉这一手，是很迷惑人的。但是实际上，宋玉是从片面的论据出发，得出全面的结论，其结论是荒谬可笑的。按照宋玉的逻辑，如果登徒子同妻子关系不好，就不算好色了；如果他抛弃了原来的妻子，另找个漂亮的，那就更不好色了。真是荒谬至极！

(6)含糊其辞，模棱两可

是指在说话或论辩中故意违反排中律，使论题、判断含混不清，模棱两可，以便在不同情况下作不同的解释，为自己的某种言行辩护。

南宋初年，卖国贼秦桧诬陷民族英雄岳飞谋反，把他和儿子岳云、部将张献逮捕入狱，却找不到一条罪状。另一抗金名将韩世忠感到不平，就去质问秦桧："凭什么说岳飞谋反，到底有什么证据？"秦桧竟然回答说："其事体莫须有。"并将他们3人杀害了。

"莫须有"就是"也许有""恐怕有"的意思。面对韩世忠的质问，秦桧无言以对，只好用这3个字来支吾搪塞，既不肯定，也不否定，是个典型的诡辩。

在现实生活中，有的官僚主义者对人民群众不负责任，奉行"不点头，不摇头，运动来了不低头"的原则，该肯定的不肯定，该否定的不否定，含糊其辞，模棱两可。这也是玩弄诡辩术来逃避责任。例如，在某局召开的一次会议上，大家对一个问题发表了不同的意见，并展开了争论，各持己见，互不相让。最后请主持会议的局长决断，局长却说："今天的会开得很好，大家发表了许多宝贵的意见，都很有道理。我们一定认真听取大家的意见，好好研究，再做决定。"

(7)机械类比

就是故意把两个(或两类)性质根本不同，只是表面上有点相似的事物加以类比的手法。

在古罗马帝国，由于代表贵族利益的元老院颁布了保护高利贷的法令，加紧对穷人的压榨，引起了平民们的暴动，造元老院的反。当时有一个贵族名叫美尼温斯·阿格利巴，玩弄机械类比的诡辩手法，来欺骗暴动的平民。他说：

我要讲一个有趣的故事给你们听。

从前有一天，人身上的各种器官联合起来向肚子造反。它们谴责肚子像一条山沟一样占据在身体的中央，无所事事。其余的器官，有的管看，有的管听，有的

管思想,有的管教训,有的管行走,有的管感觉,分工合作,共同应付着全身的需要。可是肚子只知享受食物,不知分担劳苦。

肚子回答说:“不错,你们赖以生存的食物,是由我最先接受下来的。这是理所当然的事,因为我是整个身体的仓库和加工厂,你们所需要的营养,都是我把它们从血液里输送给你们的。虽然在一时之间看不见我是怎样把营养分送到各部分去的,但是我可以报出我的收支账目,大家都从我这儿得到了食物的精华,留给我自己的只是一些糟粕。”

罗马的元老院就是这样一个好肚子,你们就是那一群作乱的器官。你们应当把他们所讨论的问题好好想一下,你们就会明白,你们所得到的一切利益都是从他们那里得来的。

元老院分明是代表贵族利益的吸血鬼、寄生虫,可是到了阿格利巴嘴里,元老院却成了养活平民的“恩人”。

阿格利巴是怎样变出这个戏法的呢?原来他把一个人身体里各种器官之间的关系与一个社会里两个敌对阶级之间的关系硬拉到一起,并用前者来比喻论证后者,实际上这两者之间性质根本不同,只是表面上有点相似——这是个典型的机械类比。

(8)人身攻击

就是抛开应该论证或反驳的论题,而代之以侮辱性的语言来谩骂、攻击对方。例如:

在农贸市场上,有一位顾客对卖蛋的女商贩说了一句:“哎呀,你这蛋怎么有点臭呀?”那个女商贩冒火了,连珠炮似地骂道:“什么,我的蛋是臭的?我看你才臭哩!你比臭狗屎还臭!你妈有狐狸骚臭,你奶奶周身都发出恶臭,你祖宗八代都是臭烘烘的!”

那个女商贩抛开“我这蛋臭还是不臭”这个论题不去反驳和论证,而是把对方从本人到祖宗八代骂得狗血淋头,这就是人身攻击。这种手法是诡辩术中最卑鄙最低劣的伎俩。

2.反诡辩之道

古今中外一切诡辩,不管它的伎俩如何狡诈,也不管它在一个时期迷惑过多少人,但它毕竟是荒谬的东西,终究会被驳倒。

为了对诡辩进行有力的驳斥,这里介绍几种反驳诡辩的方法。

(1)事实胜于雄辩

就是以真实的事例去驳斥诡辩论。

美国的发言人艾奇逊企图为帝国主义和国民党反动派在中国的黑暗统治辩护,胡说什么中国革命的发生是由于人口太多的缘故。

对此,毛泽东同志反驳道:

“革命的发生是由于人口太多的缘故么?古今中外有过很多的革命,都是由于人口太多么?中国几千年以来的很多次的革命,也是由于人口太多么?美国

174年以前的反英革命，也是由于人口太多么？艾奇逊的历史知识等于零，他连美国独立宣言也没有读过。华盛顿、杰弗逊他们之所以举行反英革命，是因为英国人压迫和剥削美国人，而不是什么美国人口过剩。中国人民历次推翻自己的封建朝廷，是因为这些封建朝廷压迫和剥削人民，而不是什么人口过剩。俄国人所以举行二月革命和十月革命，是因为俄皇和俄国资产阶级的压迫和剥削，而不是什么人口过剩，俄国至今还是土地多过人口很远的。蒙古土地那么广大，人口那么稀少，照艾奇逊的道理是不能设想会发生革命的，但是却早已发生了。”

这里，毛泽东同志就是用古今中外大量的历史事实驳倒了艾奇逊的诡辩论。由此可见，诡辩论不管披上什么外衣，总是经不起实践的检验，事实是对诡辩论最有力的驳斥。又如：

20世纪80年代初，美国马列药草公司经营我国黑龙江省出口的五加参，很畅销。想不到苏联西伯利亚参在美国的经销商竟然说：“刺五加的唯一来源是苏联西伯利亚，中国出口的刺五加是冒充的假药。”并向法院提出控告。

为了打赢这场官司，维护我国的声誉，我国有关部门提供了产地略图、生长图片以及著名的药物学家对五加参的化验分析报告，我国卫生部提出了产地证明等。美国著名的化学师史蒂文森对中国、苏联、朝鲜等国的五加参进行了60多次化验分析，向法庭证明：中国五加参不仅与西伯利亚五加参有相同的成分，而且还有一些成分超过了西伯利亚参。美国法院开庭审理后宣判：中国胜诉。

这也是用铁的事实粉碎了苏联代理商的诡辩论：“刺五加的唯一来源是苏联西伯利亚，中国出口的刺五加是冒充的假药。”结果使我国出口的五加参在美国更加畅销，诡辩论者“搬起石头砸了自己的脚”。

(2)归谬法

就是“以退为进”的方法，为了驳倒对方的某一个论点，先假定其论点是对的，然后按照对方的逻辑推导出一个显然荒谬的结论来，用荒谬的结论证明其论点的错误。例如：

“文革”中，张春桥曾经把一些老干部要求火车准点运行作为“右倾翻案”来讨伐，他说：“希特勒的火车最准点，分秒不差。”言外之意是，谁要求火车准点，谁就和希特勒一样。

后来有人批驳道：“既然希特勒要求火车准点，要求火车准点的就和希特勒一样，那希特勒也要吃饭，岂不是要吃饭的也就和希特勒一样了么？为了同希特勒划清界限，那我们都不能吃饭了。”

这个结论显然是荒谬的。而这个结论是以张春桥的那个论点为前提推导出来的，那么张春桥的那个论点的荒谬也就不言自明了。

《古今谭概》中记载了一个11岁的少年运用归谬法反驳诡辩论的故事。

南昌有一个11岁的少年徐稚，到太原郭林宗家去玩。郭林宗家的庭院里有一棵树。郭林宗迷信思想严重，有一天，他忽然想到，要把这棵树砍掉，他说：“住宅犹如方口，宅中有树，正如口中有木，成了不吉利的‘困’字。”

徐稚听了,不以为然地说:“如果宅中不能有树的话,那么宅中更不能住人了,因为口中有木成‘困’字,口中有人就成了‘囚’字。‘困’字不吉利,‘囚’字更不吉利;如果因为‘困’字不吉利而要砍掉庭中之树的话,那么由于‘囚’字更不吉利,宅中之人也就不能让他活了。”一席话说得郭林宗无言以对,可见这个少年的驳斥是有力的。

(3)揭露矛盾法

就是通过分析诡辩论,抓住其自相矛盾的地方,“以子之矛,攻子之盾”,让诡辩者自己打自己的耳光。

在某公司开展的“树立远大理想,做好本职工作”的讨论会上,青年职工小陈说:“理想是假的,实惠才是真的。什么理想、信念,有利就想,有福就享。”其他同志批评他这种错误认识时,他却辩解说:“经过‘文化大革命’以后,你们还相信什么理想、信念这类东西呀! 反正我是不信了。”

另一青年职工小吴问:“你一点也不信?”

小陈回答道:“一点也不信!”

小吴又问:“你就这样确信吗?”

小陈又答:“对。”

小吴说道:“那么,你怎么能说没有理想信念这种东西呢? 你自己就有了一个信念嘛!”

小陈被问得哑口无言了,其他同志都哄然大笑起来。

这是因为小吴发现了小陈论点中的自相矛盾:他一方面表示根本不相信有信念这种东西,另一方面又确信他的这个观点(不相信有信念这种东西)是正确的;而确信一种观点是正确的,正是一种信念。这就等于他同时承认了“没有信念”和“有信念”这两个互相矛盾的判断都是真的。于是小吴运用了“揭露矛盾法”,一下子就驳倒了小陈的诡辩论。又如:

1980年11月28日下午,我国特别法庭第二审判厅对林彪、江青反革命集团的重要成员黄永胜再次开庭审理。

黄永胜在受审的过程中,一会儿在事实面前不得不承认“自己是林彪反革命集团的成员”,一会儿又狡辩说:“我同林彪没有什么特殊关系,我们是组织关系、上下级关系、工作关系。”

对此,法庭一方面宣读、出示了大量的证言、证据,充分证明了黄永胜同林彪之间绝不是一般的“组织关系、上下级关系、工作关系”,而是地地道道的反革命同伙;另一方面又严正指出:“黄永胜,你的供词是自相矛盾的,既然你承认自己是林彪反革命集团的成员,那怎么又只是组织关系、上下级关系、工作关系呢?”黄永胜也无言以对了。

法庭驳斥黄永胜的诡辩论,运用了两种方法,即“事实胜于雄辩”和“揭露矛盾法”。

(4)类比法

就是运用类比推理来反驳诡辩论的方法，也就是根据两个(或两类)事物的某些属性的相同或相似，推出它们在另一些属性上也相同或相似的结论来。

在一次国际会议期间，一位西方外交人员对我方代表进行挑衅，说："如果你们不向美国保证不用武力解决台湾问题，那么，显然就是没有和平解决的诚意。"

我方代表当场回敬道："台湾问题是中国的内政，采取什么方式解决，是中国人民自己的事情，无须向别的国家作什么保证。请问，难道你们竞选总统也需要向我们中国作出什么保证吗?"

在此，我方代表就是运用类比法驳倒了那位西方外交人员的诡辩论。因为中国采取什么方式解决台湾问题与外国竞选总统一样，都属于一个国家的内政，都是该国人民自己的事情，都无须向别的国家作什么保证。既然西方国家竞选总统无须向我们中国作出什么保证，那么，我国采取什么方式解决台湾问题，当然也就无须向别的国家作出什么保证了。又如：

第二次国内革命战争时期，以王明为首的"左"倾冒险主义者反对战略退却，主张"御敌于国门之外"，他们说："退却丧失土地，危害人民(所谓'打烂坛坛罐罐')，对外也产生不良影响。"

针对着他们的这种诡辩论，毛泽东同志反驳说："如果我们丧失的是土地，而取得的是战胜敌人，加恢复土地，再加扩大土地，这是赚钱生意。市场交易，买者如果不丧失金钱，就不能取得货物；卖者如果不丧失货物，也不能取得金钱……睡眠和休息丧失了时间，却取得了明天工作的精力。如果有什么蠢人不知此理，拒绝睡觉，他明天就没有精神了，这是蚀本生意。"

在这里，毛泽东同志也是运用类比法反驳王明等人的诡辩论。他以市场交易中的买和卖、日常生活中的睡眠和休息的得与失作比，把战略退却的得与失讲得一清二楚，从而有力地驳斥了王明等人"御敌于国门之外"的诡辩论。

(5)以毒攻毒——就是用对方所讲道理或所用方法去回敬对方，即"以其人之道还治其人之身"，以达到驳斥诡辩论的目的。

欧布利德是古希腊一个著名的诡辩家，有一天他向邻居借了一笔钱，约定一个月后归还。期限到了，邻居要他还钱，他故作惊讶地说："我没有借你的钱呀!"

邻居说："你忘了吗？是上月向我借的。"

欧布利德辩解道："啊，上个月我借了你的钱。不过，你应该知道，哲学家说：'一切皆变。'现在的我已经不是上个月向你借钱的我了，你怎么能要现在的我为过去的我还钱呢?"

邻居被欧布利德的诡辩气得一时说不出话来。回家以后，他想了好久，终于想出一个对付欧布利德的办法。他拿了一根木棍，跑到隔壁去，把欧布利德狠狠地痛打了一顿。

"好，你打人啦！等着瞧吧，我要到法院去控告你!"欧布利德气急败坏地叫道。

邻居却笑嘻嘻地说："你去控告谁呢？你不是说'一切皆变'吗？现在的我已

经不是刚才打你的我了。你要告，就告刚才打你的那个我吧！”

欧布利德无话可说了，只好自认倒霉，并把所借的钱如数还给了邻居。

由此可见，以毒攻毒确实是对付诡辩论的有力武器。

在公共汽车上，有一个人开始抽烟，其他一些人也跟着抽起来，使得整个车厢里烟雾弥漫，呛得一些妇女和老人咳嗽不止，忍不住提出意见了。可是带头抽烟的那个人却狡辩道：“哪一条法律规定不准抽烟？”妇女和老人们被问住了，只好忍气吞声。这时有一位大学生模样的男青年反问了一句：“哪一条法律规定在公共场所可以抽烟呢？”这一下子又把那个诡辩论者问住了。

这也是运用“以毒攻毒”的方法治住了诡辩论者。

在现实生活中，诡辩的手法变化多端，而反驳诡辩的方法也应该是多种多样的。这就需要我们在实践中运用辩证唯物主义和逻辑学知识对具体论题进行具体分析，采用灵活机动的反驳战术去战胜诡辩。

二、法庭辩论

法庭辩论，是法院开庭审理案件的一个重要环节。无论是民事诉讼、刑事诉讼，还是行政诉讼，法庭辩论都是法律上明文规定的一个独立的、必不可少的程序。通过原告与被告或者控、辩双方，就案件的事实、性质以及法律的适用条款等问题展开辩论，为法庭正确地作出判决打下基础。

例如，美国前橄榄球超级巨星辛普森，被指控于 1995 年 6 月 22 日杀害了前妻尼科尔·布朗和她的朋友戈德曼。经过 388 天的调查、审理和控辩双方的唇枪舌剑，大法官伊滕将此案交给了陪审团，由他们决定辛普森的命运。

检察官达尔顿对大部分由黑人组成的 12 人陪审团说：“你们心里已很明白，每个人都知道辛普森杀了人。”达尔顿要求陪审团不要被能言善辩的辩护律师所迷惑，他一直担心，有“梦之队”之称的辩护律师阵容会影响陪审团的决定。

被告律师称，这位黑人球星是被带有种族歧视的洛杉矶警察所陷害，他是无辜的。

起诉方的主要证据是一副血手套，其中一只是在作案现场找到的，另一只是案发后第二天在辛普森的住宅里发现的。洛杉矶警察富尔曼认定手套属于辛普森，并以此作为辛普森杀人的证据。

但是，这副手套后来却成了辩护律师指控警方陷害辛普森的“证据”。1996 年 6 月开庭时，辩护律师当众让辛普森试戴那副血手套，却怎么也戴不进去。尽管有研究人员声称，羊皮手套沾上血液后有可能缩小，但辩护律师还是抓住这一点，指责白人警察富尔曼故意在凶宅放置血手套陷害辛普森，原因就是种族歧视。富尔曼后来被迫供认自己曾有种族歧视的言论和行为。

此案在美国法律界引起轩然大波，被告律师要求取消富尔曼的证词，使控方陷入困境。

又如丹诺,他是美国有史以来最伟大的律师,他一生出庭为死囚及其他犯罪嫌疑人辩护近60载,办案不计其数。每次辩护完毕,法庭悄然无声,法官们都被他的辩护词感动得流泪。从他的舌尖上救回了无数的死囚及冤者。

(一)法庭辩论的特点

法庭辩论是辩论的实体运用之一,它与赛场辩论有相同之处(在辩论技巧上基本相通),但又有不同之点。相同之处已如前述,这里着重讲一讲法庭辩论的特点。

第一,事与法结合——以事实为依据,以法律为准绳,这是司法工作的基本原则,也是法庭辩论的根本准则。

辩论效果的好坏,取决于辩论者将事实与法律结合的程度。抛开了事实,偏离了法律,无论你的发言多么迷人,都是不成功的辩论。不顾事实,曲解法律,牵强附会,胡搅蛮缠,不仅起不到辩论应起的作用,达不到辩论的目的,反而会把赢官司打成输官司,招致败诉的结局。

例如,我于1995年代理的一起工伤索赔案。

张和平,是重庆建工集团的一名电焊工,被派往阿尔及利亚工作。在即将工作满一年的时候,有一天他加班,到深夜11点钟才上床睡觉。第二天早晨7点钟,焊工班的班长去叫他上班,见他睡得呼噜震天响,以为他加班太晚,就没有喊醒他。到中午下班的时候,同寝室的4位工友回房去叫他,发现他已死去,全身冰凉了。经过当地法医鉴定为“自然死亡”,并且已经火化。

重庆建工集团打算按自然死亡处理,只给其家属一点“困难补助”加上募到的“捐款”共计2万多元。其家属不同意,想按工伤索赔,但找了十多家律师事务所咨询,一概都说不行。因为按照一般民事诉讼的原则,都是“谁主张,谁举证”。也就是说,你要说他是“工伤”,你就得拿出证据来证明他是工伤。张和平死在异国他乡,路隔千山万水,而且尸体都已经被火化了,谁有那个本事去取证呢?更何况建工集团有充分的证据证明张和平是“自然死亡”,不是“因工伤亡”,所以十多家律师事务所都说不行。但她们还是不死心,死者家属杨秀桂姐妹3人到南坪法律服务所找到了我。

我听了她们的陈述,又仔细地阅读了她们带来的有关材料。除了《法医鉴定书》之外,还有与死者同寝室的4位工友和焊工班班长等人所写的证词,我思考了一会儿,然后答复她们说:“可以打成工伤索赔案,但是这个官司打起来,难度特别大。”

后来,果然不出我所料,从一开始渝中区劳动局认定为“工伤”起,经历了建工集团不服,申请重庆市劳动局行政复议、渝中区劳动争议仲裁、渝中区法院开庭审理、重庆市第一中级人民法院法庭调解五个回合的唇枪舌剑的较量,历时长达两年之久,自始至终都没有推翻“工伤赔偿”这个定性。这是怎么回事呢?请看我的辩论词:

国务院制定的行政法规《工伤保险条例》第十九条第二款明文规定："职工或者其直系亲属认为是工伤，用人单位不认为是工伤的，由用人单位承担举证责任。"据此，我的当事人无需举证。建工集团不认为是工伤，应当由建工集团承担举证责任。

《最高人民法院关于民事诉讼证据的若干规定》第十一条又作了明确的规定："当事人向人民法院提供的证据系在中华人民共和国领域外形成的，该证据应当经所在国公证机关予以证明，并经中华人民共和国驻该国使领馆予以认证，或者履行中华人民共和国与该所在国订立的有关条约中规定的证明手续。"建工集团虽然提供了《法医鉴定书》、五位证人的证词等证据，但这些证据都是在中华人民共和国领域外形成的，而且都没经阿尔及利亚的公证机关公证，也没有经中华人民共和国驻该国使领馆认证。根据最高人民法院的司法解释，这些证据都是无效的，不能作为判案的依据。

上述辩论词一共讲了两点，每一点都是以事实为依据，以法律为准绳，并在事实与法律之间架起了桥梁。这样的辩论，使人不能不信服。

在法庭辩论中，必须以事实为依据，才能说服审判长和陪审员采纳自己的意见，作出有利于己方的判决。一切离开事实的辩论，都是注定要失败的。

例如，1946 年，远东军事法庭审判日本战犯。在法庭辩论中，国民党指派军政部长秦德纯出庭作证。本来在二次世界大战中，中国受日本侵略时间最长——整整 8 年，受害最深——伤亡军民 2100 万，损失最大——达 1000 亿美元。可是秦德纯除了讲几句"日本兵在中国杀人放火，无恶不作"之类的空话以外，举不出一件事实。这样的辩论，必然是软弱无力的，导致极不利于我国的判决。

由此可见，没有事实作依据，即使是稳操胜券的官司也会败诉。

以事实为依据，必须深入细致地进行调查研究，查明事实真相，掌握确实、充分的证据。在司法实践中，事实常常由于有利害关系的当事人各自向着有利于自己的方面去说而被歪曲，也可能由于侦查、勘验、鉴定人员被假象迷惑，做出不合实际的判断而被歪曲，还可能由于证人受某种因素或利害关系的影响，说出虚假的证言而被歪曲。因此，辩论者不能听信一面之词，轻信别人的判断，必须深入细致地进行调查研究，弄清楚案件发生的时间、地点、动机、目的、手段、后果以及与之有关的情节，彻底查明事实真相。

例如，一起反动标语案：

钱菊花书写并张贴反动标语于县公安局门口，被起诉认定为反革命罪。辩护律师辩解道：

我国刑法第九十条规定："以推翻无产阶级专政的政权和社会主义制度为目的，危害中华人民共和国的行为都是反革命罪。"

钱菊花书写和张贴反动标语并非以推翻无产阶级专政和社会主义制度为目的，理由如下：

(1)钱菊花自幼与李某相爱，但其父嫌李某家住农村，就托人把钱菊花介绍给城里某街道办事处主任黄某。钱菊花想解除婚约，其父和黄某不肯。于是，钱菊花在一夜之间想出一个当反革命的招数来激起黄某解除婚约。

(2)钱菊花书写反动标语，没有向任何人宣传，仅限于她自己一个人在当天晚上一点钟左右拿到县公安局门口去张贴，并主动去叫公安局值班人员来抓反革命，还当场供认是自己干的。

综上所述，钱菊花主观上没有反革命意识，客观上也没有造成坏的影响，故不能认定为反革命罪。

法庭在查明事实真相后，也认为钱菊花的行为不构成反革命罪，采纳了辩护律师的意见，作出了钱菊花无罪的判决。

以事实为依据，还应注意所列举事实的质量，即选取那些对法庭判决有重要意义的、能有力证明自己的观点的事实证据，最好是选用经过法庭调查、审判人员反复核实了的某些事实材料，可以起到以少胜多的作用。例如一起抢劫案，检察院根据张冲"摸过王小七的上衣口袋"，并曾与同案犯魏青松商议说"今晚去搞点钞票"等，指控被告张冲等人犯有抢劫罪。根据庭审情况，张冲的辩护律师在法庭辩论中有如下一段发言：

刚才的法庭调查中，受害人朱尚志述称是张冲抓住其自行车向他问路而发生纠纷，双方动手抓扯；而当审判长问及张冲是否摸其口袋时，朱尚志也称"只是抓扯中拉住了上衣前胸，并未摸口袋"。而与魏青松商议"今晚去搞点钞票"一节，则纯属被告魏青松的假供，这也已经法庭调查否定。魏青松已向法庭供述，头两次的胡编是"听说揭发别人可以得到从宽处理"而为之，并无事实。因而起诉书认定的被告张冲的上述两点事实，证据不足，不能作为定案的依据。

通过辩论，法庭最终采纳了辩护律师的意见，改变了定性。

在这场法庭辩论中，被告的辩护律师恰当地运用了庭审调查时审判人员反复核实的一些事实材料，肯定了审判人员的工作，有效地争取到了法庭对自己发言的重视和认同，增强了辩论的说服力。

以法律为准绳，就是要求辩论双方必须正确而深刻地理解法律，正确无误地运用法律，不折不扣地按照法律的规定，分析、研究案情，使法律规定与案件事实相吻合，做到定性准确，量刑恰当，使有罪者受到应有的惩处，无罪者免于刑事处分。

例如，一起杀人案，检察院以被告人徐大力故意杀害其妻蒋玲未遂而指控被告犯有故意杀人罪。法庭辩论中，被告律师发表了这样一段辩论：

根据我国《刑法》第二十条之规定，犯罪未遂有以下3个特征：犯罪分子已着手实行犯罪；犯罪未得逞；犯罪未得逞是由于犯罪分子意志以外的原因。那么，徐大力在实施犯罪(即掐蒋的脖子)过程中，有没有意志以外的原因使他的犯罪未得逞呢？没有。徐在掐蒋的脖子时，一边掐一边问："你还去不去法院和我离婚？"当徐见蒋不答话并且脸色不好时，马上就松手了。此时，徐大力没有任何意志以外的原因，完全有条件加害于蒋，置她于死地。但他没有这样做，反而将蒋抱起痛哭。这一事实说明，徐大力完全是自动地中止了犯罪，并且自动而又有效地防止了犯罪结果的发生。这正符合我国刑法第二十一条所说“犯罪中止”的特征，因而被告的行为是犯罪中止，而不是犯罪未遂。

这段辩护词，根据有关法律条文，紧密结合案情实际，步步深入地分析论证，最后得出结论，很有说服力和辩驳力。

与此相反，如果不以法律为准绳，而纯粹以煽情等方式去进行辩论，不管你说得多么动听，法庭也是不会采纳的。

例如，一起抢劫案，被告人许廷兵已构成抢劫罪。辩护人认为被告应从轻处罚，但他并没有提出从轻处罚的法律依据，而是说：

被告上有一个 80 高龄的老母，下有一个还在襁褓中的婴儿，还有一个体弱多病的妻子，一家 4 口全靠许廷兵一人养活。这次作案实在是出于无奈——面临断炊的困境，所以情有可原。如果许廷兵被判刑，他那 80 高龄的老母亲和他那嗷嗷待哺的婴儿由谁来养活呢？我们能够忍心让他们活活饿死吗？在座的法官、人民陪审员以及旁听的父老乡亲们，我们哪一个不是母亲所生所抚养长大的呢？哪一个忍心让这 80 高龄的老母亲活活地饿死呢？所以我提请法庭从轻处罚。

本案的被告人既无法定从轻的情节，也无酌定从轻的情节，辩护人企图采取使人同情怜悯被告人及其家人的办法来达到使法庭从轻处罚的目的，这是注定要失败的，因为它没有法律依据。

总之，只有以事实为依据，以法律为准绳，并将事实与法律结合起来进行辩论，才能最终获得成功。

第二，情与理交融——法庭辩论，不仅要对法官、陪审员及听众晓之以理，而且要动之以情。这样，才能打动法官、陪审员及听众，说服法官及陪审员采纳自己的意见。

据胡习之所写的《胜诉西雅图的一段精彩答辩》中记载：

1990 年北京亚运会之后，中国星华实业集团公司总裁李伟先生提出，准备在 1991 年或 1992 年，举办“北京国际职业拳击冠军赛”的设想。后由国外朋友牵线搭桥，星华集团与美国威勒公司就有关事宜达成共识。1991 年，按照合同约定，中方将 310 万美元定金如期汇至美国。但这 310 万美元却被威勒公司总裁、美国名律师威勒和美国大律师特里丝等人瓜分了。1992 年 9 月 25 日，中国星华实业集团公司正式将诉状递呈美国西雅图联邦地区法院，起诉威勒、特里丝诈骗等 6 条罪状。1994 年 3 月 8 日，“威勒公司诈骗案”开庭审理。然而被告精通法律，十分狡猾，一开庭就占据了主动——提出请陪审团审理。按照美国民事法庭惯例，民事诉讼，选择法官审理，须由原告、被告双方商定；而选择陪审团审理，则一方提出，另一方不得更改。于是法庭从某一街区随机抽选了 50 名公民入庭。在听完他们各自陈述的简历之后，再由双方选出 12 名组成陪审团。只要你是美国公民，就有参加陪审团的均等机会，不管你是教授还是乞丐，陪审团的 12 名成员，每人都有一票否决权。对每一条罪状的裁定，只有全部成员同意方能成立。此案的审理，陪审团成了关键。那么，成员复杂的陪审团能否审出公道？我方心中无数，连我方聘请的5位美国律师也都心里没底。而且开庭以后一连3日，双方唇枪舌剑，高下难分。面对大量的人证、物证，狡猾的威勒、特里丝百般狡辩、抵赖，无中生有地造谣、诽谤，甚至还想将显而易见的商业诈骗硬涂上一层政治色彩，以混淆视听，形势显然对我方极为不利。然而，我方审时度势，稳扎稳打。第4日，当被告律师询问原告之一的中国星华实业集团公司28岁的国际部经理龚永强先生时，龚先生准确地抓住了时机，通过自己的答辩，巧妙地争取了陪审团，从而扭转了劣势，并为我方最终胜诉打下了牢固的基础。

被告律师问龚永强："龚先生，你今天为什么坐在这里？"龚永强一愣，不知对方葫芦里卖的什么药，没有立即作答。稍作思考后，面对鸦雀无声的法庭，面对所有注视着自己的目光，龚永强发表了如下精彩的答辩：

"我为什么坐在这里？威勒夫妇、特里丝夫妇是我们两年前的合作伙伴，我们对他们是那么信任，像朋友一样，像亲戚一样。不幸的是，今天我们竟相会在这样一处场合，这是不该发生的事情！我们不远万里，远涉重洋，来到这陌生的国度、陌生的法庭，面对陌生的面孔，就是为了寻求正义！两个美国人偷走了我们310万美元，欺骗了我们的真诚情感。这对于中国人来说是一种极大的屈辱！而我们今天还要坐在这里，花钱、花精力和时间，来证明我们是怎样被欺骗的，这就如同在我们流血的伤口上撒盐。此时此刻，我的母亲还在住院，李总离开他5岁的女儿……"（说到这儿，龚永强先生哽咽了，泪水模糊了双眼）"在中国，我们最崇敬两种人，一种是教师，他教人怎样读书，怎样做人；一种是律师，他教人什么是'是'，什么是'非'。然而，我们被骗了。欺骗我们的，正是贵国很有名的两位律师！对此，我们不肯相信，所有善良的人，都不愿相信。然而，这却是谁也无法回避的现实。美国人民是伟大的，这样的人不属于这个伟大的民族；西雅图是美丽的，这样的人不属于这座美丽的城市！"

（龚先生的语调变得异常激愤）"请想一想，310万美元相当于3000万元人民币。这对一些月薪只有50至100美元的普通中国人来说，是怎样的一个天文数字！中国人民辛辛苦苦的血汗钱，被这几个黑心人轻而易举地骗走了！我为什么坐在这里？我只觉得这是一件很悲哀的事，一件不该发生的事。我不明白，人类之间为什么会存在着欺骗？"

当龚永强的答辩结束时，陪审团的12个成员中有10名禁不住热泪滚滚，另外两位和法官们虽没有落泪，但眼里也都闪烁着泪光。而法庭上很多旁听者也情不自禁地在低声抽泣。这一切都显示着善良将战胜卑鄙，正义将战胜邪恶！

那么，为什么龚永强的答辩会具有挽狂澜于既倒、扶大厦于将倾般的巨大力量呢？关键在于龚永强的答辩，不仅运用对比手法——将理想的律师职业的崇高性与威勒、特里丝的卑劣行径对比，将美国人民的伟大、西雅图的美丽与威勒、特里丝的诈骗行为对比，产生了置被告于正义的对立面的强烈效果，而且用饱含激情的语言成功地打动了陪审团成员们的心，为星华集团的胜诉奠定了坚实的基础。

又如一起投毒杀人案，被告王素芬因遭邻居朱宏远奸污而投毒报复，构成犯罪。王素芬的辩护律师在法庭辩论中有如下一段发言：

被告王素芬由于朱宏远采取欺骗手段进行奸污，一时气愤至极，产生犯罪行为，固然应当受到法律制裁，但我们不能用纯法律的观点来看待这件事，而应当深入地考虑一下本案发生的前因后果。被告既是一个犯罪者，也是一个受害者。朱宏远的恶劣行为应当受到道德法庭的审判，相应的被告人的行为就应当受到一定的宽恕。要警告那些玩弄少女的人，你们的恶行也应当受到法律的制裁。但受害者只能从正当的途径寻求解救，不应当采取非法的手段去施加报复，否则就会使自己受到法律的制裁。

这段辩护词，从道德和法律两方面进行分析论述，融情于理，情理交融，唤起了法官、陪审员及听众对被告的同情，激起了人们对原告丑恶行为的义愤，从而达到了为被告争取减轻处罚的目的。

实践证明，在法庭辩论中，融情于理、情理交融的发言具有更强的感染力和说服力。那种干巴巴的、缺乏人情味的发言，其效果则大为逊色。

第三，辩与驳并用——辩，通常是指律师用一定的理由、事实正面说明自己对当事人或法律的认识和见解；驳，则是指律师提出理由或根据来否定对方的论点、论据或结论。实践中，常常是辩与驳并用。

例如，我与重庆市江津区一位律师共同代理的江津区第二人民医院一桩医疗纠纷案——在 1999 年轰动全国的“断针残留体内达 6 年之久”的医疗事故。

一位农村妇女田文香（化名）由于难产，一天一夜都生不下来，住进了江津区第二人民医院。医院妇产科给她从会阴部开刀把胎儿取了出来。婴儿因为在母体内憋得太久而呈现出全身青紫并且窒息。主治医师秦翠碧（化名）忙着抢救婴儿去了，产妇这边就由来医院进修的乡村医生小陈缝合伤口。刚刚开始，缝针就断了。小陈在手术台上台下遍寻不着，只好去求助主治医生秦老师。秦医师刚好把婴儿抢救了过来，就赶紧过去帮忙寻找断针，仍未找到。秦医师还用手指伸进伤口里去摸，也未摸到，只好给她把伤口缝合了。到产妇出院时，秦医师再三嘱咐她：“如果感到身体不适，可以随时到医院来找我。”

可是产妇田文香出院以后，长达 6 年之久，都未来过医院。直到 6 年之后，她到云南省昆明市人民医院去照 X 光片，检查为避孕而安的子宫环时，才发现会阴部有一颗形似镰刀的断针。这一发现使她如获至宝，马上从昆明赶回重庆江津，去找医院索赔。

医院院长周天成经过查证核实，确认为医疗事故，并给她出具了承诺书，请她到医院来住院，医院用最好的病房，派最好的医生，免费为她取出断针，治愈她的伤口以后，再按国家规定的赔偿标准赔偿。可是田文香却不同意，提出要医院赔偿她 32 万元，理由是：断针残留在体内长达 6 年之久，使得她夫妻两人不能过正常的性生活，因此要赔偿她夫妻两人精神损失抚慰金各 10 万元；由于断针残留在体内，使得她本人完全丧失了劳动能力，不但不能做重活，连扫地、接电话都不能，因此，要赔偿她6年的误工费6万元，再加上其他各项费用，共计32万元。

医院坚持只能按国家规定的标准赔偿，田文香就大闹医院，而且在江津二院所在的白沙镇上搭起台子，像“文化大革命”中的造反派那样，天天登台“揭露”医院及主治医师的“罪行”；又像泼妇骂街一样，把医院及秦医师骂得狗血淋头；还通过《重庆晨报》《重庆晚报》《重庆经济报》和重庆电视台乃至中央电视台等众多新闻媒体给江津二院“曝光”，把江津二院搞得狼狈不堪，几乎断了经济来源。

后来，田文香把江津二院告上法院。在法庭辩论时，我作为江津二院的代理人宣读了代理词：

“尊敬的审判长、审判员：

我们作为被告江津区第二人民医院的代理人，针对原告的诉求和理由，发表如下代理意见：

第一，从原告一开始提出索赔起，我方当事人就做出了书面承诺，答应按国家规定的标准赔偿。可是对方却来了个‘狮子大开口’，要价32万，并且采取了各种各样的非法手段，给医院施加压力，企图迫使医院就范，已经给医院造成了巨大的经济损失和名誉损害。对此，我方保留反诉的权利。

第二，原告诉称，由于断针残留体内长达6年之久，致使夫妻二人不能过性生活。在举证质证阶段，我方已提供证据，证明原告在出院4个月时就去医院做了安子宫环的避孕手术，足以证明她夫妻二人的性生活是正常的。

第三，原告又诉称，由于断针残留体内长达6年之久，致其完全丧失了劳动能力。在举证质证阶段，我方也已提供证据，证明原告几年来一直在昆明市一家塑料制品厂打工，帮该厂办伙食，每天蹬着三轮车上街买米、买菜、运煤炭，而且每月工资2千多元。这么重的体力活，她都干得下来，可是她却在法庭陈述时，谎称连扫地、接电话都做不了，所以原告涉嫌欺诈。”

这一答辩，有辩有驳。前者为辩，后者为驳，产生了“防卫”与“进攻”的双重效果。结果，法院只判决赔偿3万多元。

又如1981年，洛阳发生过一起毒死老虎案。罪犯韩某为了搞到老虎皮出售牟利，深夜潜入洛阳王城公园，将拌有毒药的猪肉投入老虎笼中，将两只老虎毒死。正在剥皮时发现有人来，于是仓皇逃跑。后被捉拿归案。由于被毒死的是公园用重金购买来供人观赏、深受市民喜爱的珍贵动物，所以群众对罪犯异常痛恨。

洛阳市中级人民法院开庭审理此案。律师程某被指定为被告的辩护人。当时，旁听群众有1500多人，其中有数百人是政法部门的干警，法庭气氛异常威严。

检察院的公诉词指控被告人的行为已构成投毒罪，要求严惩。程律师的辩护论点则是，被告人的行为不具有危害公共安全的法律特征，不构成投毒罪，而是构成了盗窃罪。因此，双方展开了激烈的辩论。

公诉人：“王城公园本身就是公共场所，两只老虎是供全市人民观赏的珍贵动物，由于被告人投毒，导致二虎死亡，全市人民不能再观赏了，因此，被告人的行为危害了全市人民的利益，具有危害公共安全的法律特征。”

程律师：“我可以举个例子来回答这个问题。张三同一名演员发生矛盾冲突，在剧院杀害了这个演员。剧院是公共文娱场所，全市人民从此再也看不到这个演员的表演了。从这个角度看，张三杀人，使戏剧界遭受了人才的损失，也使市民在艺术欣赏方面受到颇大的损失。但是，这种对公共利益的危害，是否就可以按照公诉人刚才用的逻辑推理形式，认定张三的行为构成了危害公共安全罪呢？这是不能的。

我再举一个例子，李四在火车站杀害了一个共产党员。火车站也是公共场所。这个共产党员入党宣誓，要全心全意为人民服务，为实现共产主义奋斗终生。他被人杀害了，不能为人民服务了，也不能为共产主义奋斗了。如果按照公诉人刚才说的那种逻辑，李四的行为不是损害了全国人民乃至全世界人民的利益了吗？损害了这样的公共利益，不是危害了大得不能再大的公共安全了吗？果真这样推论，那就是无限上纲。”

公诉人：“被告人投毒的事实客观存在，主观上具有投毒的故意，客观上也有准备毒药的行为，还产生了两只老虎中毒死亡的危害结果，这完全符合投毒罪的法律特征。”

程律师：“被告人投毒是事实，但不一定构成投毒罪。让我们还是举例来说吧！比如某甲和某乙发生矛盾，甲为了谋害乙，把毒药投到乙的茶杯里，乙喝了带毒的茶水，中毒死亡。某甲投毒的事实客观存在，但他的行为所危害的是特定的客体，即乙的生命安全，而不具有危害公共安全的法律特征，因此不构成投毒罪，只能是故意杀人罪。如果甲把毒药投到乙住处外面的水井里，投毒事实也是客观存在，但是水井的水非某乙专用，周围群众和牲畜都要饮用。甲的投毒，可能造成很多人和很多牲畜中毒甚至死亡。至于人畜中毒和死亡多少，连某甲也难以预料。因此，某甲的行为所危害的不是特定的某个人的生命安全，而是不特定的某些人的生命、健康和一些牲畜的安全，这就具有危害公共安全的法律特征，构成投毒罪。也只有在这种情况下，甲的行为才构成投毒罪。

就本案来说，假设是人吃了被告人投的带着毒的猪肉中毒死亡，本案被告人的行为也不构成投毒罪，而是构成故意杀人罪或过失杀人罪。但事实上，毒死的是虎而不是人，而《刑法》又没有规定故意杀虎罪或过失杀虎罪。同时，由于被告人的行为所侵犯的客体是特定的，即一个笼子里的两只老虎的生命安全，因而不具有危害公共安全的法律特征，所以也不是投毒罪。

这两只老虎是从外地用高价购进的，它们是有价值的。尽管它们是珍贵动物，而且是国家财物，但在性质上属于有价之物，只不过价值和价格高得多罢了。从这种性质来看，结合被告人的犯罪动机，他所实施的犯罪行为实际是为得到虎皮而毒死老虎，与偷盗活老虎贩卖牟取高利是一样的，所以应认为他所犯的是手段恶劣、后果严重的盗窃罪。”

最后，洛阳市中级人民法院采纳了律师的意见，按盗窃罪判处被告人韩某无期徒刑。

在这场法庭辩论中，被告的辩护人程律师也是有辩有驳。首先，针对公诉人所犯混淆概念的逻辑错误加以驳斥，否定了被告人的行为构成投毒罪的论点；然后阐明了被告人的行为是构成盗窃罪的道理。先破后立，很有说服力。

法庭辩论要防止两种不良倾向：一种是有理不敢讲，另一种是无理拼命争。有理不讲，可能导致错判无辜或轻罪重判；无理硬争，貌似有理，实则胡搅蛮缠，不可能得逞。

（二）法庭辩论的诀窍

法庭辩论涉及双方当事人的生命财产，这就决定了它比赛场辩论更加激烈，更富于对抗性。

那么，要怎样才能保证自己在法庭辩论中获得成功呢？

1.吃透案情

就是要搞清案件的前因后果乃至细枝末节，了解得越详细越好。这是正确提出辩护论点的首要条件。为了搞清案件的全部真实情况，有经验的律师总是不辞辛劳地反复阅卷，反复会见被告人、有关的证人，甚至跋山涉水，深入调查研究，以求透彻了解案情。只有把案情了解清楚了，才能在此基础上提出中肯的辩护论点。一切成功的辩护，莫不如此。

例如，发生在某地农村的一起故意杀人案：

被告周某于1993年6月3日开挖排水沟时，与邻居顾某、邱某婆媳两人发生纠纷。次日下午，周、顾二人在地里又发生争吵，并发展到互相扭打。周某因被顾某殴打，并被骂为“断子绝孙”（周只生2女），心怀愤恨，在路过某桥时，将顾的3岁孙儿推下堤岸。在附近劳动的顾某见状，下去救起孙儿，才未造成严重后果。

检察院指控被告周某犯了故意杀人罪（未遂）。

在法庭辩论中，被告人的辩护律师发表了如下辩护意见：

（1）公诉词说，被告人“将幼儿王某推下堤岸，致使王某滚入10余米宽的河水中”。这一说法并不符合实际情况。辩护人为了弄清案情，于9月25日会同当地大队干部高某勘察了现场。查明被害人被推的地方陡坡倾斜度约为30度，陡坡之下是20度的缓坡，陡坡与河道之间的缓坡宽度有1.25米，上面种着芋头，下面水中养殖着水花生，宽度近2米。在离河岸30、50、75厘米处延伸测量水深，分别为10厘米、25厘米、44厘米，证明水下亦为缓坡河床。当场测得幼儿王某身高98厘米。根据上述测得的数据，被害人被推下堤岸，滚入河中，遭到灭顶之祸是不可能的。辩护人征询了在场干部、群众的意见，他们也表示了同样的看法。事实上，被害人从陡坡落到缓坡，滚滑速度大为减小。缓坡上种的芋头以及水中养殖的水花生，都有不小的阻滞力。再加上雨后泥湿，因此被害幼儿并未滚滑多远。当时从地里跑去抱起孙儿的顾某说，被害人没有滚入河里，而是在河边芋头地里，她是站在芋头地里抱起孙儿的，连自己穿的元宝鞋也未湿。证人王某说：“小孩是从陡坡上滚滑下去的，是顾某去拉起来的，小孩没有哭，只是叫了两声'阿妈'。"现在被害人一切正常，并未因落坡而造成任何不良后果。事实证明，被害人不仅没有落入河里，而且也没有受到伤害。

(2)被告人有没有杀害幼儿王某的犯罪故意，是本案定罪的关键问题。为此，辩护人有必要谈谈本案的起因：1993年顾家建造新房，擅自加高屋基，导致毗邻的周家厨房大雨时进水，100多斤化肥被淹。被告人开沟排水，又被顾家填平。第二天，被告人在地里提到化肥被淹的事，顾某就骂她"断子绝孙"。被告人种完棉花，在回家途中，竟突然被顾某用锄头击伤手臂和面部，仰跌在地；正当顾某举起锄头继续打她时，幸被他人及时阻止，才未酿成大祸。被害人屡受欺侮，心想骂不过顾家婆媳，又打不赢她们，于是想把小孩推下坡去，吓吓她家。当目睹事件发生的顾某指责她时，被告人曾说："我是吓吓他的。"足见被告人的作案动机是作弄幼儿，借此吓唬幼儿的家长，以发泄她挨打受骂的气愤，并没有杀害幼儿王某的犯罪故意。

再说，被告人是当地农民，作案地点距离她家住宅和责任田不远，是她经常往来的必经之路，因此她是熟知这一带地形情况的，也预见得到从那里推幼儿下坡不会造成溺死的严重后果。如果她真要达到杀人的目的，那么她当时肩扛锄头，完全可以用锄头挖死幼儿；桥的两侧没有护栏，她也可以轻而易举地把幼儿拎到桥上，推落河心深水处。被告人为什么不采取这些做法，而是从桥头的堤岸上把幼儿推下坡去呢？由此更表明，被告在主观上确实没有杀害幼儿的犯罪故意。

(3)被告人推幼儿下坡的行为是应负一定的刑事责任，但辩护人认为，应负的是伤害罪责，不应负杀人(未遂)罪责，不属于当前从重从快打击的对象。建议法庭根据本案的情节，结合被告人案发后认罪悔悟较好，依法给予从轻或免刑处分。

本案辩护人深入现场，认真调查研究，走访当地干部、群众、证人、被害人及其家属，了解案情，听取反映，采集证言，掌握了充分的证据。然后在法庭辩论中针对公诉词的论点论据，一一进行反驳，有理有据，使辩护获得成功——法院和检察院接受了律师的意见，经研究后，由检察院对被告人另行作出免予起诉的决定。

总之，法庭辩论，无论是作为刑事诉讼的辩护人还是民事诉讼的代理人，一般都可能遭到对方的反驳，所以法庭辩论常常是唇枪舌剑的争辩，要经过反复较量才能见分晓。因此，只有对案情烂熟于心，才能成竹在胸，在辩论中牢牢掌握主动权，不仅使对方无懈可击，而且能"寻机破敌"。如果律师对案情掌握不准，那么在法庭辩论中就会被对方抓住破绽，陷入被动，甚至被驳得张口结舌，理屈词穷。由此可见，熟悉案情，是律师作好法庭辩论的基础。

2.熟悉法律

就是要牢牢地记住一些重要的法律条文，并且准确地理解这些条文的含义，做到能及时地识别曲解法律和没有正确执行法律的现象。因为法庭辩论的目的是为了维护国家法律的正确实施和当事人的合法权益，法律是定罪量刑的唯一准绳，被告人的行为是否构成犯罪，犯的是什么罪，罪重或罪轻，都必须以法律规定作出评判。只有熟悉法律，才能划清罪与非罪、此罪与彼罪、罪重与罪轻的界限，从而提出符合法律规定的论点，也才能提高辩论的质量，达到辩论的目的。

据《重庆法制报》载，1996 年 1 月 2 日，吴某正在岳父家午睡时，突然来了几位公安人员，未出示任何手续，也未说明任何原因，就将吴某“请”走了。晚上 9 时，吴父接到电话，说将吴某的衣服、日用品送到××公安局看守所。

1 月 6 日，吴某被押回家，公安人员在其家中收去毛线销售款 11000 元。吴妻觉得夫妻似乎已离别了一个世纪，丈夫苍老了，她心酸，问公安人员：“我丈夫犯了什么法?”公安人员说：“吴某欠银行贷款，有诈骗嫌疑。”吴妻说：“那也该给家属一个手续!”公安人员这才将家属通知书交给吴妻。内容为：“经查吴某因有多次作案嫌疑，根据中华人民共和国国务院〔1980〕56 号文件规定，决定予以收容审查。现收容于××收容所。”时间是 1 月 4 日。公安人员说：“把剩余的毛线和销售款退了，再处理问题。”

事情的缘由是，20 世纪 80 年代，曾经繁荣昌盛的重庆市渝中区新华路百货一条街里，吴某是最先富起来的一条耿直汉子。问题出在新华路批发市场迁往朝天门，吴某承包了渝航公司针纺经营部后，百货生意已经开始滑坡，吴某为了扩大经营范围，经公司同意，以公司名义向农业银行贷款 45 万元。该贷款逾期未还。1995 年 2 月，农行遂以借款合同纠纷向人民法院起诉，请求清偿债务。法院于 1995 年 7 月审理终结，作出判决。农行现已依据生效的民事判决书向法院申请执行。

吴某之妻向重庆博爱律师事务所主任律师陈锐伟诉说了上述情况后，陈律师当即作出了两点结论：

第一，公安机关超越职权，任意扩大收审范围，对不属于收审对象、不符合收审条件的吴某采取收容审查措施，不合法；

第二，公安机关插手经济纠纷案件，超越了其法定职权，属于违法的行政行为。

1996 年 1 月中旬，陈律师受吴某家属委托，向人民法院递交了行政诉状，将具体办案人××公安分局列为被告。诉讼请求如下：

第一，请求依法撤销被告对原告作出的收容审查决定；

第二，判令被告退还非法扣押的原告财物；

第三，本案诉讼费判令被告负担。

渝中区人民法院受理了这起行政诉讼案，于 3 月中旬开庭审理了此案。法庭内外挤满了旁听的群众。法庭上，陈律师慷慨陈词：

公安机关决定收容审查的对象和条件，主要的法律依据是 3 个“通知”，即国务院〔1980〕56 号文、公安部〔1985〕公发 50 号文、公安部公通字〔1991〕37 号文。

根据这 3 个通知的规定，收容审查对象必须具备两个要件：一是实质要件，即有现行轻微违法犯罪行为的客观存在；二是行为特征要件，即必须有不讲真实姓名、住址、来历不明的人或是流窜作案、多次作案、结伙作案嫌疑，需要收审查清罪行的。

吴某在岳父家午睡这一情节，说明了吴某不具有现行违法犯罪行为；在接受询问时，将姓名、住址、民族甚至家庭电话号码作了如实陈述，排除了构成收审的行为特征。

关于经济诈骗问题，本案被告在该经济合同纠纷案已由人民法院受理并审理终结进入执行程序后，就同一案件事实却以经济诈骗案件受理，并且限制本案原告吴某的人身自由，实属越权插手经济纠纷。

4 月，人民法院作出了两个行政裁定：一是对原告吴某的超期收审裁定停止执行；二是同意原告吴某的撤诉请求，但诉讼费 2 千多元由被告承担，被扣款物返还原告吴某。此外，根据《国家赔偿法》，吴某还将得到一笔 13.28 元×90 天的经济赔偿。

在这场行政诉讼案中，陈律师不仅显示了雄辩的口才，使这场“民告官”的官司获得了胜诉，而且表现得有胆有识，一眼就看清了问题的症结所在，一针见血地作出了两点结论，并且敢于支持和帮助一个老百姓去同公安机关打官司。之所以能够如此，根本原因就在于他对法律条文了如指掌，烂熟于心。如果陈律师不熟悉法律，不以法律为准绳，上述这一切都是办不到的。

又如，前述我所代理的杨秀桂诉重庆建工集团工伤索赔一案，因为其夫张和平死在遥远的阿尔及利亚，无法取证，而用人单位又提供了充足的证据证明他是“自然死亡”，所以杨秀桂姐妹三人跑了十多家律师事务所去咨询，都说不能按工伤索赔。其实，根本原因是他们不熟悉《工伤保险条例》第十九条第二款、《最高人民法院关于民事诉讼证据的若干规定》第十一条的规定。而我之所以说“可以打成工伤索赔案”，是因为我熟知这两条规定，并且把这两条规定联系起来考虑，所以才有把握接下这个别人都认为烫手而不敢接的“山芋”，并且终于获得成功。

由此可见，作为律师和法律工作者，每接到一个案子，都必须掌握并吃透与该案有关的法律、法规和司法解释。

3.盘问细节

就是发现对方的疑点之后，抓住具体的细节反复进行盘问，可以戳穿对方编造的谎言，从而推翻对方的立论，取得法庭辩论的胜利。因为在法庭辩论中，原、被告双方为使自己的立论站得住脚，都要拿出一些证据来作为立论的基础，但是有的证据是编造的。聪明的论辩者善于发现疑点，抓住具体的细节进行盘问，这样就可以突破对方的防线，戳穿对方编造的谎言。1836 年，林肯为小阿姆斯特朗所作的无罪辩护，可以说是最典型的一例。

小阿姆斯特朗被人指控谋财害命，犯了杀人罪，证人福尔逊一口咬定在 10 月 18 日晚亲眼见到被告用枪击毙了被害人。林肯在事前对该案作了仔细的调查研究，发现原告证人的证词中有许多疑点。林肯抓住这些疑点向原告证人提出了一系列的问题。

林：你发誓说认清了小阿姆斯特朗吗？

福:是的。

林:你在草堆后,他在大树下,两处相距二三十米,能认清吗?

福:看得很清楚,因为月光很亮。

林:你肯定不是从衣着方面认清的吗?

福:不是的。我肯定认清了他的脸蛋,因为月光正照在他的脸上。

林:你能肯定时间是在11点吗?

福:充分肯定。因为我回屋时看了一下时钟,那时正是11点1刻。

林(转身面向听众,严正地宣布):我不能不告诉大家,这个证人是个彻头彻尾的骗子!他发誓说,他于10月18日晚11点在月光下认清了小阿姆斯特朗的脸。但那天晚上是弱月,11点钟月亮已经下山了,哪来的月光呢?退一步说,就算证人记不准时间,假定稍有前后,月亮还在西天,那么月光是从西边照过来,但草堆在东,大树在西,被告脸上也是不可能照到月光的,证人怎么能从二三十米外的草堆后面看清被告的脸呢?

林肯终于迫使证人承认自己是被原告收买来诬陷小阿姆斯特朗的。法庭宣判被告无罪释放,改判原告诬陷罪,林肯一举成为了美国社会的知名人士。

再如一起强奸妇女案,检察院的公诉词指控被告在一个办公室的里间套房内强奸了一名女青年。控、辩双方就此案是否构成强奸罪展开了激烈的辩论。

辩护人:这个办公室的外间室内是否有人?

公诉人:有两个人,他们是和被害女子一块来这里办事,被害人让他们在外间等候。被害女子进里屋后,被告就强奸了她。

辩护人:经查当天和被害人去找被告的那两人都是二十几岁的年轻人,他们与被告素不相识,仅被害人认识被告。这时,被告强奸被害人,被害人完全有条件反抗或呼救。为什么被害人被强奸时既无反抗,也无呼救呢?

公诉人:被告突然将被害人按在一张靠椅上,就一只手将被害人的两只手攥到一起,又死死地压在被害人的胸口,然后一只手去扒被害人的裤子,而后又用一只手去捂被害人的嘴,使被害人既无力反抗,也无法呼救。

辩护人:公诉人的上述答辩是违反客观实际的,不能令人信服。试问被告有几只手?(被告立即回答:两只手。)那为何能一只手攥住被害人的两只手,一只手去扒被害人的裤子,还有一只手去捂被害人的嘴呢?并且当被告将被害人按倒在座椅上,被害人发现被告的“用心不良”,高声说一句“你想干什么”,而外间屋里的两个青年为何没有听到呢?根据案卷记载,被告从办公桌上找出一份文件给被害人看时,不慎一盒火柴掉到地上,发出的声音,在外屋的两位青年都听得清清楚楚,并且一致辨别出是火柴盒掉地的声音。难道被害人就无法挣扎和呼救?如果挣扎的话,外间屋的人又为何没听到呢?

辩护人根据公诉人提出的同一事实,不停地追问,使公诉人越解释越困难,最后法庭认定被告不构成强奸罪,而被害人构成诬陷罪。

实践证明,在法庭辩论中,从盘问细节入手,是克“敌”制胜的法宝。

4.抓住重点

法庭辩论,不宜面面俱到,泛泛而谈,必须根据案件的具体情况,选准"主攻方向",集中力量打歼灭战。因为在法庭辩论中,往往会涉及诸多事实和法律条款,控、辩双方可能发生很多争执,如果在每一点上都去争个你输我赢,势必分散力量,效果不佳,"伤其十指,不如断其一指"。一般应从案件的事实、认定事实的性质、被告人行为的目的动机、适用法律、量刑情节等方面选择一个作为重点进行辩论,切忌在枝节问题上纠缠不休,在不利于己方而有利于对方的事实和法律上多费口舌。

例如一起私分集资合股企业利润案。1994 年 7 月,被告冯某与秦某等人商量,想利用他们懂得一点陶瓷技术的条件合伙办一个陶瓷厂。于是他们与某机制砖瓦厂联系,经过双方协商,决定在该厂挂一个陶瓷车间的名义,经济上除按规定每月向厂方交纳占营业额 25%的管理费外,其他产供销与厂方无关,实行独立核算,自负盈亏。

冯某等 6 人商定,每人投资 5000 元垫底,盈利后按股分红。该车间从同年 9 月正式投入生产以来,由于产品质量较好,适销对路,获利较大,到 1995 年底,除发还集资的本金、支付工资、上缴管理费、税金及一切生产开支而外,盈利 4.5 万多元。于是 6 人共同商量,将盈利全部分掉了。

县检察院认为,冯某等人的陶瓷车间属于机制砖瓦厂的一个车间,其性质属于集体企业。冯某是该车间负责人,私分盈利,触犯刑法第一百五十五条,构成贪污罪,故提起公诉。

辩护人认为,本案被告的行为不构成贪污罪,理由如下:

(1)犯罪客体不能成立。贪污罪侵犯的客体是公共财产,如果所侵犯的财产不属于国家或集体所有的财产,则不构成贪污罪。陶瓷车间虽然挂靠于机制砖瓦厂,实质上却是冯某等 6 人集资创办的,经济完全是独立的,产供销与厂方无关,其财产性质既不属全民所有制,也不属集体所有制,而是私人合资企业,不符合贪污罪的客体要件。

(2)犯罪主体不能成立。犯贪污罪的主体只有国家工作人员、集体经济组织工作人员或者其他经手、管理公共财物的人员。冯某等均不属于上述人员,只不过是陶瓷车间的股东,不符合贪污罪的主体要件。

(3)贪污行为不能成立。贪污罪在行为上表现为利用职务上的便利,侵吞、盗窃、骗取或者以其他手段非法占有公共财物。冯某只是股东代表,不是国家或集体任命、委派的工作人员,不存在利用职务之便的问题;他们 6 人所分款项实质上是自己的财产,不存在侵吞、盗窃、骗取或以其他手段非法占有公共财物的问题,因此不符合贪污罪的行为特征。

综上所述,我认为冯某等人无罪,应予释放。

人民法院根据事实和法律,采纳了辩护人的意见,宣布冯某等人不构成贪污罪,当庭释放。

本案辩护人对案情作了深入细致的分析后，抓住重点，着重从认定事实的性质方面提出辩护论点，确定主攻方向为构成贪污罪的3个必要条件，即被告是否具有贪污罪的客体要件、主体要件和行为特征，有力地论证了被告不构成贪污罪的论点。

这样的辩护，抓住了关键，突出了重点，为被告作了精彩的无罪辩护，使人感到言之有理，言之有据，不能不服。

又如一起杀人案，被告人雷某，因其弟在某商场门口停放自行车，与个体商贩汪某、任某、曹某发生争斗，鼻子、嘴角被打出了血，被告人得知这一消息后，非常气愤，当即带上弹簧刀一把，叫其弟带到商场门口，认出汪某等3人后，乘其不备，从地上捡起一块半截砖，从身后掷中汪某的头部，撒腿就跑。后被任某、曹某拦截，在相互扭打中，被告人雷某拔出弹簧刀向任某右手臂刺一刀，向曹某左肩刺一刀，逃离现场。造成汪某轻度脑震荡，任某右手臂肌腱断裂，曹某左肩软组织刺伤、锁骨骨折。

检察院以故意杀人罪提起公诉。

被告的辩护律师则认为，被告人只具有伤害的故意，没有杀人的故意。理由如下：

被告人虽然带有弹簧刀，但第一次袭击被害人时并未动用，而是用的半截砖，且击中后马上逃跑。后来被两位受害人拦截扭打时，才使用了弹簧刀，也是刺伤后就逃跑。

故意杀人罪是故意非法剥夺他人的生命，目的在于希望、追求他人死亡结果的产生，而且唯恐其不死。而本案的被告人却是击伤或刺伤他人后就逃跑，在未致他人于死命的情况下，均未进一步加害。由此可见，被告人只具有伤害的故意，没有杀人的故意；只构成故意伤害罪，不构成故意杀人罪。

本案的辩护人是把被告人作案的目的、动机作为重点进行辩护的，有效地论证了“被告人没有杀人的故意，不构成故意杀人罪”。

再如前述我所代理的江津区第二人民医院被诉“断针残留体内6年之久”的医疗纠纷案，面临着扑朔迷离的众多案情，我也只选取了原告诉称的“6年没有性生活”和“完全丧失劳动能力”这两个论据作为法庭辩论的重点，加以驳斥，取得了“少输就是赢”的效果，并且在一定程度上为当事人挽回了名誉损失。

5.运用逻辑

法庭辩论必须符合逻辑，才能获得成功。我们不仅要借助逻辑力量来增强说服力，而且要运用逻辑武器去揭露对方所犯的逻辑错误，从而驳倒对方的论点，战胜对方。

法庭辩论中常用的逻辑武器有：同一律、矛盾律、充足理由律、类比推理、归谬法等。下面举例加以说明。

例一，被告人许某、陆某、贺某利用为公司到广州接车之机，于1996年10月25日驾驶所接之车前往珠海市，购得价值2.5万余元的走私进口物品，有自购和

帮他人代购的彩色电视机、影碟放映机、手表、衣料等，按国内市场价格计算约为40多万元。许某等人于11月2日驾车返回贵阳途经某市时，被夜间巡逻警察查获，移交海关处理。海关没收了许某等人所购的走私进口物品，并将许某等人移送检察院，建议按走私罪论处。

检察院指控被告人许某等触犯《刑法》第一百一十六条的规定，犯有走私罪，提起公诉。

在法庭辩论时，被告的辩护人发表了如下意见：

“被告人许某、陆某、贺某不构成走私罪。

第一，首先要弄清走私与走私罪的区别：走私是一种违反国家规定、法令，非法运输物资进出口的经济活动；走私罪是违反海关法规，私运货物进出口国境，逃避海关检查的犯罪行为。这两者有一个共同点，就是非法运输物资进出口。从本案看，许某等人没有非法运输物资进出口国境，也就谈不上违反海关法规，逃避海关检查。事实很清楚，许某等人所携之走私进口物品是在珠海市从别人手里购得的。因此，不能认为许某等人构成走私罪。

第二，要严格区分违法与犯罪的界限。许某等人购买走私进口物品，违反了国家关于‘机关、部队、单位、个人不准从私人手中或黑市购买进口物品的规定’。许某等人有违法行为，但违法和犯罪是两个不同的概念，购买走私物品和走私也是两个不同的概念，这都需要我们严格加以区分。许某等人购买走私物品，是一种违法行为，但它不是犯罪行为，因为它并未触犯刑律，故不构成走私罪。

第三，只有为牟取非法暴利的走私行为才能构成走私罪。但从许某等人身上搜出的一张纸上清楚地写着各种物品购买者的姓名，在预审中也查实了这些物品为许某等人自购或为他人代买。显然，被告许某等人的行为不是为了牟取非法暴利，所以被告许某等人的行为不能认定为走私罪。”

通过辩论，法院采纳了辩护人的意见，宣告被告许某等人无罪释放。

本案被告的律师所作的辩护有一个显著的特点，就是运用同一律这个逻辑武器，严格区分不同概念来辨清罪与非罪，为被告人作了无罪的辩护。首先，区分了“走私”与“走私罪”这两个相似而不相同的概念；接着，又对违法与犯罪这两个概念加以区分；还对购买走私物品与走私这两个不同的概念加以区分。实质上是指出了公诉词中所犯混淆概念的逻辑错误，并将被混淆了的概念重新加以明确，从而讲明了道理，辨清了罪与非罪，显示了强大的威力。

例二，夏某从厂内盗窃真皮背心120件，价值人民币4800元。所窃赃物均交给被告李某之兄窝藏。被告李某分3次将赃物带往农村出售。检察院指控被告李某已构成销赃罪，提起公诉。

在法庭辩论中，被告李某所委托的律师作了如下的发言：

“(1)起诉书指控被告李某明知皮背心是盗窃所得赃物而带往农村出售，已构成销赃罪。被告本人承认其行为事实上是销赃，但他并不知道这些皮背心是赃物。他曾3次到本市购买皮背心，第一次是直接到厂里销售科买的，第二次、第三次是在他哥哥家里从夏某手中买的。这两次他都不知道皮背心是赃物，两次都提出过要发票。前一次，夏某哄骗他说：'下次给你。'后一次因李某催得紧，两人争吵了起来。由此可见，被告李某确实不知道该皮背心是赃物。据夏某揭发，李某讲过：'当地工商部门的人我都认识，偷来我也要。'如果是这样，那么被告李某两次提出要发票又是为什么呢？这点我提请法庭予以考虑。

(2)被告人李某原先虽然承认过，当他向夏某要发票发生争吵，知道皮背心是赃物后，还是把余下的赃物运回家。但在本辩护人会见被告人李某时，他告诉辩护人，这些皮背心不是他自己带回去的，而是由他的儿子带回农村家中去的。这一情况也请法庭查证核实。

本案被告李某是否构成销赃罪，根据我国《刑法》第一百七十二条的规定，只有明知是犯罪所得的赃物而予以代为销售的，才构成销赃罪。请法庭慎重认定。"

针对辩护人的发言，公诉人反驳道：

"(1)辩护人为了证明被告人李某确实不知道该皮背心是赃物，用了下述一个充分条件假言推理：如果被告李某曾向夏犯索取货物发票，那么就说明他不知道货物是赃物；被告李某曾两次向夏犯索取货物发票，所以被告李某不知货物是赃物。

这个推理的大前提虚假，因为前、后间不存在充分条件的联系，实际上被告李某明知货物是赃物的，显然这个推理的结论是错误的。

(2)辩护人提出皮背心不是被告人李某带回家的，而是由被告人李某的儿子带回农村家中去的。这一论据推不出被告人李某不构成销赃罪的结论，因为论据与结论之间没有必然的内在联系。辩护人在此犯了'推不出'的逻辑错误。"

结果，法院没有采纳辩护人的意见，认定被告人李某犯有销赃罪，判处有期徒刑一年零六个月，并没收其犯罪所得赃款3954元。

在法庭辩论中，本案公诉人运用充足理由律这个逻辑武器，揭露了被告的辩护人所犯"虚假理由"和"推不出"的逻辑错误，驳倒了辩护人的论点，取得了法庭辩论的胜利；而辩护人由于违反了充足理由律，犯了"虚假理由"和"推不出"的逻辑错误，导致了整个辩护的失败。

例三，20世纪30年代中期，在香港发生过这样一起案子：由华人经营的茂隆皮箱行由于货真价实，生意兴隆，引起英国商人威尔斯的嫉妒，他蓄意敲诈，到茂隆皮箱行订购3000只皮箱，价值20万元港币。合同书上写明一个月交货，逾期不按质按量交货，由卖方赔偿损失50%。茂隆皮箱行如期交货，威尔斯却说："皮箱中有木料，不能算是皮箱。合同上写的是皮箱。"于是向法院提起诉讼，要求被告茂隆皮箱行按合同规定赔偿损失10万元港币。在法庭上，原告强词夺理，港英法官偏袒英商，被告处境十分不利。在双方舌战处于胶着状态时，被告辩护律师罗文锦从口袋里取出一只金怀表，走到法官面前，高声问道：

"法官先生，请问这是什么表？"

法官不假思索地答道："这是伦敦出品的名牌金表，但这与本案无关。"

罗文锦语气坚定地说:“有关系!”这时,罗文锦高举金表,向法庭上所有的人问道:“这是金表,没有人怀疑了吧?但是,请问,这金表的内部机件都是黄金制的吗?”

旁听席上的听众异口同声地说:“当然不是。”

罗文锦接着说道:“既然没有人否认这是金表,那么这起皮箱案显然是原告无理取闹,存心敲诈。”

原告虽想狡辩,但已理屈词穷,无言以对。

法官在众目睽睽之下,只好判处威尔斯诬告罪,罚款5000元结案。

从此以后,罗文锦的名声大振。

威尔斯的论点是“皮箱中有木料,不能算是皮箱”;罗文锦律师针对这一论点,运用“金表中的机件不是金制的,人们公认为金表”的类比推理,给予有力的驳斥,获得了胜诉。

例四,被告人彭某为有夫之妇,有一次在舞场上结识了本单位一名男子,两人一拍即合,从此经常你来我往,并发展到同居。为了达到与其结婚的目的,被告人彭某向其夫冯某提出离婚。冯某不同意离婚,并威胁说:“你要离婚,我就跟你拼了,同归于尽!”彭某于是怀恨在心,在一天晚上,趁其夫喝醉酒熟睡之机,用斧头将其夫冯某砍死。

在法庭辩论时,被告的辩护人提出:

“被告人彭某通奸杀夫情有可原,一是被害人冯某不务正业,有很多不良习惯,因此彭某与冯某的婚姻是不幸福的;二是彭某提出离婚,冯某威胁彭某,彭某在离婚不成,又遭到冯某威胁的情况下,才动手杀冯的。我提请法庭在定罪量刑时,予以从轻处罚。”

公诉人立即指出:

“如果上述两条理由可以作为杀人的根据的话,那么,只要一个人认为另一个人有缺点,就可以随意把他杀掉;只要是有不同意见,或是提出一些不合理要求得不到满足,也可以把人杀掉。试想,这个社会将是什么局面?因此,被告人彭某通奸杀夫所犯下的严重罪行是不能饶恕的,必须依法严惩。”

这里,公诉人对辩护人所提论点的反驳非常有力,原因就在于他运用了归谬法这个逻辑武器——他把对方的论题引入荒谬,表明对方的论题是不能接受的,接受了便会同时接受荒谬的结果,这是任何人都不愿意的事。因此,它有极强的反驳力量。

商务谈判术

——如何购买和推销对自己最有利

谈判是当今世界协调、处理社会各种关系的重要手段。无论在政治、经济、军事和外交领域，还是在文化、教育、科技等部门，古今中外都不乏采用谈判方式成功地解决双边或多边关系的实例。

谈判不仅在国家之间、政府之间、单位之间、公司之间、企业之间进行，而且在我们日常生活中也会经常遇到，只不过我们还没有很自觉地意识到罢了。比如到商店去买东西，到农贸市场去买菜买肉买水果，进行讨价还价，就是在谈判。从某种意义说，整个世界就是一张巨大的谈判桌，人人都是谈判者。每一个人都离不开谈判，谈判可以使各种意见协调一致起来。

那么什么是谈判呢？美国谈判学会会长尼尔伦伯格为谈判下了一个简单而涉及范围广泛的定义："只要人们是为了改变相互关系而交换观点，只要人们是为了取得一致而磋商协议，他们就是在进行谈判。"

随着我国商品经济的发展，商务谈判所占的比重将越来越大，尤其是商业部门的领导和职员，参加商务谈判更是必不可少的。

然而，谈判并不是人人都会的。谈判是一门科学，也是一种艺术。商务谈判既是经济实力的较量，更是智慧和技巧的比试。正如玩扑克牌的游戏中，获胜者往往不是拥有好牌的人，而是善于分析整个情况、讲究用牌技巧的人。谈判是一种斗智的谈话方式，因此，它需要技巧。

那么，怎样才能在谈判中稳操胜券呢？下面介绍 11 种商务谈判术。

一、投石问路

情报是谈判获胜的先决条件。《孙子兵法》上说："知彼知己，百战不殆；不知彼而知己，一胜一负；不知彼不知己，每战必败。"因此我们在谈判之前，不仅要熟悉己方的情况，还应准确地了解对方的意图，以便采取对策。这对于谈判的成功是至关重要的。但这不是轻而易举就能办到的，必须像侦探那样，运用各种技巧和方法，获取多种信息，才能真正了解对方在想些什么，谋求些什么。

摸透卖方的最低价是最令人头痛的事情。不过，办法还是能找到的。你可以花钱雇个探路人。以买房为例，探路人见到卖方先打听一下价钱，对方若要价 80 万元，他就还价 50 万元。如果卖方不卖，而且发火了，我们可以知道他的价钱目前还是 80 万元；如果卖方露出商量口气，就表明他的最低限价与探路人所还的价钱相差不大了。

这就可以使你在亲自出马之前，就对真正的价钱了如指掌了。

现在你就可以运用谈判的资源——情报了。

由此可见，搜集情报的工作一定要及早进行，愈早着手，愈容易获得情报。

在谈判过程中适当地进行提问，也是了解对方意图的一种重要手段。但是，对于提出什么问题、怎样表述问题、何时提出问题，以及问题提出后会引起对方什么反应等方面，都要讲究技巧。

一名教士问他的上司："我在祈祷的时候可以抽烟吗？"这个请求理所当然地遭到了拒绝。另一名教士也去问同一个上司："我在抽烟的时候可以祈祷吗？"同一个问题，经他这么表述，却得到了允许，可见提问是有讲究的。提问的方式大致可以归纳为 4 种：

(1)直接提问："你们希望通过这次谈判，达到什么目的？""你们的最低价是多少？""谁能解决这个问题？"这种问题具有明确的方向性，因此，回答也是明确的。

(2)一般性提问："你的看法如何？""你为什么这样做？"这种提问没有限制，因此，回答的范围也很广。

(3)诱导性提问："事实不正是这样吗？""这难道不是公平合理的吗？"这种问题常常迫使对方说"是"。希腊哲学家苏格拉底就经常使用这种方式发问。

(4)发现事实的提问："什么时候？""什么地方？"这种提问可以引发一些事实和信息。

谈判中提问，切忌随意性和威胁性，从措词到语调，提问前都要仔细考虑。提问恰当，有利于驾驭谈判进程；反之，则会损害自己，或使谈判节外生枝。

二、吹毛求疵

这本来是一个贬义成语，本义是"吹开毛发寻找疤痕"，比喻故意挑剔别人的缺点、错误。而在商务谈判中，常被买方用来压价，成为讨价还价的有效武器。

运用这种策略，买方先是对货物或服务百般挑剔，提出一大堆毛病和问题，这些毛病和问题，有的是真实的，有的却是虚张声势的。以买西装为例，就可以从以下几方面去挑剔：

(1)稍嫌大了，或者嫌它小了一点；

(2)颜色深了，或者嫌它浅了；

(3)说它太花了，或者太素了；

(4)样式陈旧了，或者过分时髦了；

(5)穿西装的季节要过去了；

(6)被别人挑剩下的几套；

……

甚至还可以把它的优点说成“缺点”，如说：“你这套西装穿在我身上很合身，但是比我胖、比我瘦、比我高、比我矮的人穿起都不适合了。”

之所以要这样做，是为了达到以下目的：

(1)使卖方把卖价降低；

(2)买方能有讨价还价的余地；

(3)让对方知道，买方是很精明的，不会轻易地被人欺蒙；

(4)使售货员在以低价卖出货物以后，能够有借口向老板或经理交代：“买方发现了我们货物的许多缺点，但他还是购买了我们的货物。”

这种吹毛求疵的策略，在商务谈判中被证明是行之有效的。因为它可以动摇卖方的自信心。在谈判开始时，买方挑出货物的毛病越多，则谈判的结果越好。

但是，若从相反的立场来说，身为卖方，又该如何对付买方这种吹毛求疵的战术呢？

(1)必须很有耐心，不与对方争论，让他把话说完，那些虚张声势的问题自然会渐渐地露出马脚，并且失去作用；

(2)避而不谈货物的缺点，向对方大谈自己所售货物的特点，特别突出其与同类货物相比，与众不同的优点，以此来冲淡和削弱对方的声势；

(3)当对方在故意纠缠，浪费时间，或节外生枝，提出无理要求时，要学会说“不”，甚至离开谈判桌。这样，就可以粉碎对方的吹毛求疵战术，迫使对方回到公道的谈判中来；

(4)卖方也可以提出一些虚张声势的问题来加强自身的议价力量，例如，停止供应某些缺销商品等等。

总之，不要轻易让步，不要让对方轻易得逞。

三、制造竞争

发挥自己的优势，使对方产生竞争，这是国际商业谈判中最常用的技巧。

新加坡20世纪70年代打算进口40万部电话交换机。这个信息一公布，国际上几家大的电话公司都来抢生意。新加坡则明确宣布：谁在我国投资多，我就买谁的货。结果，几家公司展开竞争。最后日本答应投资5000万美元在新加坡建立一个年产80万只彩电显像管的工厂，争得了这笔生意。新加坡一举两得：既买到了所需的电话机，又额外地得到了一笔数额巨大的投资，有助于发展自身的电子工业。

“货比三家不上当。”这个日常买菜都知道的常识，在商业谈判中也可以作为买方的原则。运用得当能使买方少花钱多办事。

我国与瑞典某公司谈判进口电器，对方看我方急需，又决心要买，便漫天要价。我方便采用“货比三家”的原则，声东击西。在谈判中，我方代表拿出确凿的证据表明，日本某厂商的同类产品价格低，并且还有良好的售后服务。我方已与日方进行过接触。如瑞典方面的价格高于日方的话，我们就与日方成交。最后，迫使对方以低于国际市场的价格与我方成交，为我国节约了大笔外汇。

1986 年，广东玻璃厂与美国欧文斯玻璃公司谈判僵局的打破，也是我方运用“货比三家”的原则的结果。在这次谈判中，就全部引进还是部分引进这个问题，双方各持己见，相持不下。我方为了节省外汇，坚持部分引进，而美方代表坚持一揽子交易。在僵局中，我方代表为缓和气氛，笑了笑，换了个轻松的话题，说：“你们欧文斯的技术、设备和工程师都是世界第一流的。你们投进设备，搞技术合作，帮我们厂搞好了，我们就能成为全国第一。这不但对我们有利，而且对你们更有利。”欧文斯的首席代表是位高级工程师，他听到这话自然感到高兴。接着，我方代表把话头一转：“我们厂的外汇确实有限，不能买太多的东西，所以，国内能生产的就不准备进口了。现在，你们也知道，法国、比利时和日本都在和我国北方的厂家搞合作。如果你们不尽快跟我们达成协议，不投入最先进的设备、技术，那么你们就要失掉中国的市场，人家也会笑话你欧文斯公司无能。”这样一来，濒临破裂的谈判，就“柳暗花明又一村”了。我方省下大笔费用，而欧文斯公司也由于帮助该厂成为全国同行业产值最高、耗能最低的企业而名声大振。

我国拥有广阔的市场，这正是我们的优势。但是，我们一些单位在引进中并没有充分发挥这一优势，前些年我们进口了那么多的彩电、冰箱、汽车，竟然没有利用这个筹码，真是令人惋惜！如果我们在谈判中能够充分认识并巧妙运用这一优势，势必使我们的引进工作做得更有成效。

国际贸易谈判可以运用这个原则，国内商业谈判何尝不可以运用呢？例如，某采购员为单位购买一台“理想 4500 数码速印机”，运用“制造竞争”法，节约了一万元之多。具体做法如下：

事先该采购员得知本市某大学购买了一台、某交通银行购买了两台这种印刷机，便去参观访问了，并打听到他们都是以“优惠价”买到的，每台售价 5 万元。

然后采购员到一家现代办公用品公司，对经理说：“我们打算购买一台理想 4500 数码速印机，请问要多少钱？”经理反问道：“请问你们是哪个单位的？”采购员说是某学院的，他马上热情地说：“你们学校是我的老主顾了，好说好说，我以优惠价卖给你们，每台 5 万元。”

采购员就说：“经理，我们来这里是第一家，我们打算多走几家，同样的产品、同样的售后服务，哪一家的价钱最低，我们就买哪一家的。你能不能报个最具有竞争力的价？如果你报的价比别人的低，我们不管走十家八家，最终都会回头来买你的；如果你报的价略高于别人，我们就不会回头来了。”这话无异于在他心里投进一颗手榴弹，炸得他心潮起伏，引起他激烈的思考。他会想：我哪怕只赚几百元钱，也要争得这一笔生意，少赚总比不赚（被别人夺去）好！

他经过较长时间的思考后，重新报了个价——4 万元，并要求采购员绝对保密——好家伙，一下子就少了一万元！这就是“制造竞争”的效果。

这个办法最适合于购买高价商品，一台就少花了一万元，10台呢？100台呢？这个答案谁都会得出来的。

就是日常买菜、买水果、买衣服等等，同样可以运用“制造竞争”的方法去杀价。

而作为卖方，应如何来对付买方这一战术呢？

第一，要多方面了解、掌握市场信息，特别是同行的信息，判断自己是否存在竞争对手，竞争对手的竞争力有多大，从而避免盲目地让步。

第二，决不轻易让步；要让步，也要坚持对等的原则，争取双方都作适当的让步。

四、高喊低杀

很多人都见到过，一套时装标价高达几千元之多，一双皮鞋标价几百上千元……这是为什么？这就是在运用“喊价要高”的策略。

有个学生王某，上午学完“商务谈判术”，下午就综合运用“套近乎”“吹毛求疵”“制造竞争”“杀价要狠”“再多就没有了”等手法，将一套标价1380元的时装，用500元钱就买回来了。

卖主喊价较高、买主出价较低，都会造成对自己有利的结果。一个良好的谈判者，必须知道3个诀窍：

(1)倘若卖主喊价较高，则往往能以较高的价钱成交；

(2)喊价高得出人意料的卖主，倘若能够坚持到底，则在谈判不至破裂的情况下，往往会有很好的收获；

(3)倘若买方出价较低，则往往能以较低的价格成交。

当卖主喊价较高的时候，买主往往便不得不水涨船高地提高原来拟定的价钱。譬如，一位姑娘打算用200元钱买一件连衣裙，可是当她听到卖主喊价600元时，她便会不由自主地感到原先拟定的价钱实在是太低了，便会将出价调整为300元或者400元，再和卖主讨价还价。反之，如果卖主一开始就只喊价300元，那么他就只能以低于300元的价格成交了。

运用这种策略时，喊价要高，让步要慢。如果让步太快，反而会使人怀疑，导致买主打退堂鼓。例如，一位女教师看中一件白色连衣裙，标价750元，她还价350元，售货员马上同意卖给她，可她立即想到，我可能还价高了，要吃亏，甚至产生怀疑：这是不是从死人身上脱下来的哟，怎么这么便宜？于是她决定不买了。

懂得了这个奥秘，作为买方，则杀价要狠。借着这种策略，谈判者一开始便可削弱对方的信心，同时还能试探对方的最低限价。不要以为还价一半买成了就算幸运，实际上是吃了大亏。

所以，我的忠告是：假如你是卖方，喊价要高；假如你是买方，出价要低。不过，请千万注意，喊价或出价务必合理，不要因轻率而毁了整个交易。若能在谈判时善用这个策略争取到商榷的机会，则你将会有意想不到的收获。否则，你将得不偿失。

例如，有一户人家新购置了一套组合家具，因此决定把旧的那一套卖掉。他们在广告栏里登广告，愿以15400元抛售。他们把那套旧家具暂时摆在客厅里，然后焦急地等待回音。第一个月有几个人来看过，不是嫌它太旧，就是嫌价钱太高。时间愈久，放在客厅里的那套家具就愈令人讨厌，于是他们又登了一次广告，决定把价钱降到1万元。有一位老太婆来了，她亲切地告诉卖主许多她不应该说的事情。她说，她很早就想买这么一套老式家具了，但是家具店里卖的尽是新式的，而且价钱又那么昂贵。她又说，这套家具的颜色也很合她的意，卖主定的这个价格也很合理。

那位老太婆还没有来以前，卖主家里讨论过价钱问题，丈夫主张坚持15400元的定价，即使要让价也得采取步步为营的办法，慢慢地让。可是妻子想把那套家具赶快弄走，只要5000元就愿意卖了。最后折中到1万元的价格。那位老太婆抵达时，丈夫不在家，妻子如愿以偿地以1万元的价格把那套家具卖掉了。丈夫回来后，妻子高兴地向他报告了这个喜讯。丈夫问她："买主出价多少呢?"妻子却懊恼地说："我真希望你不要问我这个问题，买主出价就是1万元。我冲口就说'好吧，卖给你。'"丈夫又问她为什么答应，妻子回答说，那位老太婆是个很好的人，她又很喜爱那套家具，和她讨价还价似乎不太公平，特别是1万元是我们商量定好的目标。而且假如卖不成，那套家具可能就要永远留在我们客厅里了。

这从道德上讲是很可贵的，但从商业谈判的角度看，未免太愚蠢了:那位老太婆没有试着出价5000元是吃亏了，而卖主的愚蠢在于答应得太快了，假如他们懂得这点，就会后悔不已了。

五、学会忍耐

很多人都是性急的，不论干什么事，总想省事些，毕其功于一役。但是世界上的事情总是与人们的愿望相悖，"好事多磨"。如果说办一件小事尚且需要一定的耐心的话，那么要想取得谈判的成功，就更要忍耐。一个明智的协议的达成，从某种意义来说，是"磨"出来的，欲速则不达。

在1956年举行的最高级会谈中，苏联总理赫鲁晓夫有点儿瞧不起美国总统艾森豪威尔，不过他看错了。赫鲁晓夫回忆说，每当他问艾森豪威尔一个问题时，艾森豪威尔总统总是看着他的国务卿杜勒斯，等杜勒斯把便条递过来后，艾森豪威尔才开始回答问题．赫鲁晓夫讽刺地问道："究竟谁才是真正的最高领袖，杜勒斯呢，还是艾森豪威尔呢?"赫鲁晓夫并没有懂得这件事的真正意义。其实，艾森豪威尔所表现的弱点很可能就是一种隐藏的力量——至少有两个作用:既能获得别人的建议，又可以为自己争取到充分的思考时间。就这一点来说，艾森豪威尔比赫鲁晓夫高明。

美国前总统卡特在谈判时也是很善于利用忍耐的。为了缔结埃及和以色列的和约,他把两国的领导人请到戴维营去谈判。那里的生活十分单调乏味,使以色列总理贝京和埃及总统萨达特都感到厌烦,但又不得不应付每天长达10小时的谈判。每天早晨,两国首脑都会先后听到敲门声。卡特总是这样说:“嗨,我是吉米·卡特,请你们准备又开始一回烦闷、长达10小时的会晤吧!”到了第13天,双方终于达成协议,签订了和约。尽管促使协议达成的因素很多,但卡特的耐心和固执是不可忽视的。

在复杂的谈判中,最后的协议都是通过相当长的时间才能达成的,这里并不完全是因为谈判者的狡猾伎俩,还有一层更深刻的原因——任何明智的、公正的协议,不论它多么满足双方的需要,其中必然包含着一些新的观念,双方都需要一定的时间才能适应。特别是商务谈判,双方利害相反,对买方有利,就对卖方不利;对卖方有利,就对买方不利。当你要求一个人抛弃旧观念而接受某种新观念的时候,势必受到很大的阻力。因此,如果设身处地替对方想一下,要人家接受你的观念是不容易的。除了其他方面的条件外,时间是必要的,“时间会慢慢地改变一切”。没有耐心是办不成事的。要想谈判得到预期的结果,就必须有耐心。耐心是一种可以把铁炼成钢的力量。可是,很多人在谈判时不够忍耐,他们提出的方案,如果对方不马上表态接受,就把话题转到别的地方去了。如果你有这个毛病,建议你改掉它,学会拖延,坚持到底就是胜利。

六、巧言相拒妙说“不”

很多人都希望讨人喜欢,获得别人的赞赏。一个强烈希望被别人喜欢的人,是否能成为一个良好的谈判者呢?我认为不可能。因为双方谈判的时候,也正是双方利益冲突的时候。一个人必须具有冒险精神,敢做别人所不喜欢的事情。采取对立的立场,回答对方“不”,并不是一件容易做到的事情。一个害怕正面冲突的人,很可能会向对方让步。

但这并不是说,一个良好的谈判者必须好战。谈判又是双方之间一连串的合作,太好战的人往往很难与人合作。

在谈判过程中,当你不同意对方意见的时候,一般不应直接用“不”这个具有强烈对抗色彩的字眼,更不能威胁和辱骂对方,应尽量把否定性的陈述以肯定的形式表达出来。例如,当对方在某件事情上情绪爆发,措词激烈的时候,你应该怎么办呢?一个老练的谈判者在这时候会说出一句对方完全料想不到的话:“我完全理解你的感情。”这句话的巧妙之处在于,婉转地表达了一个信息:不赞成这么做。但使对方听了心悦诚服,还会使对方产生好感。

对于谈判,马基雅弗利有一名言:“以我所见,一个老谋深算的人,应该对任何人都不说威胁之词或辱骂之言,因为两者都不能削弱敌手的力量。威胁会使他们更加谨慎，辱骂会使他们更加恨你，并使他更加耿耿于怀地设法伤害你。”

因此，在谈判中不要用否定对方的任何字眼。即使由于对方的坚持，使谈判出现僵局，需要表明自己的立场时，也不要指责对方，而应说：“在目前的情况下，我们最多只能做到这一步了。”

为了回绝一笔生意，你可以说：“我再考虑一下吧。”或者说：“我必须和我的伙伴商量一下。”作为谈判者，你还可以这样说：“让我们暂且把这个问题放一放，以后再作讨论。”注意，在这里用的词都是“我”“我们”，而尽量少用“你”“你们”。

说话中要注意维护对方的权威。在谈判中，人们常常会执意不肯放弃自己的某个立场，原因并不是桌上的建议根本不能接受，而仅仅是因为这个建议是对方提出来的，如果接受了，就等于自己认输。这时，聪明的谈判者如果把建议的某些词句作适当的调整，实质仍然没变，对方却易于接受。因此，善于把好的方案的发现美誉冠给对方，往往可以促使谈判成功。

也许明天你就会发现，只要掌握了说“不”的诀窍，你的谈判条件自然就会水涨船高。1986 年，美国有 100 多家银行倒闭，其中有许多家是由于没有拒绝“不良贷款”而倒闭的。

《最怕竞争对手看的书》的作者哈维·麦凯说：

“许多年前，我就充当过一位优秀的美式足球球员的义务经纪人。我们姑且将他叫做‘冰人先生’吧。当时有两个球队都在争取他：加拿大足联的多伦多‘冒险家队’和美国国家足联的巴尔的摩‘小马队’。‘冰人先生’出生在一个贫苦的黑人家庭中，兄弟姐妹共 9 人，穷得叮当响。我一定要为他争取到最好的待遇，这就需要在两个大老板之间进行斡旋。这两个大老板，一个是多伦多的巴赛特，另一个是巴尔的摩的罗森布鲁姆。他们有 6 个共向点：有钱，好胜，精明，极有钱，极好胜，极精明！

我首先让罗森布鲁姆得知，我们要先与多伦多球队谈判。我见到巴赛特后，他果然出了个可观的价钱。就在那时，我全身的细胞直觉地告诉我：快离开这里，到巴尔的摩去。所以我说：‘非常感谢您，巴赛特先生，您出这么高的价钱，我们一定认真考虑，我们会与您联系的。’巴赛特冷笑着说：‘不过，我再补充一点，我出的价钱只有在这个房间里谈妥才算数。你一离开这个房间，我就立刻给罗森布鲁姆先生打电话，告诉他，我对这个球员已毫无兴趣了！’我愣了一两分钟后说：‘请允许我与我的客户在隔壁房间商量一下。’他同意了。

我当时想，房间中央那张桌子下面很可能装有窃听器，所以我把‘冰人先生’拉到窗户跟前低声对他说：‘冰人，我们一定要争取一点时间，马上赶到巴尔的摩去，你就假装受不了压力，精神都将崩溃；或者我告诉他，我必须马上赶回明尼亚波利斯去处理一下劳工问题。’

‘冰人先生’看着我，好像我发疯了。他认为那是一大笔钱呀！而我居然拿他的前途开玩笑。‘冰人先生’有些傻气，我们决定还是用处理劳工问题为借口比较妥当。

我说:'巴赛特先生,今晚我必须赶回明尼亚波利斯去处理一下劳工问题。冰人先生对这件事还要慎重考虑一下,我想明天给您答复,怎样?'巴赛特拿起电话——哎呀,糟了,莫非他真的要打电话给罗森布鲁姆?好险!——是他的秘书。他说:'我们那3架小型喷气机在不在?派一架送两位回明尼亚波利斯。'3架小型喷气机!我感到身后'冰人先生'的呼吸愈来愈急促,我则手足无措。既然厚着脸皮撒了个谎,又当场被揭穿,没办法,现在只剩下一条路可走了。我说:'巴赛特先生,也别再麻烦您给巴尔的摩打电话了,这笔生意我不做了。'

'冰人先生'真的认为我疯了,当时我也认为自己是疯了!不过这一招很有效。第二天,我们到了巴尔的摩,和罗森布鲁姆签订了合同,条件好于巴赛特那边。"

从这次谈判中,我们可以学到两项重要的诀窍:第一是要敢于说"不",从来无人因为说"不"而破产;第二是在谈判中最可靠的武器是掌握信息。

七、走为上策

人们常说:"三十六计,走为上策。"这本来是用兵打仗的策略之一,指的是在敌我力量悬殊的形势下,或者当我方处于劣势的情况下,为了保存实力,避免同敌人硬拼,主动撤退,这是最好的办法。

在商务谈判中,遇到不利于己方的情况时,也可以运用这个策略,以中途退场的做法来表示自己宁可不做这笔生意,也不愿接受对方的条件,从而迫使对方作出某些让步。

实际上,谈判中的"走",并不是要终止谈判,进而使谈判破裂,而是希望在对方让步的基础上继续谈判,达成有利于己方的协议。因此,谈判中的"走"是假走,是暂停谈判的意思。只有认识到这一点,才不至于"走"进弄假成真的死胡同,也才不会被对方的"走"搞得六神无主,不知所措。

例如,1984年7月,我国与突尼斯SIAP公司谈判在秦皇岛建立化肥厂的事宜,谈判进行得很顺利。到了10月份,科威特石油化学工业公司也想参加进来,合办化工厂,于是谈判由两方变成了三方。

科威特方面由公司董事长亲自担任主谈人。他一出场,在听了中、突双方已经进行的筹备工作情况介绍之后,就断然表示:"你们前头所做的一切工作都是没有用的,要从头开始。"

听了董事长的话,中、突两方的谈判代表都很震惊,因为单是提出可行性论证报告,中、突两方就动员了10多名专家,历时3个多月,耗资20多万美元才完成;要是推倒重来,那就意味着前头所作的努力、所耗费的大量人力及财力,都要全部付诸东流。这是中、突双方都无法接受的。

但由于这位董事长的权威太高——他在科威特的地位仅次于石油大臣,他还是化肥工业组织的主席,因而没有人起来驳斥他。

如何才能打破僵局，改变这位拥有巨大权威的董事长的意见呢？

中方谈判代表之一——秦皇岛市市长突然站了起来，向与会的谈判代表们宣布："我代表地方政府声明：为了建立这个化肥厂，我们特意安排了靠近港口、地理位置优越的厂区。也为了尊重我们的友谊，有许多合资企业表明要得到这块土地的使用权，我们都拒绝了。如果按照董事长今天的提议，这件事将会无限期地拖延下去，那我们只好将这块土地让出去。对不起，我还有别的事情需要处理，我宣布退出谈判！"

这位市长说完，拎起皮包就走。中方一位化工厅长追出来，叫他不要走。他诡谲地一笑，回答说："我不会走，只是到别的房间躲一会儿。我敢断定，下面的戏准好唱。"

半个小时之后，一位处长跑来，兴高采烈地对市长说："真灵！你这一炮放出来，形势急转直下，那位董事长说了，快请市长先生回来，他们强烈要求迅速征用秦皇岛的厂区！"

当秦皇岛市市长回到谈判桌上继续谈判的时候，谈判就顺利得多了，并且很快就达成了协议。

由此可见，在谈判过程中，当己方处于不利局面时，采取"走"(即离开谈判桌)的策略，而且说到做到，交易的好处只会多不会少。

另一方面，如果对方对你使用"走"的策略，你也可以采取相应的对策：

(1)认清本质——对方的"走"并不是不想做这笔生意了，而是运用"走"的手段来迫使你作出让步。这样，就不至于惊慌失措，六神无主了。

(2)如果你认为还有继续谈判的必要，那么，你只要稍作让步，就可以将对方吸引到谈判桌上来。切不可因为害怕对方离开谈判桌而拼命退让。

(3)直言不讳地向对方指出来：有什么意见可以坐下来说，不必躲避。

(4)针锋相对，以其人之道，还治其人之身，以"走"对"走"。这样，也可以迫使对方回到谈判桌上来。

八、再多就没有了

这个策略非常有效，实行起来既简单，又符合道德标准。一个有技巧的买主倘若运用这个策略，往往能使买卖双方皆大欢喜；同样的，卖主也可以善加利用这个策略，来为自己增加收益。

举例来说，某人想要装修一下自己的住房，有一家装修公司愿意以 6.5 万元承包。这个价钱既不是最高的，也不是最低的。可是，这个房主却只想花 5 万元，而不是 6.5 万元。因此，房主对装修公司说："我很满意你们的装修方案，但是我所有的钱加起来不过 5 万元，再多就没有了！"接着，他便陈述一些理由，使这家公司相信 5 万元是一个合理的价格。就一般情况来说，这家装修公司会考虑改变他们对地砖、木料、涂料、灯具等的预算，以便适合这个价格。一旦如此，买主便能处在一个有利的地位了。

这个策略应该在购买较为复杂的产品或者在争取较佳的服务时予以使用。例如，学校必须以有限的资金来建造学生公寓，或者公司必须按照会计部门的预算来进货的时候，唯有运用这个策略才能使卖主让步。

为什么这个策略会有效呢？因为每当买主说“我非常喜欢你的产品，问题是我只有这么多钱”的时候，卖主就被卷入买主本身的问题中去，变成卖主与卖主自己谈判了。而且在这个时候，他和买主之间也就只剩下这么一点小问题需要解决了。

所谓“协议”，就是双方因了解同情而由互相对立的局面改变为同心协力的一体。卖主知道买主都是有购买预算的，当他看到买主被这无情的预算困扰着时，多会不由自主地予以同情，渐渐地便会发现自己原先所定的价格还是有调整余地的。至于买主，虽然有预算的限制，也是有调整的余地以求达成协议的。双方互相合作来达到一个共同的目标——预算。

当买主使用上述策略的时候，卖主能够对抗吗？能够反过来使整个情况对自己有利吗？答案是肯定的。

买主使用这个策略时，总是对卖主说：“我喜欢你所出售的东西，但是我一共只有这么多钱，请你帮我想个法子。”而卖主运用这个策略的时候，则应该对买主说：“我很愿意和你成交，但是，除非你能和我共同解决一些简单的问题，否则这笔生意就做不成了。”

举例来说，卖主可以采取下列战术：

(1)我们的最低价是6.5万元，低于这个价，我们就要亏本了；

(2)假如你想以这个价格成交，则交货期必须为6个月；

(3)如果你先付给我们3万元的定金，我们就可以接受这个订单；

(4)我们可以接受这个订单，但是你必须修改你的设计方案来配合我们的施工；

(5)这是我们的样品，假如你能够订购到与我们的样品同规格的货物，在价钱上还可以再商量。

因此，无论是买主还是卖主，都可以有效地使用这个策略。

九、权力有限

一个受了限制的谈判者，比大权独揽的谈判者处于更有利的地位。

有一个单身汉，当他与别人谈判时，他总是喜欢告诉对方，他需要先回家和太太商量。没有人拒绝过他的要求，这使他有充分的时间把整个事情想周到。

1995年7月下旬，中外合资重庆金盾房地产开发有限公司总经理张红兵先生，获悉澳大利亚著名建筑设计师尼克·博榭先生将在上海作短暂的停留。张红兵总经理认为，澳大利亚的建筑汇聚了世界建筑的经典，何况尼克·博榭先生是有许多杰作的当代著名的建筑设计师！为了把正在建设中的金盾大厦建设得豪华、气派，既方便商务办公，又适于家居生活的现代化综合商住楼，必须使之设计科学、合理，不落后于时代新潮。具有长远发展眼光的张红兵总经理委派高级工程师丁静副总经理作为全权代表飞赴上海与尼克·博榭先生洽谈，既向这位澳洲著名设计师咨询，又请他帮助重庆金盾房地产开发有限公司为金盾大厦设计一套最新方案。

丁静女士一行肩负重任，风尘仆仆地赶到上海。一下飞机，便马上与尼克·博榭先生的秘书联系，确定当天下午在一家名为银星假日饭店的会议室见面会谈。

下午5点，双方代表准时赴约，并在宾馆门口巧遇。双方互致问候，彬彬有礼地进入21楼的会议室。

根据张红兵总经理的指示，丁静女士一行介绍了重庆金盾大厦的现状，她说：“重庆金盾大厦建设方案是在七八年前设计的，其外形、外观、立面等方面有些不合时宜，与跨世纪建筑的设计要求存在很大差距。我们慕名而来，恳请贵公司合作与支持。”丁静女士一边介绍，一边将事先准备好的有关资料，如施工现场的照片、图纸，国内有关单位的原设计方案、修正资料等，提供给尼克·博榭。

尼克·博榭在我国注册了“博榭联合建筑设计有限公司”。该公司是多次获得大奖的国际甲级建筑设计公司，声名显赫。在上海注册后，尼克·博榭很快赢得了上海建筑设计市场。但是，还没有深入中国市场，该公司希望早日在其他省市的建筑设计市场上占有一席之地。由于有这样一个良好的机会，所以尼克·博榭一行对重庆金盾房地产开发有限公司的这一项目很感兴趣，他们同意接受委托，设计重庆金盾大厦8楼以上的方案。

可以说，双方都愿意合作。然而，根据重庆金盾房地产开发有限公司的委托要求，博榭联合建筑设计有限公司报价40万元人民币，这一报价令人难以接受。博榭公司的理由是：本公司是一家讲求质量、注重信誉、在世界上有名气的公司，报价稍高是理所当然的。但是，鉴于重庆地区的工程造价，以及中国的实际情况，这一价格已是最优惠的价了。

据重庆方面的谈判代表了解，博榭联合建筑设计有限公司在上海的设计价格为每平方米6.5美元。若按此价格计算，重庆金盾大厦25000平方米的设计费应为16.25万美元，根据当时的外汇牌价，应折合人民币136.95万元。的确，40万元人民币的报价算是优惠的了！“40万元人民币，是充分考虑了实际情况，按每平方米设计费人民币16元计算的。”尼克·博榭说道。但是，考虑到公司的利益，丁静还价：“20万元（人民币）。”对方感到吃惊。顺势，丁静女士解释道：“在来上海之前，总经理授权我们10万左右的签约权限。我们出价20万元，已经超出了我们的权力范围。如果再增加，必须请示正在重庆的总经理。”双方僵持不下，谈判暂时结束。

第二天晚上，即7月26日晚上7点，双方又重新坐到谈判桌前，探讨对建筑方案的设想、构思。接着又谈到价格，这次博榭联合建筑设计有限公司主动降价，由 40 万元降为 35 万元，并一再声称："这是最优惠的价了。"

重庆方面的代表坚持说："太高了，我们无法接受！经过请示，公司同意支付 20 万元，不能再高了！请贵公司再考虑考虑。"对方谈判代表嘀咕了几句，说："鉴于你们的实际情况和贵公司的条件，我们再降 5 万元，30 万元好了。低于这个价格，我们就不做了。"

重庆方面的代表分析，对方舍不得丢掉这次与本公司的合作机会，对方有可能还会降价，因而重庆方面仍然坚持出价 20 万元。过了一会儿，博榭公司的代表收拾笔记本等用具，根本不说话，准备退场。眼看谈判陷入僵局。

这时，重庆金盾房地产开发有限公司的蒋工程师急忙说："请待我公司总经理决定并给我们指示后再谈。贵公司看这样好不好？"由于这样提议，紧张的气氛才缓和下来。

7 月 27 日，戴小姐等人打了很多次电话，与重庆金盾房地产开发有限公司张红兵总经理联系。在此之前，丁静副总经理已与张总经理通话，向张总经理详细汇报了谈判的情况及对谈判的分析和看法。张总经理要求丁静女士一行："不卑不亢！心理平衡！"所以当戴小姐与张总经理通话时，张总经理作出了具体指示。

在双方报价与还价的基础上，重庆金盾房地产开发有限公司出价 25 万元。博榭公司基本同意，但提出 8 月 10 日才能交图纸，比原计划延期两周左右。经过协商，当天晚上草签了协议。7 月 28 日，签订正式协议。

在这次谈判中，丁静女士一行为了压低对方的价格，运用了"权力有限"法，为本公司节约了 15 万元人民币。谈判结果是令人满意的。

这个例子说明了一个道理：在谈判中最有实力的，不是那些在谈判中可以决定和处理一切事情的人；相反，一个谈判者的权力受了限制之后，往往能够处于较为有利的地位。

因此，要加强自己在谈判中的地位，就应该将自己装扮成一个"权力有限的人"。这也是一些谈判老手在谈判桌前惯用的手法。

应当注意的是：权力有限的策略不能滥用。过多使用这一策略，或选择运用的时机不当，会使对方怀疑你的身份和能力。如果他认为你不具有谈判中主要问题的决策权，就会失去与你谈判的兴趣与诚意。这样只会浪费时间，无法达成有效的协议。只有当谈判双方就某些问题进行协商，对方提出种种要求，我方企图让对方让步时，才采用权力有限的策略。

假如我们在谈判中碰到对手向我们使用权力有限的技巧，应该怎么去对付呢？

第一，具体分析一下对方的权限，有的可能是真实的，有的可能是编造的。对于编造的权限，可以明确地指出来。

第二，对权力有限的人不要轻易地让步。这样，对方所使用的策略就会失去作用。

第三，要求对方有决定权的人出来参加谈判，否则就宣布中止谈判。

十、妙用压力传感器

向对方施加压力，不但是一种自信的表现，而且可以使我方实力得以充分发挥。一个敢于和善于施加压力的人，往往能使对方作出更大的让步，在谈判中取得更大的成功。

美国谈判专家杰勒德曾代表一个房客与一位房地产主进行过一次谈判。谈判中，双方都向对方施加过压力，但效果不一。

杰勒德的当事人是一座将要拆除的大楼中的最后一家房客。那位房地产主打算在这里盖一幢摩天大楼。其他房客都已搬出去了，只有杰勒德的当事人没搬，因为他的租约还要两年才到期。因此双方的情况是：房客凭契约赖着不搬，房地产主却亟待动工。显然，前者的实力要强些。而杰勒德既要维护房客的权益，又要找出一个双方都愿意接受的解决方案。

杰勒德接受委托后，一直不找房地产主商谈。这是他凭借实力向对方施加的第一个压力。那位房地产主意识到，要让房客搬出大楼，就得付钱，问题是如何才能少付一点。为了达到这一目的，他只得主动来找杰勒德，问："你想要多少钱？"杰勒德回答道："很抱歉！你想买，我还不想卖。"杰勒德在对方问价的情况下，却表现出不愿谈判的样子，这是施加的又一个压力。

在这种情况下，房地产主只好表示愿意支付搬迁费和房租差价。"多少钱？"经过一番考虑，房地产主开价 2 万 5 千元。对此，杰勒德表示不愿考虑。房地产主火了，拂袖而去，并采用拖延战术不再来了。

这次双方都施加压力，导致谈判出现了僵局。这种僵局又反过来对双方都产生了压力。房地产主不能拖延，因而他的"退出""拖延"这两个施加压力的行动，不但不能奏效，反而使自己陷入了困境。结果，房地产主又只好让他的律师来找杰勒德。这时，杰勒德的谈判实力更强了。"只有你们提出一个差不离的数目，我们才可以坐下来谈。"杰勒德的态度强硬。"5 万。"律师只得开价。"差得远哩！"杰勒德不屑一顾地答道。

事先，杰勒德已经对房地产主买下那幢大楼的价钱、大楼旷闲的代价，以及到房客租约期满时，房地产主要为抵押托管支付的费用等作了一个估算，算出要价应该是 25 万。但他不想造成太大的压力，于是他把这个数目打了个对折。经过一番讨价还价，最后双方以 12.5 万元成交。这是一个双方都可以接受的价钱。

很明显，这次谈判中，杰勒德之所以能处处占上风，除他具有一定的谈判实力外，主要是因为他不断而恰当地向对方施加了压力。正因为他连续 5 次向对方施加压力，才使对方从只给 2.5 万元退到给 12.5 万元。这是多么大的让步啊！

向对方施加压力，不仅在我方实力强的时候有其必要和可能，而且在自己陷入不利境地，对方态度强硬时，也很有必要与可能。南非一个财团，有两个子公司，一个是制造农机的，一个是销售农机的。销售公司的销售产品一半来自制造公司，一半来自其他渠道。这两家公司的关系是，制造公司专为满足销售公司的需要而设，销售公司需要什么，制造公司就生产什么。因此，这两家公司的实力对比是：销售公司决定制造公司产品的数量和种类，而制造公司的产品又不可能找到其他的市场，因为其产品只符合销售公司所控制的那个市场的需要。因此，销售公司大大压低制造公司产品的价格。这样，就使制造公司陷入了赔本的境地。于是制造公司提议谈判，要求销售公司提高产品价格，并分担开发新产品的一半费用。对此销售公司断然拒绝，他们说："你们产品的全部业务都是从我们这里得到的，我们理应享受特殊待遇，如果没有我们，你们早就关门了。"不但如此，他们还进一步提出了苛刻的要求。

面对销售公司的强硬与压力，制造公司对双方的实力作了分析，结果发现销售公司的销售量虽然只有一半是来自制造公司，但其利润却有75%来自制造公司的产品。而且销售公司之所以能占领市场并击败对手，靠的正是制造公司的低廉、优质的产品。总之，这两家公司并不仅仅是制造公司依靠销售公司，销售公司同样依靠制造公司。这正是销售公司的弱点所在。

看到这一点后，制造公司开始向销售公司施加压力，他们通知销售公司：如果不对制造公司的要求进行谈判的话，制造公司将在6周之内关闭。

销售公司立即感受到了沉重的压力，他们十分清楚制造公司的产品对他们业务的重要性。最后，经过谈判，他们达成了一致的协议。

这一事例说明，谈判双方都有自己的脆弱之处，这就是我们应该掌握的压力点。当对方向我方施加压力时，我方只要迅速找出对方的压力点，轻轻一按，整个谈判局势将为之一变。

施加压力的方法通常有：提出要求、拒绝要求、拒绝让步、制造僵局、退出谈判等等。

在此，还要着重指出：向对方施加压力，会给自己一方带来好处，但也可能造成危险。这种危险来自三个方面：一是不自量力地施加压力，倘若自己没有那么大的实力，就要量力而行，如果贸然加压，只能害己；二是没有对准压力点，比如对方不怕延长工期，只怕质量不好，如果你在工期上加压，只能是徒劳；三是超过限度的压力，上述房屋谈判结束后，当那位律师交付支票时，他手下的工作人员对杰勒德说："倘若你再多要5元钱，恐怕一部起重机就要撞上那幢大楼了。"当时，确实有一部起重机已经开到那里，只要起重机"由于偶然事故"，向那幢大楼上一撞，大楼就会成为危险建筑物而非拆不可。这样一来，房客就将一无所获。总而言之，压力是一把双刃剑，既会伤人，又会伤己。在向对方施加压力时，应遵循"以实力为依托、看准压力点、把握分寸"三条原则。

十一、立约为据

我们有时和别人打交道，他们常常这样说："有你一句话就行了，签什么条条哟!”可是有人说话算数,也有人说话不算数。遇到说话不算数的人,到时候赖账,你拿他没有办法,只好自认倒霉了。例如,我今年装修房子,与一家装修公司的负责人谈判时,他一再表示:“周教授,您放心,我们是非常尊敬老师的,决不会亏待您的,就不必签什么合同了。”我一方面有点被他的花言巧语迷惑了,同意不签合同;另一方面还是有点不放心,要求他将一些主要项目的价格写在纸上交给我保存。但是在结账时,他却将一些没有写上去的项目(诸如贴墙脚砖、填线槽、做灶台等等)的工价随意提高,使我多付了几千元的工钱,上了一个不大不小的当。

因为口说无凭,告到法院也不会受理,所以凡与人谈判,都必须签订书面合同,以免日后反悔赖账。而且所签合同的条款要严密,即谈判所涉及的商品名称要准确、规范化,商品数量、质量、货款支付方式、期限、地点等,都必须严密、清楚。否则,就可能造成巨大的经济损失。

对于合同(或协议),在正式签字以前还应该仔细阅读、检查,以免漏掉某些必要的条件,或者在草拟合同的过程中被更改。

有些人缺乏这种认真细致的精神,马虎了事,日后的麻烦就大了。

例如,成都一家土特产公司与广州一家贸易公司签订了金额达400万元的进口木材购销合同。为了保证合同履行,土特产公司交付200万元作为定金。可是不久对方来电称:“因情况发生变化,无法组织货源。”土特产公司经理赶到广州,广州方面赔礼道歉,并表示退还已交的200万元定金,土特产公司经理马上反驳:“怎么是200万,应该是400万!”他当即拿出《合同法》来念道:“接受定金的一方不履行合同的,应当双倍返还定金。”广州那家贸易公司老板却说:“你根本没交定金!”土特产公司经理理直气壮地问道:“交给你的200万是什么?”“那是订金,不是定金。”双方掏出合同一看,果然上面写的是“订金”,不是“定金”。写错一个字,痛失200万!

以上各条,单独运用,均能见效;综合运用,效果更佳。

自我推销技巧

——怎样求职应聘才能如愿以偿

近几年来，中外企业、公司在招聘高级管理人员的过程中，许多本科毕业生和研究生去应聘，结果绝大部分被淘汰，真正被录用的寥寥无几。

究其原因，主要是由于缺乏社交经验，不善于自我推销。

当今社会，只靠一纸文凭，不能适应需要；即使你实力雄厚，但如果不善于自我推销，也很难如愿以偿地得到一个满意的工作。因此，我们有必要学习他人求职应聘的经验和方法，掌握并运用自我推销的策略和技巧。

一、大专生告诉你：一切皆有可能

在求职竞争中，一个大专生战胜了三个本科生、两个硕士研究生，你相信吗？可这是事实，千真万确的事实。

她靠的是什么呢？除了靠自己的实力之外，主要是靠自我推销的技巧。

她是谁？她叫胡彦，是重庆商学院秘书专科班 1994 年应届毕业生。在 1994 年初重庆市人才交流会上，重庆工程建设总公司要招聘一名秘书，先后去应聘的不下 20 人。经过面试，淘汰了 10 多人，剩下 6 人，从中筛选出一人。而在这 6 人中，有三个本科毕业生，两个硕士研究生，唯独她一个人是两年制的大专毕业生。经过进一步的考查和面试，结果却是她力挫群雄，独占鳌头。

以下是胡彦对这次自我推销过程的回顾：

“临近大学毕业那年，我忽然发现世界如此之大，却找不到我的人生坐标，心里又急又烦。那是 1993 年的冬天，我正在一家公司实习。一个偶然的机会，我碰到班里一个女同学，她拿着四川师大一位同学的自荐书，说她准备仿效着打印一份。沮丧的我眼睛一亮，仔仔细细地把那份自荐书从头到尾看了好几遍，牢牢地记在了心间。回到家，便迫不及待地写起自己的自荐书来。我知道，对于一名求职者来说，一份优秀的自荐书无疑是成功的开始。一个晚上，我写呀，改呀，绞尽脑汁突出‘商’与‘秘书’。又把自己好好分析了一番，挑出最有实力的条件予以重点突出，借此叩开通往社会的大门。

实习之后是寒假，那个短暂的寒假于我却是太漫长了。一天，我无意中从晚报上看到2月9号至10号将在体育馆举行一次规模较大的人才交流会，主要面向1994年应届大学毕业生。我精神为之一振，想一定要去试试。2月9日的早晨，我早早地起了床，认真地梳妆了一番，穿了一件宽松的绿毛衣，配了一条牛仔裤，一双白球鞋，显得既有青春气息又不失端庄、大方。出门前我对自己说：'你不比任何人差。记住：有信心不一定赢，没有信心一定输。'赶到体育馆，着实把我吓了一跳——且不说那些手持硕士、博士学位，来自名牌大学的高材生，也不去说那严格得近于苛刻的用人条件，单是那些来自各高校、人山人海的学生，就把我的热情吓退了一半。一些待遇优厚、颇有名气的单位的招聘处被里三层、外三层的大学生围了个水泄不通。我竭尽全力挤了进去，然后带着自信的微笑，送上了我的自荐书，并不失时机地作了一番自我推销，诸如我的特长、在校期间所获奖励以及对未来的种种打算等等。我深知，我没有名牌大学的牌子，也没有高深的学历，只不过是个两年制的专科生，但我有足够的信心、勇气和一定的素质、实力，无论如何，我都要去试一试，闯一闯。诚如美国人常说的，凡事都要敢去试一试。这不失为一种乐观的生活态度。我已记不清递出了多少份自荐书，也记不清当时是何种信念、力量支撑着我，忍受着傲慢、冷漠甚至轻蔑，始终自信地微笑；只记得走出体育馆大门时，已近下午，冬天的风又冷又硬，可我的额头却渗出了细密的汗珠。一时间百感交集，禁不住泪水滑落脸庞……

紧接着是春节，我过得很平淡。我作了最坏的思想准备：天南海北，漂流四方。我不信偌大的天地没有我的立足之地。

一个电话改变了我的命运。一天下午，我突然接到××公司人事处的电话，通知我第二天去面试。当时我心里真是喜忧参半：喜的是我竟然得到了这样一家公司的复试通知，仿佛是黑夜里看到了一线曙光；忧的是我那点有限的知识和能力能否通过复试。我又想起了那句话：'有信心不一定赢，没有信心一定输。'想起了挥汗如雨、千军万马过独木桥的高考，想起了挑灯夜战、读书破万卷的大学生活，想起了从前凌云壮志的我，在最失意的时候高吟：'穷且益坚，不坠青云之志……'这一切，又为我平添了许多信心和勇气。

出乎我的意料，复试仿佛很轻松，对方问了一些平常的问题。我并不拘束，我明白在轻描淡写中展现自己的实力最有震撼力。于是就像拉家常似的给他们讲了我的经历和基本情况。当他们问我为什么要到这个公司时，我略微沉思后回答道：'这主要来自两方面的信心：一方面我认为贵公司技术力量雄厚，领导管理有方，在用人上唯才是举，任人唯贤；另一方面来自我对自己的信心……'，我的第六感告诉我，他们对我印象颇佳。我知道这得益于大学时期，我广泛地参加多种社会活动，如演讲赛、辩论赛、朗诵赛……培养了我良好的临场应变能力和口头表达能力。我庆幸我没有放过每一次锻炼机会。临走时，办公室主任交给我一份1万字左右的总结，要我根据这份材料写一份1千字以内的简报，特地强调不能超过字数，第二天一早交来。我深感机会难得，可压力也大。时间只有一个下午和一个晚上了。我并不太紧张，反倒有些欣喜。写作是我的强项，我正好可以展露才华。

后来听说办公室主任、总经理对我的文章都比较满意，但这并不意味着胜券在握了，我仍有一种飘摇不定的感觉。

不久开学了，我隔三差五地打一些电话去探探公司的口气，他们仍未表态。据说，该公司竞争很激烈，有不少人通过各种关系想挤进去，其中有3名本科毕业生，有2名硕士研究生，还有几个高干子女。我的心情低落了一些：我一介无名小卒，两年制专科生，没有任何臂膀，希望渺茫。

突然有一天，该公司来了位年轻人，到学校考察我的情况。当时我在系里正红：一等奖学金连续获得者，已通过英语四级考试；系学生会主席，多次受到院表彰的'三好学生''优秀学生干部'，有较强的组织能力和社会活动能力……考察的结果是令人满意的。该公司在用人上本着'公开、公平、公正'的原则择优录用，我成为了4名幸运者之一。不久，一纸盖有鲜红公章的接收函寄到了我手中。此时的我除去了那份焦虑、企盼，竟是出奇的平静。

我想，生活本是辩证的，其实人生没有绝对的'幸运'与'不幸'。一个人要想为社会所接受、承认，有名牌大学的牌子、高深的学历固然有利，但良好的综合素质是最重要、最根本的。社会不是《圣经》中的伊甸园，也不是《佛经》里的净土，而是处在优胜劣汰的竞争中的。我们只有努力争取属于自己的权利和成功，除此之外，我们别无选择。"

二、你要推销的第一个对象是自己

自我推销，古已有之。

战国时期，七雄逐鹿中原，以争天下。秦国派白起为大将，领兵进攻赵国，在长平这个地方把赵军打得大败，又进兵包围了赵国都城邯郸。赵王派自己的弟弟平原君到楚国去求救。

平原君决定从门下几千名食客中挑选20名能文能武的勇士一同去。可是选来选去，只选出了19名，其余的人都不合意。

这时，有个叫毛遂的门客，自告奋勇，要求同去。平原君问道："你在我门下几年了?"毛遂说："3年了。"平原君笑道："一个人如果真有才能，就好比锥子放在布袋里一样，它那锐利的尖端立刻会露出来。而你待在我家里已经3年了，我却从未听说过你有什么本领。你还是留在家里吧。"毛遂说："我现在向您自我推荐，就是请求您把我放进布袋里去。要是您早把我放进布袋，那我早就脱颖而出了。"平原君觉得他言之有理，于是同意他一同前去。

到了楚国，平原君与楚王谈判联合抗秦，不得要领，半天定不下来。毛遂手握剑把，走上大殿，胁迫楚王，并向他直陈利害，终于使楚王歃血为盟，决定楚、赵联合抗秦。

平原君说："毛先生以三寸之舌，强于百万之师。"从此以后，把他待为上宾。

这就是历史上有名的“毛遂自荐”，后来就用来比喻自我推销。

随着我国人事制度的改革和发展，高校毕业生分配制度也发生了深刻的变化，过去那种完全由国家包分配的局面已被打破，取而代之的是双向选择，自主择业；人才市场如雨后春笋般涌现出来，职业介绍所更是遍布大街小巷。

曾经端着“铁饭碗”、高枕无忧的莘莘学子，如今面临着市场无情的选择。在用人单位提出的苛刻条件下，一名即将毕业的大学生，要怎样才能使自己既符合用人单位的需要，同时又找到一家适宜于自身发展的理想单位呢？要怎样才能在那激烈竞争的人才市场上把自己推销出去呢？

毛泽东同志说过：我们的任务是过河，但是没有桥或船，这河就不能过。不解决桥或船的问题，过河就是一句空话。面临求职择业的大学生，要想找到一份理想的工作，学习求职择业的方法，掌握求职择业的技巧，正如过河的桥或船，是必不可少的。

目前在校的大学生，绝大多数是从校门到校门，主要精力用在学习书本知识上，接触社会、了解社会不多。届满学成，面临求职择业这样一个全新的课题时，往往会感到束手无策，心中难免产生困惑和迷惘。

在这种情况下，毕业生要想摆脱困境，避免走弯路、陷入误区，更应该认真学习和吸取他人求职择业的经验和方法，掌握并运用自我推销的策略和技巧。

三、认清自我，不失时机

面临毕业，同学们都开始急着找工作。但是，有很多人抱着一种不切实际的幻想——总以为自己了不起，有知识，有能力，有闯劲，还会说外语，是一件很出色的“商品”，“皇帝的女儿不愁嫁”，因而择业的期望值太高，都希望到大机关、大事业单位、大公司去工作，或者把眼光局限在一些经济效益好、福利待遇高的单位，而缺乏对自我的认识，缺乏从基层干起、从小事开始锻炼自己、艰苦奋斗的精神。

抱着这种想法去寻求工作单位，往往碰壁。因为他们忽略了一个基本的常识：在就业问题上，只能是个人去适应社会、适应用人单位的需求，而不可能让社会、用人单位来服从我们的意愿。

能够到大机关、大事业单位、大公司或者效益好、待遇高的单位去工作当然好，但那些单位用人毕竟有限，容纳不了这么多“痴情”的大学毕业生。这就势必造成供需失衡的局面。

另一方面，每年的人才交流会上，都有许多基层单位或者区县需要大批的大学毕业生，然而我们的大学生们往往不屑一顾。

由此可见，大学毕业生就业难，并不全难在社会需求量上，很大程度是难在自己的择业标准上。择业的期望值太高，脱离了社会的实际需要，结果只能导致择业愿望不能实现。因此，从社会需求的实际情况出发，调整择业的期望值，对同学们来说至关重要。

再者，择业是一种激烈的竞争，也是一种机遇。能否抓住机遇，要靠自己去主动争取。如果“这山望着那山高”，犹豫不决，迟疑不定，机遇很可能落到他人手里，与自己失之交臂，到时悔之晚矣！

已经有了就业意向的同学，应该权衡利弊，不失时机地作出决断；还没有着落的同学，不要慌神，一个心理上焦虑不安的人是很难在竞争中获胜的，应该面对现实，冷静地进行一番反思，找出未获成功的主要原因，从中总结经验吸取教训，继续努力，一定能够取得择业的成功。

四、要敢于推销你自己

推销自己，就是向用人单位展示自己的成绩、能力，从而达到求职择业的目的。

推销自己，重要的一条是要有足够的胆识和勇气，要对自己充满信心，要有一种“我选我”的气概，敢于和别人比高低。

一般人对有自信心的人都会另眼相看。如果你有自信心，对方就会对你产生好感。例如 1994 年 1 月，江苏某外贸公司向社会公开招聘 6 名业务管理人员，应聘者竟然达到 600 多人。其中有一个小伙子，招聘者特别喜欢。他走到该公司总经理面前，不卑不亢地说道：“总经理，能结识您很荣幸，我十分愿意为贵公司效力。但如果确因名额所限，使我不能效力麾下，我也不会气馁，我会继续奋斗。我相信，如果不能成为您的助手，那我一定要当您的对手。”这小伙子言语得体，柔中有刚，充满自信，意志坚强，自然被录取了。这就是自我推销者应有的精神状态。

与此相反，一个抱着“单位可能不要我”的心态去求职应聘的人，是肯定不会成功的。正如一个登山运动员，还没有迈步腿就软了，他还能够到达高山的顶峰吗？

严重的自卑感，会扼杀一个人的聪明才智，导致缩手缩脚，不知所措，无法把自己的能力和特长充分地表现出来，甚至会形成恶性循环：由于自卑、拘谨、不敢展示或不善于表现自己的才华，别人就会瞧不起；别人瞧不起，又会加重你的自卑和拘谨。因此，从一开始就要消除自卑，突破拘谨；只有消除自卑，突破拘谨，智慧的火花才会放射出耀眼的光芒。

美国著名口才学家戴尔·卡内基说：“不要怕推销你自己，只要你认为自己有才华，你就可以认为自己有资格担任这个或那个职务。”

五、求职成功的关键——知己知彼

《孙子兵法》曰：“知彼知己，百战不殆；不知彼而知己，一胜一负；不知彼不知己，每战必败。”这不仅适用于作战，同样适用于自我推销。自我推销必须知彼知己，才能够寻求到最佳结合点和出击点，也才可以找到把自己的知识、智力、能力

同用人单位需要结合起来的最好途径，以利于最充分地发挥自己的优势，调动自己的潜力，实现最佳效益。

知彼，就是尽可能多地了解招聘单位的情况，包括单位的性质(是国有还是集体所有、是独资还是合资、是中国老板还是外国老板)、单位的生产经营情况(产量、质量、是否名牌、是否畅销、经济效益、社会影响)、单位的待遇(工资、福利、奖金、住房、医疗、保险)、单位对职工素质的要求等等，知道得越详细越好。对招聘单位的情况熟悉，自己才好事先作好准备，交谈时才能有的放矢。

怎样去了解招聘单位的情况呢？渠道很多，这里提出一些建议，供你选择：你可以直接打电话到该单位办公室询问，你可以找到该单位的职工或领导请教，你可以向他们的供应商或客户了解，你也可以到互联网上去查阅有关单位的资料，你还可以打听一下该单位是否有你的校友，向校友了解单位的情况。如果条件允许的话，你最好是找一份该单位的情况介绍来阅读。

知己，就是要有自知之明，要客观地、实事求是地分析自己的长处和短处。陆上斗法，张顺乃李逵的手下败将；可是水中逞能，“浪里百条”却能把“黑旋风”淹他个白眼直翻！只有清楚地知道自己的长处，才能拿出你的绝活，充分发挥自我优势，大胆创造有利于自己的格局。例如，重庆商学院现代秘书系 1995 届毕业生吴焰，在自我推销时说：

“据我所知，在这次应聘面试中，有不少大学本科生，学中文的、学档案管理的、学财会的，等等，而我却只是一名专科生。从学历来看我似乎已注定名落孙山了，但如果我没有记错的话，贵公司要招聘的是秘书，秘书并不纯粹要求知识的深度，更重要的是知识的广度，或许在文学方面、在档案管理方面、在财会方面，我不及他们，但在知识的广度方面，特别是秘书的专业知识方面，我敢说，而且敢大声地说：‘他们不如我！’久闻贵公司唯才是举，你们一定不会因为我的学历而将我拒之门外吧！贵公司如果想招聘文学研究员、档案管理员、会计人员，请从她们中间挑选吧；但秘书，却只有我一个！”

今天的大学毕业生，在求职、应聘的过程中，可能遭到十次乃至几十次拒绝，感到“天地虽大，却没有我的容身之所”！这话听起来压力很大，但如果你有了充分的准备，那压力就会落到其他人即没有准备的人身上去了。当然，你不可能得到你追求的每一份职业，最好的推销员也不可能做成每笔生意。即使是迈克尔·乔丹(美国著名篮球运动员)，其投篮命中率也只有一半。但是，好好准备一次面谈所花的时间并不比仓促上阵参加 10 次面谈长多少，但成功的希望却大好多倍。

六、一封自荐信的分量

大学毕业生求职，一般都是先向用人单位递交自荐信。用人单位经过比较、筛选，有了初步意向之后，才通知求职者去面试。因此，自荐信可说是敲开职业大门的敲门砖，写好自荐信十分重要。

那么，自荐信要怎么写才好呢？

首先，应表明自己想到该单位去从事某种工作的强烈愿望，以及得到那份工作后的打算，让用人单位觉得你有搞好那种工作的决心和信心。

在表明自己愿望的同时，要根据你事先所了解的情况，实事求是地对该单位的领导表示赞赏。这有助于增进彼此间的了解和感情，赢得对方的好感。

例如，海南曹袁军写给经企总公司罗总经理的自荐信中写道：

“罗总，当初您闯海南，不也是三十六计，计计斟酌，万无一失，每失必补的吗？

最坏的打算不就是要变卖公司价值500万的房子、车子吗？

实践证明，两万块钱闯海南建内江大厦，体现的不仅是直观的赚钱2千万，而且是智慧、胆识与科学决策融合的立体结晶。”

这是一封成功的自我推荐信。在1200人之众的激烈竞争中，凭他的一纸自荐信打动了老总，敲开了自己的机遇之门，他被这家效益极佳的经企总公司录用了。

第二，介绍自己的基本情况，如姓名、性别、出生年月、政治面貌、毕业学校、学历、专业等。

如果你是名牌大学出身的，或者具有很高的学历，求职时，不妨先放下名牌，收起你的学位证书。

诚然，亮出名牌或硕士、博士学位，一拍即合的情况确实存在，但拥有名牌或硕士、博士学位的求职者往往受到冷遇。因为小单位用不起，留不住；大公司担心名不副实，退不掉。

例如，北京大学法律系有一位毕业留校的青年教师南下深圳求职。开始阶段，他总是打出北大的牌子，以为如此身价，必定有单位争相聘用，谁知招聘者均为北大的声名所慑，不予聘用。他只好改弦易辙，隐姓埋名，找一个职业干着。其后，才华日益显露，身份也渐渐暴露，引来不少单位争相聘用。

又如一位留美的计算机专业博士研究生，毕业后在美国找工作，好多家公司都不录用他。思来想去，他决定收起所有的学位证书，以一种“最低身份”再去求职，结果被一家公司录用为程序输入员。这对他来说，无异于“大炮打蚊子”，但他干得一丝不苟。不久，老板发现他能看出程序中的错误，非一般的程序输入员所能比，这时，他才亮出了学士证，老板给他换了个与大学毕业生对口的工作。过了一段时间，老板发现他不时地提出一些独到的见解和有价值的建议，远比一般大学毕业生高明，这时，他又亮出了硕士证，老板见后又提升了他。又过了一段时间，老板觉得他还是与别人不一样，就对他质询，直到此时，他才拿出了博士证。至此，老板对他的水平已有了全面的认识，觉得这人很有城府，毫不犹豫地重用了他。

由此可见，求职时，不怕被别人看低，看低了，你可以寻找机会展示自己的才华，让别人一次又一次地对你“刮目相看”，你的形象会渐渐高大起来。反之，开始被人看高了，让人觉得你了不起，对你期望值过高，一旦你的工作表现不如人意，就会令人失望，甚至被人瞧不起。

第三，说明胜任某种工作的条件。这是自荐信的核心部分，主要是向用人单位说明你有这方面的专业知识、技能、经验，有与该工作相符合的特长、性格和能力等。

在介绍上述情况时，要特别注意加强针对性，有的放矢地突出适合于所求职业的特长和个性，切忌盲目地介绍自己。

例如，有一个单位招聘一名档案管理人员，几位大学毕业生写信求职。其中一位是这样介绍自己的：

"我性格开朗、活泼，爱好文艺活动，是大学文艺宣传队队员，并曾在大学生文艺汇演中获得三等奖。我爱好写作，已有10多篇诗文在报刊上发表。"

介绍这些与档案工作毫不相干甚至相悖的性格、特长，不但无用，而且事与愿违。性格活泼，又爱唱歌跳舞，又爱写诗写小说，你能安心于枯燥、细致的档案工作吗？档案室留得住你吗？

另如原重庆商学院旅游管理专业学生郑维山写给重庆旅游公司的自荐信。

尊敬的经理：

您好！我叫郑维山，是重庆商学院旅游管理专业的毕业生。

我在校学习了旅游经济学、旅游营销学、旅游地理学、旅游市场心理学、旅游文物学、旅游产品设计及推广、旅游法规与管理，以及计算机、英语、口才学、公共关系学等等。此外，我还利用业余时间自学并掌握了摄影、推销艺术等知识和技能。

通过勤学和实践，我具备了如下特长：(1)有扎实的旅游学科知识，有过硬的语言表达能力；(2)组织纪律性强，政治素质高，时间观念强，办事果断、干练，身体强健，工作效率高；(3)我性格沉稳大度，对人热情友善，能吃苦耐劳，任劳任怨；(4)有较强的营销能力，在求学期间，曾兼职广州市场营销研究有限公司市场调查员，在1993年暑假，曾和新疆东方贸易公司合作开发新市场，促销过高档商品，等等。

经理，在过去相当长的时间里，蜀道难阻滞了重庆旅游业的发展；现在，它已从水路、公路、铁路、航空上得到了根本的改善。可是，我们重庆的旅游收入还未达到全国大中型城市的平均水平。针对这种情况，我通过旅游市场调查后认为：重庆的旅游业是一位待嫁的大姑娘，她美貌、丰满，可是因没有媒人的牵线搭桥，现在还是养在深闺人未识。翻开旅游地理，巴渝12景、巴南新8景，还有那集奇、雄、险、秀的山，平静与咆哮的水，五光十色、神秘莫测的洞，岛船戏鱼的湖，古虬怪枝的林，幽美与雄壮的瀑布，以及享誉中外的集三峡、古迹、宗教、民俗为一体的长江旅游干线，景点吸引物是多么的丰富！

重庆的旅游客源潜力很大：重庆人出游率不到5%，重庆市过境人员中旅游人数仅占2.3%，外来旅游者更是凤毛麟角，特别是如上海、北京、广州、深圳等高收入地区除商务来渝外，更少有人来旅游，港澳台地区和外国来渝旅游人数每年也只有几万人。

再看看重庆的旅游开发现状：在市内，只有朝天门某公司才设立了车等人的"山城一日游"，而其他旅游公司都只打着"山城一日游"的牌子等游客问路来找他们去旅游，对"雾都—春城"旅游线只开有6日定点游……特别是重庆旅游业的王牌干线长江，时至今日，只开了"三峡6点游"。一个好景点仅花游客几十分钟，最长的也只有几个小时，有些旅游资源，除了附近居民偶尔去消闲外，等于闲置。

对于上述这些优缺点以及针对这些采取的营销策略，我在《重庆旅游开发营销策略》论文中已有详细介绍，比如：如何促进重庆人民外出旅游，如何开发外地的客源市场，如何消除外地人头脑中重庆除了"挤、累、压、脏、乱、堵"外无什么景点可看的误解，如何开展过境人员闪电式旅游，如何开发新兴旅游吸引物，特别是借全国8大城市之一的西南重镇开展会议旅游，如何开展高校学生假日短程旅游，特别是高校新生对重庆的"18门，10个口，天天都有地方走"的了解旅游，如何在长江上改原来单一的峡江风光为以长江为干线、以5城市为依托、向两翼纵深开发的综合型旅游产品等等。因此，我对重庆旅游业的前途充满信心和希望。

通过大学旅管专业的学习，加上自己的实践锻炼，我相信我会是一个合格的旅游管理工作人员。当然，年轻的我，若有幸能被贵公司录用，我将尽我的努力，全身心投入工作中去。给我一次机会，一个信任，一片天空，我回报公司的不是奇迹，而是我一生的勤勉和忠诚。

谢谢您，经理。

这封自荐信的针对性很强。作者是向旅游公司求职，想当一名旅游管理人员，他向旅游公司介绍自己所具备的专业知识、技能、实践经验以及特长、性格、能力等，无一不是与他所求职业相适应的。不仅如此，他还根据自己通过调查研究所掌握的重庆市旅游业的现状和前景，提出了一些合理化的建议。

第四，介绍自己的潜能。如向用人单位介绍自己曾经担任过某些社会工作以及取得的成绩，预示着自己有管理方面的才能，有培养、发展前途；向财务部门介绍自己拾金不昧的事迹，表明你能够廉洁自律，不贪不占；向宣传或秘书、公关部门推荐自己时，介绍自己在文艺、绘画、音乐、舞蹈、摄影、书法等方面的特长，预示着你能承担多种工作任务。

例如，范明明在应聘高级秘书的自荐信中写道：

"总经理，香港的沈殿霞在广告中戏称'一个顶仨'。而我则是更胜一筹——'一个顶四'，那就是秘书、司机、法律顾问、翻译集于一身，毫不掺假的'四合一'。总经理，说句心里话，有我在您的身边，定能令您如虎添翼。"

第五，表示面试的愿望。自荐信的结尾，要提出希望对方给予回信，给予自己面试的机会。要写清楚自己的详细通讯地址、邮政编码、电话号码等，以便联系。

最后，附上有关材料。在自荐信中未说明的情况，附上有关材料，如毕业证、学位证、获奖证书、荣誉证书的复印件，发表的文章和其他科研成果，以及学校（系）的推荐表、近照等，以证明自我介绍的情况属实。

七、面对面，如何才能魅力四射

面试，是用人单位与应聘者直接接触，面对面地谈话，是用人单位考查应聘者各方面素质是否符合本单位要求的主要手段，是决定求职者是否被接收的关键。

参加面试，是既令人兴奋而又使人伤神的事情。然而，如果你记住一些诀窍，你的成功率就会大大提高。

第一，要注意自己的仪表风度。求职者在开口应试之前，首先自我展示，表现风度。引人注目的是你的仪表风度。仪表，是指人的容貌、姿态、服饰、打扮等，是求职者整个形象的外在表现；风度，是指人的言谈、举止、气质、神情等方面总的表现和风貌。

求职者的仪表风度，应给对方留下最佳的"第一印象"。心理学理论"晕轮效应"认为：一个人给别人的第一印象，往往成为别人对其作出判断的依据。比如你见到一个人，衣着整洁，彬彬有礼，就会认为此人做事细心，有条不紊。进而会想，这个人一定有责任心，你就会在心里产生中意的感觉。倘若一个人给你的最初印象是衣冠不整，吊儿郎当，你定会作出其人缺乏道德修养、缺乏责任心的结论。但在服饰、打扮上也不要过分追求艳丽，不然容易引起用人单位的反感，而应当做到仪表端庄，风度优雅大方。这样，我们就可以给用人单位留下一个良好的印象。

第二，做好推销前的人际铺垫。面试有一个过程，求职者应当顺应这个过程，如果还没进入面试就急急忙忙地展开推销，就不免显得唐突，甚至会引起对方的反感。因此，在推销前很有必要做些人际铺垫。有三点需要注意：

(1)接纳姿态。指一些能表达出友好态度的表情、姿势、动作等。微笑是人们常有的一种接纳姿态。如果我们想接近某个人，就会微笑着过去与他攀谈；如果对方想接纳我们，他也必然会对我们的主动行为笑脸相迎。因此，应试者应以微笑的表情面对主考官。

(2)对别人表现出最高的热情。我们都有过这样的体验：如果领导每次见面都与我们热情地打招呼，那一定会有这样的感觉：领导瞧得起我。的确，给予别人的热情就是给予别人的支持和鼓励，能大大增强对方的自信心。种豆得豆，种瓜得瓜，种什么，收什么。如果你能对别人表现出最高的热情，别人也会投桃报李，热情地对待你。应试者对主考官更应该表现出最高的热情。

(3)静听别人的讲话。这是一种最高的礼遇。注重实际的学者伊利亚说："专心注意对你讲话的人极为重要，没有别的东西像那样使人开心的。"所以，应试者应该专心致志地听主考官说话，既不要去插嘴，也不要心不在焉，分散注意力。

这样，就能够赢得好感，为应试的成功铺平道路。

第三，要讲究礼节。诺尔曼·温森特·皮尔博士说："人天生就需要爱，也天生需要尊敬。每个人对于价值、重要性以及尊敬，都有一种内在的感觉。你如果伤害了这些东西，你就永远失去了这个人。所以，如果你热爱和尊敬一个人，你就赢得了他的好感，他自然也会热爱你，尊敬你。”应试者在整个面试过程中，都应时刻做到以礼待人。

见面时，应热情诚挚地问候，如“您好”“我非常荣幸，能接受您的考核”；在对方发言过程中，不要左顾右盼，心不在焉，要注视对方，以示专心，在必要时适当地表态，以示对他的赞赏或配合；自己谈话时要谦逊有礼，语气亲切，表达得体，如常用“请问”“我想”“依您看这能行吗”等语句；在面试结束时，不管你对用人单位的感觉如何，都应表示友好，如说“谢谢您”“再见”“很高兴与你们相识”“希望再有见面的机会”。

第四，准备回答问题——招聘人员可能会提出各种各样的问题，但归纳起来不外乎以下 8 个方面：

(1)“谈谈你自己，好吗？”对这个问题，最忌讳像“流水账”似的面面俱到，平铺直叙，你应当突出重点，拿出你的“绝活”来，证明你最适合于你所求的那种职业。尤其要注意准备好一句能让人记住你的话，比如有一位成功的应聘者如是说：“我毕业于一所没有名气的大学，但请您看看我的实习鉴定吧！”突出了他的实践能力，从而战胜了势均力敌的竞争者。

还要注意实事求是，不要捏造事实。有一位大学毕业生将学校推荐表上所列成绩 60 多分统统改成 80 多分，结果弄巧成拙，被招聘单位发现后辞退，还落得个“欺骗”的坏名声。

(2)“你有什么特长？”你可借此机会告诉招聘者你所具备的与众不同的特殊本领，包括业余爱好，比如唱歌、打球等。还可以幽默地做点补充：“我还会做酸菜鱼。”这样，才能充分展示你的才华，并表现出你的自信。

(3)“你能为我们做些什么呢？”这是招聘者要看看你是否对他们单位作过调查研究，是否符合他们的需求。那些对用人单位不甚了解的应聘者，往往只从自己的利益和愿望出发去谈，不能满足用人单位的需求，他们怎么会录用你呢？

美国通用电气公司的人事部主任珍尼特·桑森说：“他毫无准备而来，说明他办事不认真，说明他对聘用与否抱无所谓的态度。”

回答这一类问题时，要注意掌握分寸，千万不可对用人单位说“如果你们聘用我，我会使你们单位的事业有很大的发展”之类的大话。因为像这样的自吹自擂，只能令人生厌，更不用说聘用你了。

也不宜说“我能做你们要我做的一切”，因为招聘人员要知道你的具体才能。

但也不要把能力范围说得太窄。美国一家旅游公司的招聘部主任托尼·纳哈尔兹说：“我们不要他们只专一门，他们还必须证明自己有使用计算机或善于交际等有发展潜力的能力。”

(4)“你有什么缺点？”这是要看你是否坦率诚实和具有良好的心理素质。企图回避或不提自己的缺点，不是好办法。任何一个人都有缺点和不足之处。但也不要把自己说得满身是疤。

安全的回答是说些对自己不会造成危害的缺点，比如“有时候人们误认为我武断，可现在我已经学会较好地表达了”；“我有时有点急躁，对领导交给我的任务，巴不得很快完成”。

回答时要尽力展示你从失败中得到的教训。有位工程系毕业的学生，在大学一年级时曾因几科考试不及格而差点被勒令退学，但他在毕业求职时这样告诉主考官：“我很快振作起来，使用了一种新的武器——顽强拼搏，后来我的成绩全部优良。”结果他得到了满意的工作。

(5)“你最成功的事业是什么?”你说不出一件自己干成功的事，用人单位就不会录用你。你可以回顾一下近几年来最值得骄傲的事情，说出一两件来。可能的话，最好能用数据说明，比如说：“去年暑假期间，我参加社会实践活动，帮助我妈妈所在单位卖出社会福利奖券 15000 元。”

(6)“你对今后有些什么打算?”招聘者常常用这样的问题来考查你是否具有上进心，是否有志向，并由此看出你的追求目标与他们的期望是否相符合。

你如果对该单位有比较深入的了解，你就能够判断出你的追求与用人单位的期望是否相符。

当双方对应一致时，你便可以放心大胆地阐述你的奋斗目标；反之，则只宜笼统地说：“我打算一边工作，一边自修，不断提高自己的业务水平和工作能力，以便更好地完成领导交给我的任务。”

(7)“你想干什么工作?”回答这个问题，一定不要凭自己的兴趣和愿望，只能针对招聘单位的需求。因为招聘单位决不会放弃他们的需求来满足你的愿望。

回答这个问题时，要尽量简洁，把它视为发挥你的优势的机会，表明你热爱这个工作，有信心、有能力干好这个工作。还可以加上一句：“我办事，你放心!”

(8)“在经济上你有什么要求?”不宜说：“金钱对于我不那么重要，机遇才是我最关注的。”因为人人都懂得：金钱不是万能的，但没有钱是万万不能的。

对方没提这方面的问题时，求职者不宜主动提到报酬问题；对方提出了这种问题，自己就可以坦诚地回答，既不要提得太高，那样会使对方觉得你不知天高地厚；也不要提得太低，那样会显得你对自身价值信心不足。你可以说个范围，比如说：“我希望在 2000 元到 4000 元之间。”

除了以上 8 个方面的问题之外，面试者可能还要出些附加题来考考你。他可能说一件难办的事，问你该如何去解决。他还可能用各种方式来试探你是否廉洁正直。比如问：“当你去推销商品时，对方向你索要回扣，你怎么办?”这一问题的正确答案是：“我按政策规定办。”

以上问题，你只要好好准备，并结合实际自由发挥，你就能够战胜那些准备不充分的对手，在人才竞争中获胜。

第五，从对方谈起。许多人在自我推销时大谈特谈自己，当主考官问：“你为什么要报考我们公司呢?”一般人都从自己谈起，或者诉说自己的愿望：“我是学机械的，到你们公司才能专业对口。”或者诉说自己的困难：“我的独立生活能力较差，到你们这儿上班离家最近。”或者诉说对自己的好处：“你们这儿经济效益好，待遇高，能够实现自己的价值。”如此等等，招聘者一听，心里就会说：你想专业对口，离家近点，解决自己的困难，实现自己的价值，才来我们这里，你只为自己打算……其结果可想而知了。

聪明的求职者会说：“据我了解，贵公司实力雄厚，领导有方，上下一心，适宜于一切有才干的人发展。”像这样从对方入题，引起对方的好感，就容易把自己推销出去。

美国著名的口才学家戴尔·卡内基在《处世的艺术》一书中写道：

“我要特别提醒你们注意，在我说服对方的过程中，没有谈到一句我要什么的话，而是站在对方的角度想问题，一直谈的是对方的需要。这是我获得成功的秘诀。”

第六，要注意交谈中的表情和姿势。为了使谈话的效果更佳，必须对表情和姿势有所讲究。

首先，应聘者在发言中尽量做到心平气和，在回答对方提问时要从容不迫，不紧不慢；如果招聘者要你对某一问题或某个人发表看法，态度一定要谦逊，决不可去批评、指责他人，好像唯有自己正确；手势不要太大，切莫手舞足蹈，唾沫四溅，更不要用手指指人。这样，才显得有教养，有风度。

其次，要注意观察对方的表情，根据对方的反馈对自己的发言进行修正。切不可置对方于不顾，自己滔滔不绝地说。

八、过好试用关

现在，有不少招聘单位规定了一定的试用期，或者要求应聘者到招聘单位去实习一段时间。

在此期间，你要好好“挣表现”，除了兢兢业业、任劳任怨地干好每一件事外，最主要的是和领导、职工搞好关系，放下架子和大伙儿打成一片。那些指手画脚、挑剔这、指责那的人，只能招来别人的讨厌。

九、面对拒绝，该怎么办

正如商店的售货员不可能做到来一位顾客就推销出一些商品一样，我们在推销自己的过程中，遭到拒绝是常有的事。

面对拒绝，你不必灰心失望，你应该冷静地分析一下对方拒绝自己的原因：是专业不对口，不符合用人单位的要求吗？是强手如林，自己的实力比不过别的竞争对手吗？是自己说话不得体，礼数不周吗？是你提出的条件太高，对方无法满足吗？是对方想要安插自己的亲友，或利用人事权搞关系、谋私利吗？是对你录用与否，决策人意见不一致吗？是对方识才能力差，对你拿不准吗？总而言之，原因多种多样，情况错综复杂，你大可不必垂头丧气。

通过分析，找到问题的症结所在，然后对症下药，重新推销自己；或者从中总结出经验教训，学会自我推销的技巧。

最后，我送你一句话：任何单位都不需要人，任何单位都需要人才。

演讲艺术

——怎样提高演讲艺术水平

什么是演讲?

从20世纪30年代以来,直到近年的有关著作,都在下着这样或那样的定义,但总是不够全面,因而也就难以揭示出本质。只有正确地回答了什么是演讲的问题,才能掌握其规律和特点,发挥其神圣的社会作用。究竟什么是演讲呢?

从本质上讲,演讲是指演讲者在人数众多的场合,运用有声语言,借助态势语言,郑重地、系统地发表见解和主张,以感召群众并促使其行动的一种方式,是一种公开的、群众性的社会交际活动。

演讲者要想发表自己的意见,陈述自己的观点和主张,从而达到影响、说服、感染他人的目的,就必须通过与其内容相一致的传达手段。演讲的传达手段主要有以下3种:

(1)有声语言。演讲者对公众发表演讲,主要形式是“讲”,运用有声语言并追求言辞的表现力和声音的感染力。演讲对有声语言的要求是:吐字清楚、准确,声音清亮、圆润、甜美,语气、语调、节奏富于变化。

(2)态势语言。就是演讲者的姿态、动作、手势、表情等,用以辅助有声语言表达思想和感情。要求准确、鲜明、自然、协调、优美,富于表现力和说服力。

(3)主体形象。演讲者是以其自身出现在听众面前进行演讲的,这样,他就必然以整体形象,包括体形、容貌、衣冠、发型、举止、神态等直接诉诸听众的视觉器官,而整个主体形象的美与丑、好与差,不仅直接影响着演讲者思想感情的传达,而且直接影响着听众的心理情绪和美感享受。因此,要求演讲者在自然美的基础上,要有一定的装饰美,要求在符合演讲思想情感的前提下,注意装饰的优美、自然、轻便、得体,注意举止、神态、风度的潇洒、大方、优雅。只有这样,才有利于思想感情的表达,有利于取得良好的演讲效果。

演讲就是靠着这些手段,组成一个综合的、统一的、完整的传达系统,达到演讲的目的。在这综合的传达系统中,缺少了任何一个因素也构不成演讲活动。如果只有“讲”而没有“演”,只作用于听众的听觉器官,而不作用于听众的视觉器官,就会缺少感人、动人的主体形象及表演活动,即缺少实感,那就如同坐在收音机旁听广播一样;如果只是“演”而没有“讲”,只作用于听众的视觉器官,而不作用于听众的听觉器官，就犹如看着聋哑人打手势一样，令人难以理解。所以，只有将“讲”和“演”(包括主体形象)有机地结合起来，综合运用，才能形成统一、和谐的感觉形象。演讲之所以能够成为最佳的语言表达形式，其奥秘就在于“讲”和“演”的密切配合，思想内容和艺术形式的珠联璧合，逻辑思维与形象思维的和谐统一。

一、演讲及演讲稿的特点

演讲作为最直接、最灵便、最经济、最有效的口语表达形式和宣传教育方法，有着与其他口头语言和书面文章不同的特点。而演讲稿是适应演讲的需要所写的文稿，自然就有着不同于其他文体的特点。

(一)针对性——有的放矢

演讲者如果不掌握对象，不了解听众的基本情况和心理要求，单凭主观想象去进行演讲，效果往往不好。

英国的蒙哥马利元帅，曾经在第二次世界大战中指挥过英、美、法和加拿大17万多人的集团军，功勋赫赫。有一次，他到美国第一集团军视察并向士兵们发表演讲，他说：“现在我还不了解你们，但是，我了解艾森豪威尔将军即艾克，我和他是好朋友。我从未到过美国，但是，艾克请我在战争结束后去，我一定要去访问你们国家。我听不少人说起，我不知道对你们国家究竟该从北方还是从南方开始这次访问。”讲到这里，蒙哥马利原以为演讲一定会成功，士兵们听了会欢呼雀跃，可是结果却出乎他的预料，不但没有人欢呼鼓掌，相反地，却有几个士兵不耐烦地嚷道：“你想干什么？再发起一场战争吗？”实践证明，蒙哥马利这次演讲是蹩脚的，原因就在于他不了解自己的听众——士兵的心理。尽管他想用与艾森豪威尔将军的友谊来取得士兵们的支持和拥护，可是美国士兵并没有“赏光”。这是因为当时即将开始一场同德国法西斯的恶战，胜负不可预测，残酷的战争给士兵带来了恐惧感。在这样的严峻形势下，大谈什么亲善友谊访问之类的“远话”，而且与这些士兵毫不相干，就显得不合时宜了。从心理学的角度来看，就叫做“需要没有得到满足”。很显然，蒙哥马利这次演讲失败的根本原因就在于缺乏针对性。

毛泽东同志指出：“射箭要看靶子，弹琴要看对象，写文章作演说倒可以不看读者不看听众吗？”“如果真想做宣传，就要看对象，就要想一想自己的文章、演说、谈话、写字是给什么人看、给什么人听的，否则就等于下决心不要人看，不要人听。”要想使自己的演讲适合听众的口味，从而获得成功，就要了解、熟悉自己的宣传对象。不但要了解他们的职业、身份、年龄、文化程度、兴趣爱好等等，而且还要了解他们此时此刻的心理活动。了解听众并不是我们的目的，我们的目的是加强针对性，有的放矢地做不同内容的演讲，采取他们乐于接受的形式演讲。

毛泽东同志的演说，具有强烈的吸引力和感染力，究其原因，其中很重要的一条，就是他能够熟悉和了解听众，根据不同的对象采用不同的语言和内容。如

1927年，秋收起义失败后，毛泽东在浏阳文家市里仁学校的操场上，对被打散后又重新集结的起义队伍作了一次演讲。他说："我们工农武装现在的力量还很小，就好比一块小石头；蒋介石反动派现在力量还很大，就好比一口大水缸。只要我们咬咬牙，挺过这一关，我们这块小石头就总有一天会打烂蒋介石那口大水缸。"起义战士听了毛泽东这十分通俗形象的讲话后，明白了人民革命必胜的道理，坚定了革命的信念，跟着他，上了井冈山。在这里，"小石头"和"大水缸"都是出身工农的起义战士所熟悉的东西，用它们来说明"革命必胜"的道理，战士就容易理解接受。

所谓针对性，包括两个方面：一方面要根据不同听众的理解能力和接受能力，做不同程度的演讲；另一方面要注意演讲的内容应有针对性，你所讲的，正是群众所想的；你所分析的，正是群众所不理解的。一篇成功的演讲，必须回答群众最关心的问题或社会上新近发生的问题，才能吸引听众。否则，大家看看报纸，听听广播，也就行了，何必听你演讲呢？

羽毛球世界冠军韩健同志的演讲《在失败面前挺起胸膛》，是一篇针对性很强的演讲。他针对每一个人都会遇到的失败的痛苦，回答了广大听众都很关心并且迫切需要解决的问题——怎样对待成功和失败，因而赢得了广大听众的欢迎。

尊敬的领导，亲爱的同学们：

从17岁开始从事羽毛球运动，至今已有14年了。在这14年里，我有过成功的经验，也有过失败的教训，有过当世界冠军的喜悦，也有过败北的痛苦。今天，我不想炫耀自己如何"过五关斩六将"，而只打算认真地谈一谈"走麦城"。

1984年，在汤姆斯杯决赛中，我在关键的场次中失掉了关键的一分，使汤姆斯杯重归印尼。失掉了最高荣誉，我深感愧对祖国，愧对人民。

失败归来，到了首都机场，女队理所当然地走在前面，摄影机、照相机、鲜花和笑脸都是向着胜利者的，可是男队谁也不愿跟过去，此刻，我硬着头皮走在前头，这种镜头躲都躲不开，谁愿意去抢呢？多年来，我参加过不少场比赛，大大小小的冠军拿过不少，可是，从来都没有向全国实况转播过，唯有这一次实况转播，可我还输了。众目所视、众手所指，有的说我是历史的罪人，要我向全国请罪，有的甚至要开除我的国籍。指责谩骂一起涌来。往日围前围后的领导和同志们都不见了，记者也不抢着采访了，一些朋友也去寻找新的朋友去了，该离开的都离开了。在这种情况下，来自领导、同志们的一个笑脸、一声安慰，甚至打一句招呼，我心里都热乎乎的，难怪有这么一句话："成功时，朋友认识你，失败时，你认识朋友。"在这个地球上，有什么比理解和信任更重要的呢？人不能总走好运，在厄运面前，不管是领导，还是同志，谁能理解你也就足矣。

我每天读着大量的群众来信，压力巨大，心情非常沉重，不愿出门。我多么希望以往曾出现在开幕式上、庆功会上、发奖台上的领导和同事们来到我们失败者中间呀，我们不但需要胜利时的锦上添花，而且更需要失败时的雪中送炭啊！

我爱人特别理解我，她专程从部队请假回来看我。平时胜利的时候，她只寄来一封书信提醒我注意谦虚谨慎;可如今我输了,她却出现在我的面前。还有《新体育》杂志的记者,给我送来了杂志和两个小钥匙链,在此刻,这是多么珍贵呀!

面对这样残酷的现实,我痛苦但并不失态;我认输但决不气馁,我心里憋着一股劲,咱们下次见!

此时,我想起了我的对手——印尼的林水镜。1980年,在新加坡举行的中印对抗赛中,我以一分的优势击败了羽坛"天皇巨星"——林水镜。当时,印尼国内外舆论哗然,有的观众当场砸碎了电视机,有的气得心脏病猝发,当即死亡。印尼许多愤怒的群众在政府奖励他的别墅前,砸碎了专门为他设立的和真人一般大小的塑像。打击之大,不言而喻。但林水镜在痛苦中并没有倒下,一直没有退出赛场。一个外国运动员能够输得起,何况我一个新中国成长起来的运动员呢?真正的人生是酸甜苦辣,各味俱全的。要咽得下苦水,要听得进骂声。失败与成功就如同球体一样,它的一半是成功,另一半是失败,甚至失败多于成功。人的生命之球就是在失败与成功的不断滚动中向前的。人们不能成功就欣喜若狂,失败就沉沦万丈,要赢得起,也要输得起。

后来我收到一位署名小嘉的广州观众的来信,他写道:"那天晚上我哭了。虽然一生中受到不少挫折,可我从没有这样哭过。一个人最大的痛苦莫过于祖国的荣誉受到损害,如果你收到一些指责你的信的话,请不要记在心上,一些球迷虽然嘴上骂你,但他们内心是爱你的。如果心中没有激情,他们是不会冲动的。韩健哟,不要泄气,不要难过,加倍努力吧。我虽不是一名运动员,但我这个球迷深深体会到,当一名运动员是多么不容易,不但要承受肉体上的痛苦,还要承担精神上的痛苦。一个运动员是世界上最痛苦的人,也是世界上最幸福的人。"尽管至今我还不知道他是谁,但他给我的鼓励和对我的信任却帮我战胜了失败。

汤姆斯杯赛失败后,再夺世界冠军对我来说确实很困难。很多好心人劝我说:"不要再打了,你没有希望再拿世界冠军了。"希望从哪来?只能从刻苦的训练中来,只能从不断的追求和拼搏中来。体育运动就是在弱者的自强不息、强者永不自满两者之间的不断拼搏中发展起来的。我拿冠军时,别人没放弃努力;别人拿冠军时,我也不应该放弃努力。而羽毛球运动正是汇集了千百万人的努力,各种打法的激烈争夺,才不断地从一个高度到另一个高度的。

我进入了十分艰苦的训练,不但要同苦累斗,还要同不断增长的年龄和失败的压力斗。我最头疼的是长跑训练,可我需要的又是长跑训练。一个人往往最怕的东西也就是他最需要加强的东西。长跑既可以把运动量加上去,又不易受伤。每次长跑我都落到最后面,但我都尽全力跑完。冲刺跑,我跑得慢,强度上不去,就减少组和组的间歇时间,用密度来弥补。每堂训练课,我都和年轻人一样苦练。

同年9月,我参加世界杯赛,出乎许多人意料,我蝉联了冠军,夺得了汤杯失败后的第一块金牌。它的分量有多重,别人是无法估量的,只有我韩健才清楚它的分量。当时从世界冠军的领奖台上走下来,我马上意识到,走下领奖台,我就不再是冠军了,一个新的高峰等待自己去攀登,更多新的对手等待着自己去拼争。

练！练！练！自汤杯失败后，我6次夺得国际比赛的冠军。正如一位观众来信所说："韩健啊，假如你当初在指责声中躺倒，那么历史上便又多了一个懦夫——韩健！"是啊，我战胜了懦弱，战胜了自我，终于从失败的迷途中走了出来。我深知，我不会永远是冠军，但我要永远做个强者。人的一生像大海的波涛，有波峰，也有浪谷，波峰就是你生活中的成功与胜利，浪谷就是你生活中的挫折和失败：波峰牵着浪谷，浪谷拥着波峰，形成壮观的大海。失败中孕育着成功，成功后又可能有失败；一次次战胜失败，一次次赢得成功，这就是壮美的人生！

好心的同志们劝我见好就收，在花团锦簇、欢呼的掌声中告别赛场。我又何尝不希望在历史的记忆里，在观众的心目中留下一个胜利者韩健的形象呢？可是，我是炎黄的子孙，不能这样啊，绝对不能！

此时，此刻，祖国需要我，我怎么能在功成名就之际捧着桂冠品味人生？我深知，我将来可能败得更惨，但我不怕，因为怕失败的人永远不会成功！

(二)思想性——政治思想的星辉

法西斯头子希特勒也是很善于演讲的，最近也被美国《展示》杂志列为近百年来世界最有说服力的8大演说家之一。希特勒之所以能当上纳粹党魁，在很大程度上是靠其擅长演讲而赢得党徒信奉的。希特勒在他那罪恶的政治生涯中，更是通过演讲这一重要手段，大肆鼓吹纳粹主义(即法西斯主义，指垄断资产阶级的公开恐怖统治和专制独裁)、沙文主义(宣扬本民族利益高于一切，煽动民族仇恨，主张征服和奴役其他民族)，让纳粹思想充斥德国，使德国法西斯化，掀起人们的战争狂热情绪，导致第二次世界大战的爆发。他的思想内容无疑是反动的。

伟大的无产阶级革命家季米特洛夫，在莱比锡敌人的法庭上，滔滔不绝地宣传共产主义思想，淋漓尽致地揭露了法西斯反动本质及其罪恶阴谋，弄得敌人狼狈不堪，丑态百出。

由此可见，演讲总是具有一定的政治倾向性的，也就是说，演讲具有强烈的思想性。古往今来，不存在没有思想性的演讲。

所谓思想性，就是指演讲的内容具有一定的政治倾向，是为了宣传和灌输某一阶级的政治主张，或者提倡和传播某一道德风尚。

一切正义的演说家，总是用演讲这个工具，去启迪人们认识真理，传播科学文化知识，陶冶人们的情操，形成正确的舆论，祛邪扶正，把人类社会推向最理想的境界。在历史上，凡是能够流传下来、人民群众有口皆碑的演讲稿，无不具有这样的思想性。

需要注意的是，演讲的思想性绝不是空洞无力的理论说教，也不是政治辞藻的堆积，而是通过典型生动的事例、生动形象的语言和深刻有力的论证表现出来的。那些装腔作势、板起面孔教训人的演说是不受欢迎的。

吕元礼同志的演讲《祖国——母亲》，就是一篇思想性很强的演讲稿。

人们常说：第一次把美人比作花的，是天才；第二次把美人比作花的，是庸才；

第三次把美人比作花的,是蠢才。不错,如果人云亦云,鹦鹉学舌,那么,就是再美妙的比喻,也会失去光彩。但是,在生活中,却有这样一个比喻,即使你用它一百次,一千次,一万次,也同样具有强大的感染力。同志们或许会问:这是个什么样的比喻呢?那就是,当你怀着一颗赤子之心,想到我们的祖国的时候,你一定会把祖国比作母亲!

是啊,祖国——母亲,在我们心中是两个紧紧相连的字眼。电影《牧马人》中有这样一段情节:当男主人公许灵均的父亲要他到国外去享受荣华富贵时,妻子秀芝对他说了这样一段话:我知道,你是不会走的。因为,你舍不得这高高的祁连山,你舍不得这茫茫的大草原,你舍不得这生你养你的祖国!歌唱家关牧村在英国演出期间,把所有的零用补贴如数交给国家,自己什么也不买。一位外国小姐问她:"难道你一点东西都不需要吗?"关牧村感情真挚地回答说:"我们中国有个风俗,姑娘从不背着妈妈买东西。"青年作家金安平写过这样一首小诗:"不管母亲多么贫穷和困苦,儿女们对她的爱也绝不会含糊。我只喊一声'祖国万岁',更强烈的爱在那感情深处。"

为什么人们总是把祖国比作母亲呢?有人会说:"因为祖国用她江河的乳汁喂养了我们。"如果仅仅因为这样,那么,我们何尝不可以把祖国比作奶妈呢?还有人说:"祖国用她的山川怀抱抱大了我们。"如果仅仅因为这样,那么,我们何尝不可以把祖国比作保姆呢?但是,不管是"奶妈""保姆",或者其他字眼,都反映不了我们对祖国深厚的感情;只有,母亲——这个人类语言中最纯洁、最善良、最无私、最伟大的字眼,才能表达我们对祖国的深情!

那么,"祖国——母亲"这个比喻的内涵到底是什么呢?这里,我想先给大家讲一段孙中山先生曾经讲过的故事:

在南洋爪哇,有一位财产超过一千万元的华侨富翁。有一天,他外出到一位朋友家做客,直到深夜才想到该回家了。可是出门后,他一摸口袋,发现忘了带夜间通行证。按照当地法令规定,华人夜出,要是没带夜间通行证,被荷兰巡捕查获,轻则罚款,重则坐牢。这位富翁自然不敢冒这个风险了。可他又总想当夜赶回家去,怎么办呢?正当他左右为难的时候,忽然发现不远处有一家日本妓院,他便计上心来,走进妓院,花钱请了一位日本妓女,手挽手地陪她散步,一直走到自己家门口,才让妓女转回妓院。因为有这个妓女作伴同行,荷兰巡捕便不敢动问,所以,他才能够安全回到家里。

讲到这里,同志们一定不太相信:一个是高贵的富翁,一个是低贱的妓女,难道高贵的富翁反不如低贱的妓女不成?不错,按照常情,富翁确实比妓女高贵,可就因为那位富翁是中国富翁,那个妓女,是个日本妓女。日本妓女虽然很穷,但她的祖国却很强盛,所以,她的国际地位就高,行动也就自由;这个中国富翁虽然自己很富,但他的祖国却不强盛,所以,连走路的自由都没有。由此可见,要是祖国不强盛,你就是千万富翁,亿万富翁,也抵不上人家一个妓女啊!

是啊,当祖国贫穷的时候,她的人民就挨饿受冻;当祖国弱小的时候,她的人民就受辱被欺;当祖国富裕的时候,她的人民就快乐幸福;当祖国强大的时候,她的人民就昂首挺胸!历史早已雄辩地证明了这一点。当侵略者的铁蹄践踏祖国身躯之时,上海公园的门口就竖起了"华人与狗不得入内"的招牌;当帝国主义的大炮轰进祖国的胸膛之时,无数人民群众就惨遭屠戮;而当新中国的旗帜高高升起的时候,中华儿女就站了起来;当祖国女排登上世界冠军宝座的时候,海外侨胞也就扬眉吐气。啊,我终于明白了,为什么人们总是把祖国比作母亲,因为,祖国和人民,正如母亲和子女,是耻辱与耻辱连在一起,荣誉与荣誉连在一起,痛苦与痛苦连在一起,幸福与幸福连在一起,血肉与血肉连在一起,命运与命运连在一起!这,就是"祖国——母亲"这个比喻真正的内涵。

历史上,多少中华儿女像热爱自己的母亲那样热爱自己的祖国。屈原抱石投江,为的是祖国;文天祥慷慨悲歌,为的是祖国;陆放翁留诗示儿,为的是祖国;谭嗣同面对刀俎,脸不变色,"我自横刀向天笑,去留肝胆两昆仑",他念念不忘的也是祖国;抗日民族英雄吉鸿昌就义时,慷慨悲歌"恨不抗日死,留作今日羞。国破尚如此,我何惜此头",他视死如归,甘洒热血,所报者还是祖国。为了祖国,一代又一代的英雄儿女献出了自己的热血和生命。

鲁迅先生曾经说过:"唯有民魂是值得宝贵的,唯有他发扬起来,中国才真有进步。"鲁迅先生所指的民族魂是什么呢?概括地说,就是"重大义,轻生死"的生死观;就是"国家兴亡,匹夫有责"的使命感 ;就是"我以我血荐轩辕"的大无畏的民族精神!怨天尤人,长吁短叹,这都是庸人懦夫的行为,它只能使人生空洞、苍白,这种人是绝不能创造出光辉灿烂的未来的。一个沉湎于痛苦回忆而不能自拔的民族,是没有希望的。同志们,请不要抱怨,说我们的祖国缺乏活力;请不要慨叹,说我们的母亲衰老年迈。我们有的是满腔的热血,有的是年轻的生命,那就用我们的热血来复苏祖国蓬勃的生机吧!用我们的生命来焕发母亲青春的光彩吧!

在这篇演讲稿中,作者从人们总是把祖国比作母亲谈起,联想到电影《牧马人》的主人公许灵均,宁肯舍弃荣华富贵也不愿离开祖国;歌唱家关牧村在英国演出期间,把所有的零用补贴如数交给国家;以及青年作家金安平的一首小诗,说明人们像依恋母亲一样依恋祖国。然后,生发开去,进一步探究"祖国——母亲"这个比喻的内涵,列举了在南洋爪哇,一个财产超过一千万元的华侨富翁,国际地位反不如一个日本妓女;解放前,在上海公园门口,外国人竖起"华人与狗不得入内"的招牌;当中国女排登上世界冠军宝座的时候,海外侨胞也就扬眉吐气等等实例,令人信服地阐明了祖国和人民正如母亲和儿女,是荣辱与共、苦乐相同、血肉相连、命运相通的道理。这篇演讲稿的核心是进行爱国主义教育,立意是高的;而从最有普遍性的母子(女)之情中发掘出"祖国——母亲"这个比喻的深刻含义。这就使得演讲具体、亲切、富于说服力,容易拨动听众的心弦。

吕元礼同志成功的经验证明,演说完全可以讲大道理,问题的关键在于,不能脱离实际喊一些空洞的口号,而要善于从平凡的、习以为常的生活实际中挖掘出人们还未明确认识到的真理,从而使听众受到教育,思想认识得到升华。

又如原重庆商学院杨蔼莉同学的演讲《为了母亲》，思想性也很强，在该院首次演讲赛中荣获一等奖。

我曾经读到过这样一个故事，丈夫问妻子："你最喜欢吃什么菜？"没等妻子回答，小女儿抢着说："我知道，妈妈最喜欢吃剩菜。"当时我想笑，可是没能笑出来，因为我想起了我的母亲，不好吃的她吃得最多，家务事她做得最多，为了老人、孩子、丈夫，她操碎了心。曾经是那么乌黑的头发过早地灰白了。她牺牲得那么多，可要求的却那么少。这就是一个母亲，所有母亲中普通的一员。

我为拥有这样的母亲而骄傲，也为这样的母亲所激励。每当我偷懒，不努力的时候，父亲骂我、打我一顿，我反而心安理得，而母亲无言地注视着我时，我却忍受不了，因为那眼神里包含得太多太多：伤心，失望……这眼神让我深深不安和负疚，我不能、不能让母亲再为我添上一丝白发；不能、不能让母亲因我而伤心落泪。为了母亲，我愿意向上，愿意奋进！

我不愿做不孝的孩子，我相信我们都不愿做不孝之子。因为在这世界上，有谁能给我们生命，又有谁能为我们的成长，无私地奉献自己的青春、自己的心、自己的生命呢？只有母亲，只有母亲，你的母亲，我的母亲，以及我们共同的伟大母亲——祖国。

这位母亲，曾经那么健康、美丽，用她丰富的乳汁哺育了无数的儿女；可她又遭受了许多屈辱和灾难。她如今是那么消瘦和苍白，她肩上担负着沉重的担子，可仍步履维艰地前行着。是她不需要休息吗？不！她为儿女辛勤操劳和奉献，她和所有的母亲一样，为了儿女能够幸福，能够成才，哪怕再苦再累，也仍然要撑持下去。对于这样的母亲，难道我们能眼睁睁地看着她累垮累死而无动于衷吗？我们为什么不可以像孝敬自己的母亲那样报效祖国呢？也许我们的一份爱不足以使母亲恢复健康，可一份份小小的爱汇合起来，就可以让母亲融进一条爱的长河。在这条长河中，每一滴水珠都各自发挥它的作用：工人，出色地完成生产任务；农民，在土地上辛勤地耕耘收获；战士，保卫祖国和人民的安全；我们学生呢？自然是努力学习，这不仅是为将来报效祖国打下基础，而且努力学习本身就是报效祖国。我们在座的诸位同学，如果每一位都努力学习，为学院争光，使学院成为西南地区名副其实的商业最高学府，那么我们就可以自豪地说：我为重商尽了我的力，我为报效祖国作出了应有的贡献。每一个孩子都主动地替母亲分担担子，让母亲获得喘息之机，使母亲恢复健康与活力，那么，酷爱儿女们的母亲是不会吝啬她的爱的。我们在母爱的浓荫下生活，不是会更幸福，更自由自在吗？

母亲给了我们一份浓浓的爱，我们也因拥有这种爱而自豪，同时也被这份爱所鞭策。为了报答母亲的爱，让我们为母亲的健康，为母亲的微笑，为母亲的欣慰而努力奋斗吧！

在演讲稿中，杨蔼莉同学从一个生动有趣的小故事入手，吸引住听众的注意力；接着，很自然地引出她自己的母亲，用自己对母亲的热爱、对母亲的感激之情来感染听众，打动听众的心弦；然后，又自然而然地联想到我们共同的伟大母亲——祖国,对听众进行了潜移默化的爱国主义教育,使听众的思想升华到一个崇高的境界。

(三)鼓动性——点燃情感的火花

演讲是为了让人明白某种道理,从而采取某种行动的。因此,演讲必须具有鼓动性,要像振奋人心的进军号角,使人们的思想为之震动,热血为之沸腾,情绪为之高昂,从而奋然行动起来。

古希腊的德摩西尼,作为一位民主政治家和爱国主义者,当他看到面临马其顿王国的侵略,雅典的公民们如同麻木了一样的情景时,他发表了一连串的“斥腓力演说”。他以满腔的爱国之情和对敌人的无比憎恨,奔走呼号,唤醒同胞,抗击侵略者,拯救祖国。不仅使所有听众为之惊醒,为之激愤,而且团结起来,投身于反侵略的斗争中去。这就是他演讲的威力,这就是演讲的鼓动性所在。

我国伟大的革命先行者孙中山先生,也是鼓动的能手。他致力于国民革命40年,为了推翻封建专制制度,驱逐帝国主义势力,实行三民主义,他曾做过环球旅行,每到一地,便向爱国侨胞发表演说,倡导革命,抨击改良主义。孙中山在国内外所发表的许多极富鼓动性的政治演说,犹如猛烈的炮火一般,具有慑服人心的巨大威力。因此,人们便送他一个雅号——孙大炮。

演讲的鼓动性首先表现在内容上,它不是空发议论和空喊口号所能奏效的,而是通过生动的、典型的事例和精辟的、透彻的分析论证来紧紧地抓住听众,引起听众的共鸣;其次,演讲者要有深厚的感情,爱憎分明,立场坚定,或褒或贬,或赞或批,泾渭分明,毫不含糊,才能打动人,感染人,激起听众对真、善、美的向往,对假、恶、丑的憎恶;此外,演讲的鼓动性还可以各种修辞手法,诸如设问、反诘、排比、夸张等来加强感情色彩,激发听众的情绪。古今中外,一场场出色的演讲,曾经鼓动起多少人的爱国之心、报国之行,激发起多少人的献身之志、杀敌之勇,点燃起多少人的正义之火、智慧之光。

例如陆建平的《人民——上帝》,就是一篇富于鼓动性的演讲稿:

曾经有一位外国的议员在访问了中国以后,郑重其事地对我国的一位历史学家说:“我到过不少国家,但没有一个国家像中国这样文化悠久而又从来不曾中断;这样幅员辽阔,人口众多,而又统一集中,秩序井然。这实在了不起,恐怕举世无双。”最后他说:“可以推想,中国历史上必定产生过某位非凡的大圣人,是他造就了一切。你是研究历史的,可不可以告诉我,这位大圣人叫什么名字?”历史学家回答说:“感谢你的美意。中国历史上的确有这么一位大圣人,他的名字就叫‘人民’!”

回答得多好啊!事实不正是这样的吗?

中篇小说《高山下的花环》中有这么一个激动人心的场面:烈士梁三喜同志的母亲梁大娘和妻子玉秀,在无限悲痛中祭奠了烈士的英灵,马上就要离开连队了,梁大娘用她瘦骨嶙峋的手从衣襟里掏出了两厚叠人民币,一叠是550元,另一叠是70元。指导员赵蒙生惊愕了！舍不得买汽车票，一步步挪了160多里来到这里的梁大娘究竟要干啥？这时，玉秀递给指导员一张纸和一封长长的信——原来是梁三喜留下的一张620元钱的欠账单和一封遗书。在遗书中，梁三喜嘱咐玉秀一定要用他死后的抚恤金和家里卖猪的钱来连队把欠账一次还清，不能给组织和同志添麻烦……

当赵蒙生读完遗书，已是泪如泉涌，痛哭失声。他捧起那550元抚恤金，对梁大娘哭喊着："大娘，我的好大娘！您……这抚恤金，不能……不能啊！……"战士们忍不住哭了，并纷纷哭喊着要替大娘还账。可梁大娘谢绝了战士们的好意，硬是把钱留下，走了……

同志们，当我们含着热泪读到这里的时候，能不为梁大娘她们的高尚情怀所激动吗?！能不从心底里升腾起一股由衷的钦佩和赞美之情吗?！

本来，梁大娘完全可以让组织帮助解决困难，可是，她没有这样做，她甚至没有任何要求。是梁大娘很有钱，不需要照顾吗？不是，她很穷，穷得连张汽车票都舍不得买呀！可她想到的是我们的国家还不富，国家还有难处。这是多么宽广的胸怀呀！

这就是我们的人民，这就是我们的上帝！

无论是现代的对越自卫还击战，还是在过去的革命战争年代，有多少像梁大娘这样的普通老百姓，为了使更多的母亲不失去儿子，她们献出了自己的儿子；为了使更多的妻子不失去丈夫，她们献出了自己的丈夫；为了使更多的人过上好日子，她们克己忍让，献出了自己的一切。我们党的事业，正是有赖于这样的人民的支持，才获得稳步前进的基础。八年抗战，不可一世的日本侵略者为什么被打败了？因为他们陷入了共产党领导的人民战争的汪洋大海；解放战争，有八百万军队的蒋介石，为什么不到3年就迅速地土崩瓦解了？因为蒋介石彻底丧失了民心；共产党刚成立的时候，仅十几个人，为什么能越来越壮大？因为共产党一开始就深深地扎根在人民的土壤之中，从人民身上获得了战胜敌人的伟力。如果没有人民的支持，就不会有我们的今天。

请看下面的事实吧：淮海战役期间，动员民工225万人、担架7万多副、船只1万多艘，派出地方武装40万人，还有大小车41万多辆……同志们，想想看，41万辆车该有多少呀？若按两路纵队，一辆接一辆排起来，能从南京一直排到北京城！这是何等壮观的场面！古今中外，有哪一场战争能得到这么多人民的支援！又有哪一个国家的人民能像我们的人民这样全心全意、舍生忘死、竭尽全力、自觉自愿地支援前线！"革命是人民用小米喂大的，胜利是人民用小车推出来的！"《高山下的花环》中的雷军长说得多么确切呀！

这就是我们的人民，这就是我们的上帝！

再让我们沿着中国近代历史走过的道路回头看看吧：从1840年开始，几乎世界上所有的帝国主义国家都曾经侵略过我国，欺侮过我国，但是他们从来没有一天能把我国变为他们的彻底的殖民地。是强盗们不想灭亡中国吗？不是，从他们用大炮轰开中国大门的时候,就无时无刻不在企图灭亡中国;是强盗的手段还不够阴险凶残吗?也不是,他们依仗船坚炮利,在中国的国土上烧杀抢掠,无恶不作,已是无所不用其极了。那么究竟是什么原因使得侵略者的罪恶阴谋没有得逞,也永远不能得逞呢?这就是因为在他们面前横亘着一道永远也无法逾越的屏障——以体现中华民族之魂的爱国主义精神凝聚起来的、中国人民的伟大抗争力量!从1841年三元里人民的抗英斗争到太平军将士勇斗洋枪队,再到1900年义和团勇士点燃反帝怒火,我们的人民用鲜血维护了祖国的尊严,用鲜血捍卫了祖国的领土,用鲜血粉碎了外国强盗的迷梦,使中国从亡国灭种的边缘一直延续了下来!

这就是我们的人民,这就是我们的上帝!

几百年来,为了拯救人民的危亡,为了摆脱贫穷落后的面貌,我们的人民前仆后继,英勇奋斗,经历了无数次的挫折和失败,最后终于在中国共产党的正确领导下,取得了1949年的伟大胜利。从此以后,人民才真正成了国家的主人。然而令人感到痛心的是:在革命胜利以后的一个很长时期内,由于众所周知的原因,我们的人民并没有真正过上舒心的好日子。正如雷军长说的那样:“你只要看看梁大娘穿的那一身衣裳,再看看梁三喜留下的那张欠账单,你就不难想象出,她们还过着啥样的日子啊……”甚至在养育革命的圣地延安,居然还有不少人家连吃饭的黑碗都买不起呀!同志们,这绝不是杜撰,这是事实,无可讳言的事实。可就是在这样困难的条件下,我们的人民却依然坚信党的领导,依然和党同心同德。依然没有怨恨,没有忘记革命,没有忘记祖国的利益,始终不渝地支撑着我们的整个事业。一旦祖国需要,他们又义无反顾地献出自己的一切!

这就是我们的人民,伟大的中国人民!

我们有这么好的人民,这正是我们事业胜利之所在,希望之所在,前途之所在!

遗憾的是,在我们的社会里,有一小部分人却忘记了这一切。不是有人吃着母亲的乳汁长大,到头来却忘记了人民的养育之恩吗?不是有人滥用人民交给他们的权力,胡作非为,欺压群众,甚至走上犯罪道路吗?不是有人把人民视为阿斗,而把自己当作人民的救世主吗?……凡此种种,都说明现实生活中的确存在着那么一小部分官僚主义者。我们奉劝那些至今仍未醒悟的官僚主义者,如果你们的良心还没有泯灭,那就赶快向人民——我们的上帝“忏悔”,请求他的“宽恕”吧!如若不然,必将被党和人民唾弃!

同志们,人民,是我们的上帝,是我们事业从胜利走向胜利的根本。让我们在党中央的领导下,为人民的利益而尽心尽力奋斗吧!

我们知道,上帝,是基督教奉为至高无上的主宰;人民,则是为众多演讲者反复讴歌的群体。而陆建平却把人民与上帝放在同等位置,把深刻的思想、精确的数字、生动的形象、感人的场面交织在一起,层层递进,环环相扣地进行事实上的阐述和理论上的论证,从全新的角度挖掘出“人民,是我们的事业胜利之所在,希望之所在，前途之所在”这颠扑不破的真理；用跳荡的音符谱出了时代的最强音：“人民——上帝，上帝——人民！”立意新颖而高远，思想深邃而不俗。整篇演讲字字含情，句句动魄，似幽谷号角，激越、壮美而不乏和声，似高峡飞瀑，气势磅礴而又带着一丝沉重，动人之情，催人上进。

五四时期，徐特立同志在湖南办学。有一次，因有人得罪了湖南辰州的英国传教士，卖国政府竟然用大炮轰死了同胞 10 多人，还赔偿洋人白银 8 万两。徐特立有着强烈的爱国心，耳闻目睹了这类国耻后，义愤填膺，他专门为修业学校的学生发表演讲。讲到帝国主义列强侵略中国，洋教士为非作歹，清政府软弱无能，中国人惨遭杀害时，徐特立同志声泪俱下，他号召青年一代要“把救国的担子挑起来”，激励热血儿女“义之所在，虽赴汤蹈火，亦在所不辞”。说完，他跑进厨房，拿来一把菜刀，当着全体听众，斩断自己的一节手指，并立即用断指鲜血写了 8 个大字：“驱逐鞑虏，恢复中华”徐特立同志断指作演讲的爱国壮举，使在场的青年学生感动得泪如雨下，热血沸腾，燃烧起熊熊的爱国主义烈火。

二、演讲稿的写作

英国前首相丘吉尔是一位出类拔萃的演说家，被列为世界 10 大演说家之一。但是，丘吉尔在议会上发表演说时，却栽过一次大跟斗——当他讲到一半时，突然忘了下文，无论如何也想不起来了，憋得面红耳赤，丘吉尔只好中断演说，尴尬地回到自己的座位上。

为什么会出现这种情况呢？这是因为，根据英国议会的传统，在议会发表演说，人们可以插话或提问，打断演说。丘吉尔参加议会的最初几年，对这样的插话和提问方式不大适应，不得不在事前进行认真的准备，他不仅要针对辩论可能出现的情况准备不同的对策，而且要背熟根据不同的对策写出的讲稿。因为在英国下院照本宣科地读讲稿被认为是愚蠢的表现。尽管丘吉尔有着相当好的记忆力，但要背几种不同的讲稿也不是一件容易的事。在发表演说时，就很容易混淆。

丘吉尔在发生突然忘掉下文，中断演说这件事之后，他怕再出现类似的情况，就在演说的时候，把演讲稿拿在手里。直到丘吉尔的政治生涯结束为止，他的所有重要演讲都是事先写好稿子，并且对演讲稿的内容和形式都毫无例外地作过仔细的推敲。丘吉尔准备演讲稿总是尽心竭力，就是在他当了首相管理庞大的官僚机构之后，还是亲自撰写演讲稿，而且还是那样认真。这是丘吉尔能成为一个出色的演讲家的重要原因。

演讲成功的秘诀之一在于有充分的准备。即使已经成为演说家，在每次演讲之前，也要做认真的准备。例如列宁，也是一位卓越的演说家，最近被美国《展示》杂志列为近百年来世界最有说服力的 8 大演说家之一。据克鲁普施卡娅所写的回忆录说：“虽然列宁有那样广博的宣传经验……但是他对自己的每次演讲，每次报告，总是要仔仔细细地做准备工作。”从保存下来的列宁的许多演讲和报告提纲中可见,他的演说大都不是即兴的,而是预先作了精心准备的。

著名的《葛底斯堡演说》,全文不过500多字,只讲了两分多钟,却是美国第16任总统林肯花了15天时间准备,反复修改了无数次而成的。一家权威报纸盛赞它“是无价之宝,感情深厚,思想集中,措辞简练,字字句句都很朴实,优雅,行文完美无疵”。这篇演说辞被铸成金文,现存放于牛津大学,被视为英语演说的最高典范。

87年前,我们的先辈们在这个大陆上创立了一个新国家,它孕育于自由之中,奉行一切人生来平等的原则。

现在我们正从事一场伟大的内战,以考验这个国家,或者任何一个孕育于自由和奉行上述原则的国家是否能够长久存在下去。我们在这场战争中的一个伟大战场上集会。烈士们为使这个国家能够生存下去而献出了自己的生命,我们来到这里,是要把这个战场的一部分奉献给他们作为最后安息之所。我们这样做是完全应该而且非常恰当的。

但是,从更广泛的意义上来说,这块土地我们不能够奉献,不能够圣化,不能够神化;那些曾在这里战斗过的勇士们,活着的,去世的,已经把这块土地圣化了,这远不是我们微薄的力量所能增减的。我们今天在这里所说的话,全世界不大会注意,也不会长久地记住,但勇士们在这里所做过的事,全世界却永远不会忘记。毋宁说,倒是我们这些还活着的人,应该在这里把自己奉献于勇士们已经如此崇高地向前推进但尚未完成的事业;倒是我们应该在这里把自己奉献于仍然留在我们面前的伟大任务——我们要从这些光荣的死者身上吸取更多的献身精神,来完成他们已经彻底为之献身的事业;我们要在这里下定最大的决心,不让这些死者白白牺牲;我们要使国家在上帝福佑下得到自由的新生,要使这个民有、民治、民享的政府永世长存。

著名演说家李燕杰认为,一篇好的演讲稿,应该是演讲者的智慧、感情与心血的结晶。

演讲稿是演讲者在准备演讲阶段写成的文稿,它是演讲者进行演讲的主要依据,是演讲取得成功的重要保证。要提高演讲质量,首先就要提高演讲稿的质量。

演讲主要是用口头的有声语言来表达。有声语言有它的长处:一是传声性,二是表情性。有声语言有跳跃着的生命,在语流进程中显出千姿百态,反映客观事物时比书面语言更生动,更具体。

然而,有声语言也有它的缺点,那就是从思想转化为语言的过程很短,思想一旦形成语言,就变成最终的形式。它不像书面语言那样,写作者有足够的时间来考虑表达方式,修改语句。正因为如此,在口头语言中常常会出现重复、啰嗦、用词不当、词不达意、语句不通等毛病。

为了清除口头语言中这些毛病,就需要把口头语言变为书面语言,化声音为文字,把口头的演讲变为书面的文稿。口头语言一旦变为书面语言,就可以在遣词造句、布局谋篇方面进行加工,就可以使演讲语言规范化。因此,严肃、郑重的演讲，一般都需要事先备有讲稿。

一篇成功的演讲稿，要求做到：(1)主题鲜明突出；(2)选材生动典型；(3)论证深刻有力；(4)结构完整清晰；(5)语言通俗生动；(6)篇幅短小精悍。下面我们分别举例来讲。

(一)演讲稿的灵魂——鲜明突出的主题

清代大学问家纪晓岚给一篇文章写评语，用了杜甫的两句诗："两个黄鹂鸣翠柳，一行白鹭上青天。"真可谓别出心裁！

该文的作者看后，得意洋洋，以为纪晓岚是在夸奖自己的文章写得好，拿着到处去炫耀。可是别人却不这样看，有人去请教纪晓岚，纪晓岚说："两个黄鹂鸣翠柳，是说文章不知所云；一行白鹭上青天，是说文章不知所往。"

有些演讲者也犯了这样的毛病，讲得滔滔不绝，口若悬河，可是听众却昏昏然，不知他究竟讲了些什么。究其原因，乃在于他的演讲中没有一个鲜明而突出的主题。

主题就是体现于演讲稿中的中心思想，也就是演讲者通过全部演讲内容所表现的一种思想或意向。

一次演讲的内容可能很多，但必须有明确的主旨，给予听众一个经过提炼的核心思想，提倡什么，反对什么，都要旗帜鲜明，决不能模棱两可，含糊其辞。

演讲稿的主题，犹如人的灵魂。一个人即使是有血有肉，活生生的，但如果没有灵魂，也不过是行尸走肉。所以演讲者在准备演讲稿的时候，首先就要问问自己：我的演讲究竟要告诉听众什么？解决什么问题？也就是说，主题是什么。如果主题明确了，你就可以使自己的演讲像聚光灯一样，瞄准主题论述下去。

演讲稿的主题，又好比军队的统帅。军队的统帅号令三军，静如山林，动如海啸，进可以攻，退可以守。如果没有了统帅，就是一群乌合之众，没有战斗力。演讲稿有了主题，就可以统观全局。材料的取舍，结构的安排，语言的运用，感情的浓淡，统统取决于它，服从于它，为它服务。这样，才能形成一个活生生的、统一而完整的整体。

主题突出，就是要求演讲稿的全篇必须紧紧围绕一个中心展开说理，努力使这个中心思想突现出来，使听众得到深刻的印象。

例如，演讲稿的典范之作——恩格斯的《在马克思墓前的讲话》，主题是颂扬马克思的伟大功绩。围绕这个主题，在演讲稿的开头，简要地叙述了马克思逝世时的情景后，接着通过对马克思丰功伟绩特别是他对人类历史发展规律、剩余价值规律这两大发现的追述，阐明了他在理论上的伟大建树。还从马克思亲身参加并领导伟大的革命斗争实践和不同阶级对待马克思截然不同的态度上，反映出马克思对无产阶级革命事业的卓越贡献。最后，推出结论：马克思的英名和事业永垂不朽。这篇演讲稿正是由于处处围绕主题，因而使主题非常鲜明突出。

再如一位失足青年的演讲《幸福究竟是什么》：

我叫周开霖，男，31 岁，犯流氓盗窃罪，被判刑 9 年 6 个月。我今天演讲的题目是:《幸福究竟是什么》。

幸福是什么？有位资产阶级哲学家提出这样一个公式:幸福＝欲望÷努力。从这个公式可以看出，对幸福的欲望越大，为这些欲望付出的努力越小，所谓的幸福也就越大。我所追求的幸福就是用这样的公式表达的。在那不堪回首的过去，我贪的是纸醉金迷，图的是不劳而获，因此跌入了犯罪的深渊。

我曾是一名即将获得硕士学位的研究生。1983 年连续发表了 3 篇论文。按理说，像我这样一个实际只受过小学教育，后来又在菜场工作了整整 5 年的青年，能有这样的幸运，应当知足了。可我总感到自己生不逢时，总感到生活给我的太少太少，我追求的所谓幸福是名利、地位、出国深造。十几年来，我在人生的道路上四处寻觅，想寻找自己心目中所谓的幸福，而对身边的真正幸福不屑一顾，一个劲儿用别人的痛苦作垫脚石，去攀登那永无止境的贪欲的高峰。在一些西方资产阶级书籍影响下，我过早地谈起了恋爱。在错误幸福观的支配下，经过 6 年病态的恋爱，我终于和我的女朋友分手了。考上大学后，我又抛弃了正处于热恋中的同在一个菜场工作的女友。我欺骗那些天真无邪的姑娘，玩弄她们的感情，占有她们最宝贵的贞洁，自己也终于成了为世人所不齿的罪犯。“玩弄生活的人，终究要被生活所玩弄。”世界上有这么一种人，由于贪婪，想得到更多的东西，结果反而把现存的一切东西都丢掉了。我就是这样一个活生生的例子啊！

1983 年 8 月 17 日，我还在纺织部组合最优化理论班上为来自全国的机械设计人员上课；而两天以后，8 月 19 日，我却被戴上了手铐。12 月 9 日，我因流氓盗窃罪被判处有期徒刑 9 年 6 个月。生活的小船一下被巨浪所颠翻，痛苦、悔恨、绝望集中而来。当我第一次步入高墙，听到铁门在我的身后轰然关闭的时候，有一种从悬崖上掉下来的感觉，觉得一切都完了。就在这些最痛苦的日子里，大脑细胞变得异常活跃，许多往事带着甜、酸、苦、辣一起涌上心头。我发现了十几年来，自己没有找到的幸福，过去一直在我身边。生活曾给过我那么多、那么多幸福。至今我还记得孩提时的一件琐事:1963 年的下半年，父亲得了病，医生诊断为恶性肿瘤，全家都沉浸在生离死别的痛苦之中。父亲需要营养，可是当时家里很穷，母亲要上班，还要照料父亲，早出晚归，我们 4 个孩子全靠自己照料自己。当时我们只有一个心愿:撑住这个家，让父亲安心哪！临近春节，父亲要上手术台了，他怀着诀别的心情，要我们 4 个儿女一块儿乘车去见他。他躺在病床上叮嘱我们要听妈妈的话，还第一次给了我们每人 5 毛钱的零花钱。这 5 毛钱对当时的我们来说是多么可观的一笔巨款啊！它，可以实现我们多少童年的梦啊！可我们拼命抑制住花钱的欲望，把钱凑在一起买了彩纸打扮屋子，还为母亲买了我们的第一件礼物。除夕之夜，从医院赶回家的母亲看到彩灯下简单的年夜饭，接过礼物，一下子把我们搂在怀里哭了。当时，我只觉得非常非常开心，直到今天，我才意识到这是一种幸福，一种真正的幸福。在失去了名利、地位、自由的同时，我也悟出了一个真理:幸福存在于天伦之乐之中，存在于给予他人快乐之时啊！

有人说阶下囚的生活是一片苦海，可我说不完全是。一旦明白了幸福的真实含义，那么幸福还会存在。我的女友在我一帆风顺的时候离开了我，而当我被判了徒刑一无所有的时候，她却来到了我的身边。她想用自己一片真挚的爱来唤醒我的良知，拉我走上正路。我曾亵渎过爱，我不配得到这种感情，而她为了挽救我却宁愿付出牺牲自己整个青春的代价。在我最痛苦的时候，是管教队长扶持我度过了人生这段最艰难的旅程，他还赠给我16个字："好好读书，认真改造，贵在坚持，定有成效。"社会上还有许多人来信鼓励我好好改造，重新做人。我觉得我是富有的，我得到了纯洁的爱情，得到了家庭的温暖，人们对我寄予了希望，更难得的是还有政府的关怀。我觉得自己在失去了许多的同时又得到了许多，我在痛苦中尝到了幸福的甘甜。

我也曾是你们中的一员，只因为贪得无厌，才落到了今天如此可悲的地步。等我醒悟时，却已经付出了自由的代价。对你们今天自由自在的生活，我过去不满足，也嫌弃过，而今天却是可望而不可即了呀！去年的5月8日，团市委和劳改局联合举办了"走向新岸"报告会。这个报告会给了我很大的震动，我万万没想到昔日的罪犯真心改悔，做出成绩，能当上劳动模范，成为政府的劳改工作干部。今天的罪犯，只要迷途知返，还能得到这么优越的学习条件，这不是幸福吗？我也深深地感到，一个人的幸福莫过于像你们那样生活、工作、学习，造福于社会。我的上进心猛醒了，我决心在抓紧自身改造、积极参加劳动的同时，系统地读一些关于政治思想修养的书，努力从认识论、心理学、社会学角度根除自己的犯罪意识。我还准备在巩固和加深原有两门外语的基础上再学几种外语，并攻读运筹学，自学博士研究生的课程。

幸福到底是什么？到底是什么呢？我在人生的道路上整整寻找了十几年，在经受了人生最大的挫折后，终于离正确的答案越来越近了。我国有一位哲学家提出过这样的一个公式：幸福＝理想×努力。理想意味着真、善、美，而努力则意味着奋斗和汗水，这两者互为依存，形成了真正的幸福。我有理想，这就是踏实地改造，勤奋地学习，成为一个正直的、有利于社会的人。我决心奋发努力，因为要实现理想就要付出劳动，正如秋天的收获离不开春天的耕耘。我感到人生的幸福在向我招手，当我获得她的时候，将是我真正成为新人，用自己的双手，用人民给予我的智慧为"四化"服务的时候。

演讲者通过自身从一名研究生变成囚犯的经历，加上精辟的论证，表现了主题：错误的幸福观使自己跌入了犯罪的深渊；在经受了人生最大的挫折后，才找到了正确的答案：真正的幸福＝理想×努力。

（二）演讲稿的血肉——生动典型的选材

如前所述，演讲稿的主题，犹如人的灵魂；而演讲稿的材料，就好比人的血肉。一个人没有血肉，灵魂也就无所依附。就是说，演讲稿的主题不是抽象的概念，而是通过一定的事实和道理，即具体材料表现出来的。没有材料，主题也就没有着落。人们常说的“摆事实,讲道理”,就是运用具体材料来证明观点,表现主题。

著名演讲家李燕杰从北京师院到整个首都,从首都到全国各地,从中国到西欧诸国都留下了足迹。他的演讲之所以产生如此巨大的影响,是与他演讲的内容分不开的。他的演讲没有空洞的说教,多用讲故事、举例子等方式,给人们以启迪。例如,他在《国家、民族与正气》这篇演讲稿中,讲到爱国之心时,就举了萧邦、贝多芬、屈原、文天祥等人物的例子,讲了他们爱国的故事。

每个青年都关心自己祖国和民族的命运。国家的正气、民族的正气是团结鼓舞群众积极向上的巨大力量,是一个国家、一个民族兴旺发达的重要精神支柱。我今天就想以“国家、民族与正气”为题作一个发言。

爱国之心

祖国是神圣的。

爱国主义就是对祖国的热爱,就是“千百年来巩固起来的对自己祖国的一种最深厚的感情”。这种热爱和感情根深蒂固地埋植在人民的心里,成为道义上的一种巨大力量。翻开世界史,有哪个国家的人民不主张爱国?又有哪个国家的人民不把爱国精神看作一种伟大而崇高的心灵美呢?

现在我想从国外说起。

萧邦是一个大音乐家,这是大家所熟悉的。在就读音乐学院的时候,他已经是很有名气的音乐家了。他19岁那年,从音乐学院毕业。毕业后,他到维也纳举行过两次演奏会,第二年春季又在华沙演奏,都获得了极大的成功。老师和同学都劝他到国外深造。当时的波兰正遭受沙俄统治者的蹂躏与侵略,他虽然热爱祖国,想留在祖国,但现实环境会窒息他的艺术才能,所以他接受了师友们的建议,于1830年出国。在出国前的告别宴会上,朋友送给他一个银瓶,其中装满了波兰土地上的泥土。他出国不久,听说国内发生了反对沙俄统治的武装起义,他想马上回国。但在回国的路上听说起义被沙俄政府镇压了,他只好取消回国的念头。就这样,他在国外颠沛流离19年,这瓶祖国的泥土,也一直伴随着他。

1849年,他在巴黎一病不起。在生命垂危的时候,妹妹柳德维卡来探望他,他说:“我在人世不会太久了,在我去世以后,波兰反动政府是不允许我的遗体运回华沙的,但我希望至少能把我的心脏带回祖国去……”

萧邦终于与世长辞了。在安葬遗体的时候,朋友们遵照萧邦的遗愿,在墓穴里首先撒下伴随他多年的银瓶中的祖国的泥土,并把他的心脏带回到波兰,保存在圣十字架教堂里。

在萧邦看来,祖国的泥土比金子还要宝贵。而萧邦这颗爱国的心脏,远胜过纯金。从祖国的一瓶泥土,到萧邦这颗心脏,这里包容着一个爱国音乐家对祖国的忠诚与热爱!

另外,我还可以说说德国大音乐家贝多芬的故事:

贝多芬是资本主义上升时期欧洲资产阶级音乐艺术最杰出的代表。脍炙人口的《热情奏鸣曲》《命运交响曲》《合唱交响曲》等,都是他的传世佳作。他一生写了256部作品，用音乐语言倾诉了欧洲人民在封建专制桎梏下的苦难境遇，讴歌了广大民众反抗专制统治和外来侵略的英勇斗争，抒发了他们对自由生活的渴望。

1809年10月，法国拿破仑的军队进攻维也纳。维也纳沦陷后，趋炎附势的奥国贵族争相向敌人献媚。这时，贝多芬住在奥国贵族李希诺夫斯基家里。一天，李希诺夫斯基把贝多芬叫去，要贝多芬给住在他家的法国军官弹钢琴曲。贝多芬认为这样做有辱尊严，便关了房门，坚决不去。李希诺夫斯基怕得罪法国人，让人强迫贝多芬演奏。贝多芬愤怒至极，便顺手拿起一只凳子向李希诺夫斯基砸去。当天晚上，贝多芬便冒着倾盆大雨，毅然离开了李希诺夫斯基的家。后来，他在给李希诺夫斯基的信中写道：

公爵，你所以成为公爵，只不过由于你偶然的出身；我所以成为贝多芬，却完全靠我自己。公爵在过去有的是，现在有的是，将来也有的是；而贝多芬却只有一个。

历史是公正的，也是无情的。公爵在人类历史上没有留下任何痕迹，可是贝多芬却以他那爱国主义的美好心灵和那一系列不朽的乐章，在亿万人民的心目中，耸立起一座非人工的纪念碑。

下面，再看看咱们中国，先说说第一个大诗人——屈原的故事。

屈原，是我国文学史上一位爱国诗人。他20多岁就在宫廷供职，任楚怀王的左徒。他年轻位高，又深得怀王的信任，所以很想替楚国做一番事业。当时，正是七雄割据的战国时期，在这7国中，以秦、楚、齐3国最强。而3强中，又以秦国的力量最大。屈原为了替楚国争雄，进而统一天下，他提出在内实行政治改革，励精图强，在外联合齐国，抗击秦国。但是遭到了怀王宠姬郑袖和大臣靳尚、子兰的反对，结果楚怀王听信谗言，免去了屈原的职务。后来，楚怀王被秦国骗去，当了3年秦国的俘虏，死在那里。正在汉北流浪的屈原，南望郢都，北望高山，伤心楚国政治的腐败和国运的衰微，在一首诗里他写道：在那广漠的山野中，自己好像是一只从南边飞来的孤独的鸟，内心始终充满着忧国忧民的悲愤之情。怀王死后，顷襄王继位，屈原被召回宫廷，但不久又遭到亲秦势力的打击，再次被放逐到江南去。在那偏僻的地方，他时常孤独地出没在江边泽畔，望着楚国的天野，写下了流芳百世的不朽名作《离骚》。这首诗中有一段写他上天述志，但天门不开，他只好去问巫咸，巫咸告诉他楚国不可久留，不如到国外去。于是他乘龙驾车，在天空中飞翔了一会，忽然在阳光中看到自己的故国，他的仆人悲伤起来，马也不肯走了。深沉的忧国怀乡之情，使他不忍离开祖国。怎么办呢？他写道：“既莫足与为美政兮，吾将从彭咸之所居！”彭咸，似指殷代的彭咸，说他不能实现政治理想，就去仿效殷代的彭咸。表示他将用生命来殉他的祖国。

对屈原的以身殉国，有人曾经伪托屈原的名义写了一首题为《渔父》的诗。这首诗写他“颜色憔悴，形容枯槁”，在泽畔边走边吟诗时，与渔父的一段对话。渔父看见他问道：“你不是三闾大夫吗？为什么到了这步田地？”屈原说：“举世皆浊我独清，众人皆醉我独醒，所以我被放逐了。”渔父又说：“圣人不拘泥，处世接物能够随和。举世皆浊，你为什么不去随波逐流？大家都醉了，你为什么不多喝酒？你何苦太操心，不合群，叫人把你放逐？”屈原回答道：“我听人说过，洗了头要把帽子弹弹，洗了澡要把衣衫抖抖，哪能够以干净的身子，沾染外界的污垢？我宁肯跳进江心，埋葬鱼腹，怎么能在皎皎的洁白之上，蒙受尘世的垃圾？”可见，他不肯随波逐流，抛弃他的政治理想与爱国热忱，宁愿玉碎而不愿瓦全。

楚国郢都被秦国攻破之后，他悲愤无比，终于带着一颗忧国忧民之心以及无力振兴国家的感伤，投入长沙附近的汨罗江自尽了。这一天正好是旧历五月初五。人民为了纪念他，有些地方便举行了划龙船、吃粽子的活动。两千多年过去了，直到今天，每当到了五月端午，中国人民还保留着吃粽子的习惯。如此长久的时间，人们世世代代都缅怀、纪念屈原，就因为屈原有一颗炽热的爱国之心。

南宋末年的民族英雄文天祥在战地被俘，他在被押往元都城的路上，写下了这样慷慨悲壮的诗句：

满地芦花和我老，
旧家燕子傍谁飞？
从今别却江南日，
化作啼鹃带血归！

这首诗的意思是说，当我这次告别江南父老以后，很可能是一去不复返了。即使自己以身殉国，也要变成啼哭出血的杜鹃，飞回故国！文天祥对祖国是不惜与之生死相共的！

历史上，真正成就大事业的人都是把祖国的命运与自己的命运紧密联系在一起的，在他们的胸怀里，始终跳动着一颗追求至真、至善、至美的爱国之心。

近几年来，我一直在青年群众中生活，深深地感受到，在他们身上同样跳动着一颗颗赤诚的爱国之心。

下面，我讲一个真实的故事：

我有一个学生，名叫金安平，只有19岁。当有人感到郁闷，认为我们国家这也不好，那也不行，甚至觉得祖国也并不可爱的时候，小金在想什么呢？

“不管母亲多么贫穷困苦，
儿女对她的爱也绝不会含糊。
我只喊一声‘祖国万岁！’
更强烈的爱在那感情的深处。”

四句诗，斩钉截铁！她时刻想着我们的祖国，默默地发愤攻读，使我感受到青年们的心灵之美。现在的大多数青年都很关心祖国的命运，这是青年一代热爱祖国的心灵美的反映。一次，我到一个中学做报告，当我讲到我们国家经济有困难，有巨额的财政赤字，紧接着我就朗诵了小金这首诗，当时我就发现许多女生的眼角挂着泪花。没过3天，就接到从这个学校发来的18封信。其中一个女孩子在信中说：

“李老师，当您谈到咱们国家经济困难，有巨额的赤字的时候，别人因为您那幽默的语言而喧笑，我却沉默了。我默默地背诵着您所读的小金姐姐的四句诗，……您所说的巨额赤字，就如同烙铁一般烫在我小小的心灵上，我恨我自己，为什么不快快成长，好为我们的党、我们的祖国——母亲分担一点忧愁啊！”

读到这里，我热泪盈眶。她姓陈，是军人的女儿，年仅16岁。我记得杜勒斯临死前曾说过，他要用管乐吹垮共产党的第三代，改变我们前进的路标。我说，杜勒斯先生，你的预言落空了！从小金和小陈的身上，我们看到了民族的希望，青年一代绝不是垮掉的一代！

听了这些生动感人的故事，人们的爱国之心就自然会受到陶冶和激发，演讲者的目的也就达到了。

作为演讲材料的事实，既可以是历史上的名人故事，也可以是现实生活中的真人真事；既可以取材于书籍、报刊、广播、电影、电视等等，也可以从日常生活、学习、工作中获得。演讲中如果充满了富于人情味的有趣故事，就必定能够吸引住听众，并且保持住听众的注意力。

而这种富于人情味的有趣素材，其最丰富的来源是你自己的经历。你应该毫不犹豫地把你自己的经历告诉听众，听众是很有兴趣听演讲人讲讲自己的故事的。这种故事是掌握听众注意力的最可靠手段，千万不要忽视它们。

1945年11月，辽宁部队在庆祝苏联十月革命28周年时，会议主持人宣布：“请李隆郅同志作报告。”只见一个瘦高个的中年人接过话筒就讲开了。当他讲到李立三“左”倾冒险主义错误时，他提高嗓门说：“李立三先后命令红军攻打南昌、武汉、长沙、九江，幻想能够会师武汉，饮马长江。当时，毛泽东同志对这个命令的下达和执行都不同意。后来，在瞿秋白同志主持下，党在上海召开第六届三中全会，纠正了‘左’倾冒险主义。”这时候，报告人突然大声问听众：“你们都认识李立三吗？”接着用手一指自己：“我就是李立三！”顿时，全场掌声雷动。

闻一多先生也有类似的情况。1944年10月19日，昆明举办鲁迅逝世8周年纪念晚会，考虑到闻一多过去曾经被认为是“新月派”，与鲁迅意见相左，晚会主持人不打算请闻一多出席。谁知闻一多知道后，马上表示要出席演讲。当他开始演讲之前，先回过头去向鲁迅遗像鞠了一躬，然后说：“鲁迅对，鲁迅以前骂我们清高，是对的。他骂我们京派，当时我们在北京享福，他在吃苦，他是对的。”闻一多继续激动地说：“时间愈久，越觉得鲁迅先生伟大。今天，我代表自英美回国的大学教授，至少我个人，向鲁迅先生深深地忏悔！”

李立三、闻一多这种坦荡无私的胸襟，勇于解剖自己的精神，感人至深。

又如成都师范学校教师李莹洁的演讲辞《我愿做一支燃烧的蜡烛》，在全国10城市青少年演讲邀请赛中获得一等奖。

每当有人问我为什么选择教师这个职业的时候，我总要想起我的第一个老师，她，是一位连我的名字也认不全的初中生，把李莹洁读成李宝洁。她的脸没有红，我的脸却发烧了。就是在那视知识如粪土的恶浪腥风中，一些本应长成雄鹰的雏鸟夭折了，本应长成大树的幼苗弯曲了。我简直难以相信：就是他，我的同班同学，那双曾做出令人羡慕的航模军舰的手，却成了扒窃的工具；就是他，我的小伙伴，那曾经一心想当科学家的孩子，却成了打架大王。这残酷的事实，深深地刺痛了我，一个愿望在胸中涌起：我要当教师！就这样，中学毕业后，我带着朴实的想法考进了成都师范学校。当然，那时我还不能充分理解教师这两个字的深刻含意。

15岁是梦的年龄，我幻想在充满爱的童心中，品尝桃李满天下的幸福。然而，现实比我的幻想严酷得多，艰难得多！当我踏进成都师范校门时，愣住了：这是校门吗？歪斜的木桩、剥落的油漆，分明是断了香火很久的破庙门。而这的确是省重点师范学校的校门！我看见一些年过半百的老师，一家三代挤在10多平方米的陋室里；我看见许多身患重病的老师，抱病登上讲台；我看见不少性格坚强的老师，因班上没有人甘心当教师而喟然长叹……有人对我说：古人尚知"穷不习武，富不教书"，你是何苦呢？面对这一切，我开始认真思考自己的选择，我第一次感到教育工作少的是浪漫，多的是艰辛。

1984年7月，我来到了一所乡村小学。看到那破烂不堪的校舍和桌椅，真让人难以相信这就是学校，这就是20世纪80年代的学校！但音乐教师教唱得走了调的流行歌曲，又让人感受到了一点变了味的时代气息。一位农民告诉我：他的孩子不痴不傻，可读了3年书，交了10多元学费，只学会了10来个字。我被震惊了，我意识到了一种从未有过的责任，那就是：从选择教师这个职业的那天起，我就挑起了一副沉重的担子，它的一头挑着落后的过去，一头挑着人民的希冀和未来。我坚定了当教师的信念，我愿在这三尺讲台开始人生的追求！

为了这美好的追求，教师们"俯首甘为"；为了这美好的追求，教师们"蜡炬成灰"。在我们成都的一所普通中学里，有一位姓郭的老师，上课时，他经常向学生请假跑厕所。为什么？谁也不知道。直到医院通知学校，郭老师膀胱癌已到晚期，大家才明白过来。临终前，郭老师说："我不敢请假啊，大家都忙，我拖下的课，什么时候补啊！"郭老师不是党员，也不是劳模，甚至死后也没有被授予任何荣誉称号，然而他尽了一个教师应尽的责任，燃烧到生命的最后一息。巍巍群山，滔滔江河，哪里没有教师耕耘的足迹？哪里没有园丁献身的壮歌？正如一位前辈所说："教师这个职业本身就意味着牺牲。"

的确，作为教师，我们失去了很多：本来可能成为文学家的人悄悄地藏起了未打上句号的手稿，本来可能成为发明家的人无声地卷起了设计图纸；没有显赫一时，没有流芳百世，有的只是年复一年的默默耕耘。从这一点上说，我们是不合算的。然而，我们的生命将在一批又一批学生身上延续，我们的青春将在一代又一代青年身上闪光，这对于一个有限的生命体来说，不正是无限的生命力吗？由此看来，我们得到的毕竟大于失去的。世界上还有什么比这更幸福的呢？

如果说过去我想当教师是受感情的支配，那么，从我当上教师的那一天起，理智的砝码就越来越重了。这砝码可能会压得我喘不过气来，但我绝不后悔。请相信我，一名教育战线新兵的誓言吧——燃烧自己，照亮他人，燃烧生命，得到永生！

在全篇演说中，讲的全部都是演讲者自己所见所闻所感，却是那样地吸引人，感动人，教育人！

演讲如果只有理论的说教，而没有事例的印证，就会使听众感到空洞乏味，不愿卒听。要想使自己的演讲获得成功，就必须占有大量的材料；要想占有大量的材料，就必须注意随时随地收集和整理材料。只有广泛地收集和占有材料，才能为演讲打下坚实的基础。

不过，这些材料只是提供了写演讲稿时取材的可能性，积累的材料越多，选择的余地越大；而要写好演讲稿，还必须对材料加以选择，要选取那些能够突现主题的材料，这是选材的基本原则。演讲者在材料的基础上形成了主题，反过来，为了更好地表现主题，又需用主题来统率材料，选择材料。

例如，陈毅同志 1941 年 1 月就任新四军代军长时，发表的就职演讲辞：

……

我想在这里讲一讲新四军的问题。新四军是一个什么队伍，在座的同胞和同志们都知道得很清楚的。从新四军成立那一天起，兄弟就在新四军工作，直到现在 14 年中都没有一天离开过。在中华民国 17 年(1928 年)冬天就有了新四军(新四军前身是老四军)。大革命失败了，反动派破坏北伐革命，不愿意实行三民主义，与北洋军阀勾结，爆发反革命的清党运动，在南京广州擎起了反共的旗帜，一方面反共，一方面投降帝国主义，出卖人民与中国革命的事业。亲日派、反共顽固派头子、日本帝国主义应该想一想：在这 14 年长期的历史中，是不是消灭了新四军——中国革命的军队！事实证明他们是失望了！(全场鼓掌)叶项军长、朱德司令、毛泽东同志，在过去为了建设中国工农红军，整整奋斗了 14 年。反共顽固派动员了几百万大兵，经过了 6 次围剿，都不能消灭我们；顽固派着急了，抵不住了，只好拿下反共的招牌来合作。大头子被捉去了，还是周恩来去讲情放出来的。难道忘记了吗？

在大革命失败的时候，朱德总司令只带了 800 多人上井冈山，就发展成为今天的 50 万大军。这样干下去是一定会胜利的。新四军的前身是南方各省的游击队，那时全部只有 2 千多人，因当时在残酷的斗争中，还受到损失。项英同志和兄弟在一起，在广东、江西交界的一个山上，只有 200 多人；3 年后，新四军发展到 9 万人。今天 9 万人还被他消灭吗？要被消灭，在大革命失败时就可以被消灭，在 3 年游击战革命失利的时候，也可以被消灭，但是没有被消灭，相反的是十倍百倍的壮大与发展。今天新四军有 9 万人马，四五省的抗日民主根据地，将近一万万的人民拥护。谁想来消灭他，谁就要失败。新四军是中华民族的先锋队，它是最坚决的，为着中华民族的解放与人民的事业而奋斗。中华民族一天不解放，中国人民一天不解放，则新四军必然会发展，是毫无疑义的。过去 10 多年来，我们为什么能够存在？就是因为有革命民众的帮助，爱国同胞以及成千成万的青年的加入。虽然在斗争中有牺牲有伤亡，但是新生的力量继续地涌入我们的队伍，使我们愈加强大了。新四军是由优秀的分子组成，代表抗日民众利益与要求，高举着这面抗战的大旗，坚持地抗战到底。有了这面大旗，这便是不能战胜的力量之根源。真是取之不竭，用之不尽，越打越强！正因为这样，所以重庆当局的亲日派、反共顽固派，看见新四军不可抵挡的发展，所以要来打新四军。他们不愿意抗战，与日本鬼子勾结起来，消灭、取消抗战有功的新四军，这不仅是与新四军作对，而且是与中国抗战作对，和4万万老百姓作对！新四军有4万万抗日的老百姓的拥护，是一定会胜利的。今天新四军军部成立，受着苏北各界同胞的热烈拥护。我们的同志要明白我们的责任，是要求得中华民族的解放，打倒日本帝国主义，坚持抗战的大旗。我们什么都不怕，我们一定会胜利的。

……

这段演讲辞的主题是：人民的军队是任何反动派也消灭不了的。在陈毅几十年戎马倥偬中，材料俯拾即是，但他只选用了两个：一个是在大革命失败的时候，朱德总司令只带了800多人上井冈山，就发展成为今天的50万大军；第二个是新四军的前身是南方各省的游击队，那时全部只有2千多人，当时在残酷的斗争中，还受到损失，只剩下200多人，3年后，新四军发展到9万人。既然800人没有被消灭，50万大军能被敌人消灭吗？200人没有被消灭，今天9万人还会被他消灭吗？陈毅同志紧紧围绕主题选取这两个材料，有力地揭示了事物的本质，表现了演讲稿的主题，令人折服。

（三）演讲稿的精气——深刻有力的论证

俗话说："事实胜于雄辩。"演讲的内容要有生动而典型的事例。实践证明，用事实来说话，比长篇累牍地讲大道理更感人。但是，仅仅做到这一点是不够的，还必须做到论证深刻有力。

所谓论证深刻有力，就是在演讲中适时、准确、深刻地对所举事例进行阐释分析，归纳总结，揭示出事物的本质，使听众能够由表及里、由浅入深地认清问题的实质，明白事理。

如果只满足于情况的叙述，现象的罗列，而缺乏中肯的分析和对本质的揭示，这样的演讲是浅薄而无价值的。

美国第16任总统林肯的《在葛底斯堡的演说》，全篇只有10个句子，只用了两分多钟就讲完了，可是却被誉为英语演说的最高典范，并铸成金文存放在英国的牛津大学里。

这个简短的演说之所以具有如此巨大的魅力，就在于它通过分析论证，深刻地揭示了一个伟大的思想，那就是自由和平等的思想。

演讲一开始便提出美国的"自由、平等"原则，接着谈及为自由、平等真正奉行而进行的战争，再由战争到战场，由战场到牺牲的烈士，由烈士谈及纪念。

以上是用极为简洁的语言叙述了葛底斯堡国家烈士公墓落成典礼的来历。

然后，作者以严密的逻辑推理，逐层深入地论证了最好的纪念是完成烈士们未竟的事业，坚决消灭野蛮落后的奴隶制度，真正实现自由平等，使“民有、民治、民享的政府永世长存”。

由于林肯的演说深刻有力地揭示了这一伟大的光辉思想，并讴歌了为自由平等捐躯的烈士们，因而使它产生了巨大的威力和说服力。

又如吕元礼同志的演讲稿《祖国——母亲》，从人们总是把祖国比作母亲谈起，联想到电影《牧马人》的主人公许灵均，宁肯舍弃荣华富贵也不愿离开祖国；歌唱家关牧村在英国演出期间，把所有的零用补贴如数交给国家；以及青年作家金安平的一首小诗。

在列举了这3个生动典型的事例之后，作者用了短短的一段文字，要言不烦地作了阐释分析，说明人们像依恋母亲一样依恋祖国。

然后生发开去，进一步探究“祖国——母亲”这个比喻的内涵，列举了在南洋爪哇，一个财产超过一千万元的华侨富翁，国际地位反不如一个日本妓女；解放前，在上海公园门口，外国人竖起“华人与狗不得入内”的招牌；当中国女排登上世界冠军宝座的时候，海外侨胞也就扬眉吐气等实例。

紧接着又用了一大段文字，深入透彻地加以分析，令人信服地阐明了祖国和人民正如母亲和儿女，是荣辱与共、苦乐相同、血肉相连、命运相通的道理。

演讲是以说服听众为目的的，写演讲稿还必须借助逻辑力量。因为逻辑力量是一种理性的力量，而理性的力量是巨大的、持久的、不可抗拒的。

斯大林曾经这样描述过列宁的演讲：“当时使我佩服的是，列宁演说中那种不可战胜的逻辑力量。这种逻辑力量虽然有些枯燥，但是紧紧地抓住听众，一步一步地感动听众，然后就把听众俘虏得一个不剩。我记得当时有很多代表说：‘列宁演说中的逻辑，好像万能的触角，用钳子从各方面把你钳住，使你无法脱身；你不是投降，就是完全失败。’”因此，演讲稿必须富有逻辑力量，才能抓住听众，说服听众。

演讲稿的逻辑性要求选用词语、表达概念时必须明确清楚，判断要恰当，推理要遵守逻辑规则。

例如，斯大林于1941年7月3日发表的广播演说，有力地驳斥了希特勒及其吹牛宣传家们所吹嘘的“德国法西斯军队是无敌的军队”的神话。

同志们！

公民们！

兄弟姊妹们！

我们的陆海军战士们！

我的朋友们，我现在向你们讲话！

希特勒德国从6月22日向我们祖国发动的背信弃义的军事进攻，正在继续着。虽然红军进行了英勇的抵抗，虽然敌人的精锐师团和他们的精锐空军部队已被击溃，被埋葬在战场上，但是，敌人又往前线调来了生力军，继续向前闯进。希特勒军队侵占了立陶宛、拉脱维亚的大部分地区，白俄罗斯西部地区，乌克兰西部一部分地区。法西斯空军正在扩大其轰炸区域，对牟尔曼斯克、奥尔沙、莫吉廖夫、斯摩棱斯克、基辅、敖德萨、赛瓦斯托波尔等城市大肆轰炸。我们的祖国面临着严重的危险。

我们光荣的红军怎么会让法西斯军队占领了我们的一些城市和地区呢？难道德国法西斯军队真的像法西斯的吹牛宣传家所不断吹嘘的那样，是无敌的军队吗？

当然不是！历史表明，无敌的军队现在没有，过去也没有过。拿破仑的军队曾被认为是无敌的军队，可是这支军队却先后被俄国的、英国的和德国的军队击溃了。在第一次帝国主义大战时期，威廉的德国军队也曾被认为是无敌的军队，可是这支军队曾经数次败在俄国军队的手中，终于被英法军队击溃了。对于现在希特勒的德国法西斯军队也应当这样说。这支军队在欧洲大陆上还没有遇到过重大的抵抗，只是在我国领土上，它才遇到了重大的抵抗。既然由于这种抵抗，德国法西斯军队的精锐师团已被我们红军击溃了，这就是说，正像拿破仑和威廉的军队曾经被击溃一样，希特勒法西斯军队也是能够被击溃的，而且一定会被击溃。

这一辩驳之所以有力，从逻辑的角度来看，是由于它遵守了充足理由律。

充足理由律的内容是：在任何议论中，一个判断被确定为真，必须有充足的理由，即：

第一，理由必须真实；

第二，理由与推断之间有逻辑联系，从理由能够必然推出推断。

在斯大林的演说中，"无敌的军队是没有的"（所有军队都不是无敌的）和"希特勒法西斯军队是军队"这两个判断，是用来确定推断为真的理由；"希特勒法西斯军队也是能够被击溃的"是被确定为真的推断。前两个判断本身是真实的，而且这两个判断同推断之间具有必然的逻辑联系，即是说，从理由的真能够必然推出推断的真。这一必然的逻辑联系，具体地体现在运用了如下正确的三段论推理形式：

所有的军队都不是无敌的；

希特勒法西斯军队是军队；

所以，希特勒法西斯军队不是无敌的。

由于这里的理由真实，并且理由与推断之间具有必然的逻辑联系，因而是遵守了充足理由律的。这就使斯大林的演讲具有了不可抗拒的逻辑力量和很强的说服力。

（四）演讲稿的骨骼——完整清晰的结构

结构是指演讲材料的组织构造，是演讲者依据主旨、意图对材料进行组合、编排而成的一篇演讲稿的框架。

安排结构是一种高超的艺术，每个有经验的演讲者对此都十分重视，无不呕心沥血，费尽心思。初学者更不能掉以轻心。

演讲稿的基本结构由开头、正文、结尾 3 个部分组成。

元代散曲家乔梦符说："作乐府亦有法，曰凤头、猪肚、豹尾是也。"这些话也适用于演讲稿的写作，要求开头像凤头一样俊美、精彩，正文像猪肚一样丰满、充实，结尾像豹尾一样雄健有力。

1.开头

演讲的开头，或叫开场白，是演讲者与听众最初的实质性接触，犹如戏曲舞台上的演员"亮相"，会给听众留下比较深刻的印象，对演讲的成败影响很大。因此，从演讲的最初几句起，就要像磁铁般地吸引住听众，这就要求演讲有一个精彩的开场白。

(1)以故事开头

武汉的演讲新秀王霞在题为《我的渴望》的演讲中是这样开头的：

有一位日本小姑娘，身患绝症，濒临死亡，但是她毫不悲伤，因为她相信这样一个传说：从前，有一个小孩得了重病，但他每天坚持着折纸鹤，就在折到一千只纸鹤的时候，他的病突然好起来了。于是，这位日本小姑娘也坚持着折起纸鹤来，她折呀折，不止折到了一千只，还多折了 300 只，她坚信着有一天她的病也会好起来，她会像仙鹤一样飞翔。然而这位小姑娘最后还是死了。这虽然是个令人悲伤的故事，但是这位小姑娘对生的渴望却深深地打动了我。孩童尚且对生命如此渴望，我们新时代的青年对人生的追求不是应该更执著、更顽强么？

开头就讲一个故事，就能够比较顺利地获得听众的注意力。这种开头，几乎屡屡奏效，百试不爽。

演讲开头没有比使用故事更吸引人的方法了。

演讲者用自己经历中的故事开头，不仅能够吸引听众的注意，而且还会使演讲者具有自信、轻松的风度。这种风度会使你与听众建立起良好的感情。例如，四川演讲新秀田秀云的演讲《我不愿只做"贤妻良母"》的开场白：

同志们、姐妹们：

在咱们县里举办的这个纪念母亲节演讲会上，我准备讲我自己。那是夏天的一个傍晚，全家人在院子里乘凉。丈夫悠闲地看报，婆婆在练静功，我抱着一团火热的毛线，汗流满面地打毛衣。女儿买回个大西瓜，欢喜地分给她爸爸顶大的一块。轮到我时，她俏皮地笑着说；"妈妈没出息，就知道打毛线，不给她吃。"丈夫有些尴尬，婆婆嘴角露出一丝嘲笑。霎时，我心中波翻浪涌，思绪万千。

这样的开场白，令人动情，发人深省，听众在不知不觉中就会被带进演讲主题的特定氛围，形成极为理想的演讲场面。

(2)制造悬念

美国的鲍威尔·希利先生在费城佩恩运动俱乐部作了一次演讲，他是这样开始的：

82 年前，伦敦出版了一本小册子——一部短篇小说。它注定要成为不朽之作，许多人曾把它叫作“世界上最伟大的短篇小说”。当这本小册子问世的时候，朋友们在伦敦滨河大街和佩尔梅尔路上见面时，总要相互提出这样的问题：“你看过那本小册子吗？”回答的人总是说：“看过，上帝保佑它的作者，我看过了。”这本小说出版发行的第一天就售出1000册；两周之内，15000册就销售一空。此后，书的销量数不胜数。它被译成各种语言。几年前，J.P.摩根用人们难以置信的巨款购买了小说原作的手稿。并且由于他的收藏，这部手稿至今仍与其他价值无比的宝藏一起安睡在他那富丽堂皇的艺术博物馆里。这部世界名著是什么呢？

听到这个开场白，你是否觉得它占有了你的注意力？你是否渴望更进一步地了解它？演讲者有没有捕捉到听众的注意力？为什么？因为它引起了你的好奇心。

好奇心！谁能不受它的引逗呢？你也不会例外吧！你是不是正在捉摸谁是作者，这本书记叙了什么内容？为了满足你的好奇心，还是告诉你答案吧：作者狄更斯，小说《圣诞欢歌》。

制造悬念是个切实可靠的方法，它能使你的听众兴味盎然。又如吉林任士奎的一次演讲的开场白：

世界上有这么一种东西：它能使你在浩瀚无垠的戈壁沙漠上看见希望的绿洲，它能使你在千年不化的冰山雪岭中领略温暖的春意，它能使你在雾海茫茫的人生旅途中拨正偏离的航向，它能使你在荒凉凄冷的孤寂心田里收获快乐的果实……它是无形的，却有着巨大而有形的力量；它是无声的，却有着神奇如春雷一般的回响！也许有人会问：是什么这么伟大？这么神奇？

你不是也在心里发出了这样的疑问吗：究竟这是一种什么东西呢？它怎么能够产生这么大的作用呢？我能够得到它吗？这些将是你的听众迫切需要你来解答的问题。演讲者接着说道：“我要说，它就是爱，是人类对美好生活、对自己同胞的真诚的爱心！”这就会产生引人入胜的效果。

(3)用提问引路

一上台便向听众提出一个或几个问题，以引起听众的注意。例如，四川白樵疆的演讲《人生的价值何在》，是这样开头的：

我们每一个人来到这个世界上，为什么有的人功业千秋，永垂不朽？为什么有的人悄悄而去，却没有给后人和社会留下一点儿有价值的东西？

这样开头，可以立即引起听众的注意，促使他们很快地把思想集中到你的演讲上来，一边思考，一边留神地听。听众不再是被动地听，而是参与其中了。又如云南大学王来柱同学的演讲《人生的支柱是什么》的开场白：

有这样一个问题在我脑海里萦回：是什么力量使爱因斯坦在名扬天下之后仍继续攀登科学高峰呢？是什么力量使张海迪在死神缠绕之时仍锐意奋进呢？这就是说，人生的支柱应该是什么呢？这大概是当代青年特别是在我们大学生中讨论最多的问题之一，也是我今天演讲的题目。

这样开头，可以使听众同演讲者一起思考问题，带着问题听讲，将大大增加他们对演讲内容认识的深度和广度。需要注意的是，提出的问题应饶有趣味，发人深省。如果提出的问题平淡乏味，引不起听众的兴趣和重视；或者提出的问题过多，面对一连串的问题，听众来不及思考，也把握不住要点，这样提问，就收不到良好的效果了。

(4)出示实物

要想唤起注意，最容易的方法莫过于举起一件东西给人们看了。几乎所有的人物，都会对这种刺激给予注意。例如，石亚男的演讲《从外国人的名片谈起》是这样开始的：他用两手各举起一本名片簿，自然每个人都看到了。同时他说：

我这里有两本名片，一本是外国人的名片，一本是中国人的名片。今天，我要从外国人的名片谈起。

又如锦州师范学院的学生沈萍的演讲《为了我们的父亲》，开场白为：

同学们，你们见过青年画家罗中立的油画《我的父亲》吗？如果见过，还记得这位动人的中国老年农民的形象吗？让我们再看一看这幅油画，再看一看我们的父亲吧！

说到这里，她把罗中立的油画打开给全体听众看，然后接着讲下去。

(5)幽默式的开场

用诙谐幽默的语言开头，既引人发笑，又让人在笑声中思考。例如，1985 年 6 月 24 日，一位青年应邀为华中师范大学全体应届毕业生作青年成才问题的演讲，为了一下子引起同龄人的共鸣，他这样开头：

同学们，到这个讲坛上来演讲的，应该是丁玲、唐弢、李燕杰、邵守义那样的大人物，我这个“嘴上无毛”的人站在这儿，很不般配呀！不过，我很欣赏契诃夫的一句名言：“世界上有大狗也有小狗，不应该因大狗的存在而慌乱不安，所有的狗都要叫。”小狗也要大声叫，就按上帝给的嗓门叫好了。今天，我这个自信的“小狗”，就来大胆地叫几声。

话音未落，掌声雷动，表明了大家对他演讲发自内心的接受和欢迎。又如在一次以社会公德为主题的演讲赛上，有一位演讲者以一个幽默故事开头，他说：

有一天，在公共汽车上，坐着一个健壮如牛的男人。这位先生一直紧闭双眼，眉头紧锁，一副病态。这时，旁边有人问：“哎，你怎么啦，病了？”这先生依旧闭着眼，回答说：“不，我实在不忍心看妇女和老人站在我的面前。”

他在听众短暂的笑声之后，围绕这个小幽默开始讲如何树立社会公德的问题。其间，他还不断地剖析那个男人的内心世界。由于听众早已愉悦地掌握了这个故事的情节，所以他的剖析给听众留下了很深的印象。

除了上述五种开头的方式之外，还有“套近乎”式、赞扬式、开门见山式、名言警句式，以及从演讲的时间、地点、题目或当场的情景开始，形式多种多样，可以根据演讲的不同情况独运匠心，创造出各具特色的开场白。但是，无论采取怎样的开头，都应当注意新颖别致，一下就能抓住听众。切忌说一大套客气话，诸如“来这里讲话，我感到很荣幸”“我没有什么准备，实在讲不出什么”“我讲得不好，请大家原谅"之类的活，没有任何积极意义，只能令人生烦。

2.正文

演讲稿的正文，是指开头与结尾之间的文字，这是演讲的主体部分，要写得丰满充实。主体部分讲述得如何，决定着全篇演讲质量的好坏。论点是否令人信服，也取决于主体部分的阐述。

要写好演讲稿的主体部分，必须注意以下三个方面。

(1)要紧承开场白

无论开场白采取何种形式，它都是为主体部分服务的，目的在于引出主题。因此，演讲稿的主体部分必须紧承开场白，并紧紧扣住主题，逐层展开论述。如果开头提出了一个问题，主体部分却去另讲一个问题，上下不接茬，就势必造成整篇演讲结构松散，甚至文不对题。例如，黄渊泉的演讲稿《扫荡阿Q主义》：

阿Q作为我们现代文学画廊中一个典型的形象，是大家熟知的。

今天我如果问：阿Q死了吗？

大家可能会认为这不过是危言耸听，故作惊人之语罢了。然而，同学们，朋友们，请你们看看，仔细看看，看看你，看看他，看看我，看看我们的整个民族，我们大概又会大吃一惊：

阿Q没有死！

阿Q的血液还悄悄地流在我们民族的血管之中，阿Q主义还悠悠然徘徊在社会上不肯消亡。

阿Q主义的第一种表现是妄自尊大，虚骄苟荣。

阿Q虽然戴破毡帽，住土谷祠，人们要他割麦便割麦，舂米便舂米，然而一旦与人争执起来，嘴上却十分强硬：

"我们先前——比你阔多啦！你算什么东西！"

我们这个老大民族的有些人现在也很自大很高傲。当人们在谈论世界各民族的进步和我们的落后时，便会有人出来仗义执言了：

我们是文明古国，我们是礼仪之邦，我们有汉唐盛世，我们有四大发明！

有人甚至还要刻意考证：

有关原子的学说以我国最早，3千年前老子在《道德经》中已有精辟论述。西方人发明了火车、轮船吗？这也不算什么，中国早在三国时代就已经制造了木牛流马。至于说飞机，谁能断定《封神榜》上雷振子的翅膀不是一种世界最早的单人飞行器？甚至"现代大爆炸宇宙论"，我国汉代《淮南子》上也早有论述啦！

总而言之，"我们先前——比你阔多啦！你算什么东西！"(大笑)

勿庸质疑，我国确有过辉煌灿烂的历史，我们的民族也确是一个伟大的民族。但时至20世纪80年代的今天，世界已进入了信息时代，用美国社会学家托夫勒的话来说，是进入了"第三次浪潮"时期，我们如果还一味只回忆光荣历史，一味地自豪，不大胆改革，不急起直追，那么不正成了阿Q式的妄自尊大与虚骄苟荣了吗？

阿 Q 主义的第二种表现是孤陋寡闻，闭塞保守。

阿 Q 进过四回城，便很自负。在他看来，用 3 尺 3 寸宽的木板做的凳子，未庄叫“长凳”，而城里人却叫“条凳”，这是错的，可笑！油煎的大头鱼，未庄都加半寸长的葱叶，城里却加上切细的葱丝，这也是错的，可笑！

我们中国长期闭关自守，安于现状。鲁迅先生曾经说，在中国，即使是搬动一张桌子，改装一个火炉，也要流血。这在旧中国是千真万确的。

清代中国人都蓄辫子。长长发辫，若梳理起来，油光可鉴，摇来摆去，倒也别具风采，更何况打架时可作目标，杀头时可供牵引，正是理想得很。只可恼那些夷人竟将头发剪短，甚至推成光头。毫无疑问，这是错的，可笑！再如服装，清代上等人以长袍马褂为时尚，虽有诸多不便，却自能保持一副唯我独尊的绅士派头。然而夷人们又在搞什么西装革履的鬼花样了，毫无疑问，这也是错的，可笑！就连开明的林则徐也说，夷人“裤腿僵直，于战事必多所不便”。然曾几何时，就是这些“多所不便”的夷人，竟然毫不费力就攻进了北京紫禁城，在堂堂大清皇帝宝座上踹上几脚，放把火把清代经营几百年的圆明园烧成灰烬，便腿脚伶俐地跑掉了。这样的教训，还不够惨重吗？

应该说，汉唐盛世的人们胃口是健康的，东夷的，北狄的，西戎的，南蛮的，只要是好东西，拿来便吃，也能消化。故唐人以胖为美，怕不是没有原因的。（笑声）但明清以后，中国人的胃痉挛起来了，这也禁，那也忌，于是只好日见羸瘦，弄成鸦片鬼模样，任人欺凌了。

历史的痼疾有顽固的延续性，阿 Q 式的“恐食症”仍未绝迹。今天，要想增强我们民族的体魄，增强我们民族的活力，唯有实行勇敢的“拿来主义”，向东方，向西方，向全世界，伸出我们的臂膀，将一切有益于我们的东西——拿来！

这才是我们民族应有的气魄！（鼓掌）

阿 Q 主义的第三种表现是自我麻醉，极度愚昧。

阿 Q 是很豁达很乐观的，被人碰了响头之后，只须想：我总算被儿子打了，于是便心满意足。甚至被秀才先生用大竹杠杖出，虽有些痛，过后却也释然，以为了结了一件事。何况他还可以去摸一摸小尼姑新剃的头皮呢，自然是永远豁达而愉快了。

英国人罗素在西湖看轿夫的微笑，说终于懂得了中国。一个外国人对中国能有如此敏锐如此深刻的理解，是不能不叫人佩服的。中国的封建社会能延续三千年之久，中国的官僚主义如此根深蒂固，中国社会出现许多令人难以理解的怪现象，不正赖于这种阿 Q 式的“微笑”吗？

今天，是扫荡这种“微笑”的时候了！是进行深沉反思的时候了！

朋友啊，谨慎你的“微笑”！（略静，掌声）

阿 Q 的麻木与愚昧还有更骇人的表现：他被人莫名其妙地投进监狱，不仅不能察觉其中的机关与危险。还乐观地认定，人生天地之间，大约本来要抓进抓出；在判他死刑的法庭上，他担心的是唯恐圆圈画得不圆，给行状留下污点；杀头时，他忽而羞愧自己没有志气，想唱“手执钢鞭将你打”，手又已被绑住，只好无师自通地喊了一声：“过20年又是一个！”

这是何等可悲的图景！在这种辛酸的艺术描写中，我们看到了血写的历史，血写的现实。

如果人们不健忘的话，我们可想想那疯狂的“文革”十年。《摩登时代》里有这样一个镜头：一大群猪，拥挤着，号叫着，撕咬着，浩浩荡荡地朝一个方向奔去。它们奔向哪里？——屠宰场！卓别林早在90年前便为我们设计了一幅绝妙的讽刺画。在那不可理喻的年代，我们几乎着了魔，虽未有幸师承阿Q，思想却如出一辙，以为人生天地之间，有时是要莫名其妙地招摇过市，歇斯底里地呐喊；有时是要互相撕咬，弄得鲜血淋漓；有时是要怪模怪样地扭一扭“忠字舞”，但谁曾想过：我们往哪里去呀！

同学们，朋友们，往事不堪回首！这漫漫十年，我们被一再愚弄，辗转反复，葬送了青春，这与阿Q被绑赴刑场游街示众又有什么两样？我们呼口号唯恐不响，背语录唯恐不熟，跳“忠字舞”唯恐扭得不像，这与阿Q的唯恐圆圈画得不圆又有什么两样？

愚昧啊，愚昧！这不只是少数人的愚昧，这几乎是整个民族的愚昧！耻辱啊，耻辱！还有比这更可怕的吗？还有比这更可悲的吗？

可庆幸的是，我们的民族终于有了转机，我们的国家终于发生了历史性的变化，一个狂飙突进的时代已经到来了！

同学们，朋友们！为了我们祖国的强盛，为了我们民族的兴旺，让我们彻底扫荡阿Q主义！(热烈掌声)

开场白通过设问的方式，提出“阿Q没有死！阿Q的血液还悄悄地流在我们民族的血管之中，阿Q主义还悠悠然徘徊在社会上不肯消亡”的问题。紧接着开场白，展开论述。分别列举了阿Q主义的三种表现，并分析了它们的危害性。行文中，作者对现实生活中存在着的阿Q主义进行了无情的揭露和有力的鞭挞，是本篇的主体部分。

又如河北省滦县二中初一年级学生李婷婷的演讲稿《我的理想》，开场白开门见山，直接揭示了主题：我的理想是做一个有胆识、有才华、有成就的女记者。主体部分紧承开场白，并紧紧围绕着这个主题逐层展开论述：先列举了6位著名女记者作为典型事例，论证了理想中的女记者的胆识和才华；继而列举了10多个世界闻名的地方，论述了理想中的女记者的成就；然后着重从记者的职责要求出发，论述了记者必备的素质，以及自己为实现这个理想将要作出的努力。

(2)要突出重点

任何一篇演讲稿都应有重点和非重点之分。重点是指那些最能突现主题的部分。一篇演讲稿如果没有重点，不分主次，那么，无论演讲者本人还是听众，都会抓不住要领。所以，主体部分一定要紧紧围绕主题，做到主次分明，详略得当。凡是能够突现主题的典型事例和其他论据，要不惜浓墨重彩；凡是与主题关系不大的内容，就宁可忍痛割爱或略写，切不可面面俱到，平均用力。这样写出的演讲稿，就能重点突出了。仍以《我的理想》为例，主体部分是分三层论述的，重点是论述记者必备的素质，以及自己将如何为实现这个理想而努力，所以这个部分篇幅最长，着墨最多；相对而言，前两层就是非重点，篇幅和文字就要少得多，而非重点仍然是紧扣主题来写的。之所以要这样来分主次，是因为树立一个远大的理想诚然重要，但如果没有为实现理想而努力的行动，理想就会落空。因此，为实现理想而付出的努力更加重要。

又如锦州师范学院沈萍的演讲稿《为了我们的父亲》：

同学们，你们见过青年画家罗中立的油画《我的父亲》吗？如果见过，还记得这位动人的中国老年农民的形象吗？让我们再看一看这幅油画，再看一看我们的父亲吧？（出示实物）这是一张忠厚善良、朴实慈祥的老年人的脸，在那一道道深深的皱纹中，仿佛隐藏了一生的艰辛，眼睛有些昏花，却安详，没有悲哀和怨恨，有的却是无限的欣慰和期望。你看，他这双勤劳的大手，青筋罗布，骨节隆起，虽然粗糙得像干枯的树皮，却很有力量。

他把自己一生的精力和满腔心血都交付给了我们祖祖辈辈劳作生息的儿女子孙。他已经到了安度余生的晚年，却仍然头顶烈日，在田里耕作，用他仅有的精力，换来背后的满场金谷。他勤苦一生，创造了生活的一切，编织着美好的未来。

面对这样一位父亲，怜悯、同情、崇敬、热爱，万般思绪，一下子在我心头翻滚起来。特别是父亲那双欣慰、期望的眼睛，深深地印在我的心上。他为什么在历尽人间忧患之后，却感到无限的欣慰呢？在为时不多的晚年，他还热烈期待着什么呢？

在去年夏天的一个中午，我去书店。那天天气非常热，我身上穿着轻凉的夏装，走在林荫路上，这时我忽然看见，马路上一位老人推着一车钢筋，正在艰难地行走着。重载使老人不得不把自己的腰深深弯下，太阳烤着老人紫红色的脊背。老人的脸上、背上淌着汗水。在他前面，路是上坡，老人咬紧牙，非常吃力地推着车。我赶忙跑过去，帮着老人把车子推上坡。老人抹了把汗水，喘息着向我道谢。当他看到我胸前佩戴的校徽时，眼睛一亮，露出了赞许、期望的目光。他满脸笑容，欣慰地说："孩子，好好念书吧！我也有一个孩子，和你一样上大学。"

看着满车的钢筋、老人弯曲的脊梁、满脸的汗水和欣慰的笑容，听着老人这亲切的嘱咐，我的眼泪一下子涌了出来。

此刻，他的孩子也许正在舒适的宿舍里午休，也许正在清凉的大学教室里读书，也许和我一样，正走在林荫路上。但是，我不知道他是否想到这位在酷日下推车的父亲。年老的父亲顶着烈日推车，却让自己的子女坐在清凉的大学教室里学习，这是为什么呢？我想答案就在父亲那欣慰的笑容和期待的目光里。他的期望就是让我们接受高等教育，就是让我们用现代科学知识武装自己，走出一条与他们完全不同的崭新的生活道路。这是老一辈的希望，不也是祖国和人民的希望吗？

大家都知道，在我们国家里，培养一个大学生需要五个农民一年的劳动。可是，当我们戴上校徽的时候，当我们领取奖学金的时候，有谁想到了我们的父亲，又有谁想到了工人、农民？想想吧！同学们，是人民用血汗养育了我们，实现四化，振兴中华，这是人民对我们的期望，也是时代赋予我们的光荣使命，更是我们每个大学生的职责。

同学们，我们应该牢记父辈的欣慰笑容和期待的目光。当我们埋怨祖国的贫穷和落后，羡慕舒适安逸的生活；当我们逃避学习的艰苦，随便浪费大好时光；当我们为个人的得失和苦恼迷失前进的方向和道路的时候，父辈期望的目光将像皮鞭一样，狠狠地鞭挞着我们的无知和糊涂、懒惰和轻浮、私欲的污染和灵魂的癌变。让我们在鞭挞中清醒，在鞭挞中立志，在鞭挞中不懈地追求和勇敢地登攀吧！父辈欣慰的笑容和期望的目光，应该像光芒四射的明灯，永远照耀在我们的心头。在它的照耀下，我们不仅会看到青春的可贵和美好，更能看到生活的欢乐和幸福；在它的照耀下，我们不仅会看到前进的道路和方向，更能看到自己的使命和责任；在它的照耀下，我们更加清楚地看到自己，认识自己，掌握自己，使自己像父辈那样做事业的战士和开拓者。

革命先烈李大钊说："无限的'过去'都以'现在'为归宿，无限的'未来'都以'现在'为渊源。'过去''未来'的中间全仗有现在，以成其连续，以成其永远，以成其无始无终的大实在。"这话说得多好啊！革命先烈和我们的父辈英勇奋斗，苦而无怨，为的是我们年轻一代。实现四化，振兴中华，靠的是我们年轻一代。我们是承前启后的一代，我们是继往开来的一代。革命先烈和我们的父辈用筋骨和鲜血凝成的精神财富，要在我们这一代人身上，化作永不枯竭的前进力量。

好好学习吧，同学们！

为了祖国，

为了人民，

为了我们的父亲。

这篇演讲稿，是从罗中立的油画《我的父亲》谈起的。由此联想起一个大学生的父亲顶着烈日推车，却让自己的子女坐在清凉的大学教室里学习；进而想到整个老一辈、祖国和人民对我们大学生的殷切期望。最后落脚到大学生应该不辜负人民的期望，为了我们父亲，为了人民而努力学习，用双手建设起父辈梦想的乐园。这是本篇的主体部分。本篇的重点是谈大学生的历史责任，因此，主体部分花了较多篇幅论述大学生；写父亲是非重点，但它也是紧紧围绕着主题来论述的。

(3)要安排好层次

层次是演讲稿材料的组织安排。它体现着演讲者思路展开的步骤，也反映出演讲者对客观事物的认识过程。演讲稿安排层次的方法有：平行并列式、正反对比式、层层深入式。这几种方法，不是死板和孤立的，在写作中常常是综合运用，富于变化的。以《扫荡阿Q主义》为例，主体部分分别列举了阿Q主义的三种表现：第一种表现是妄自尊大，虚骄荀荣；第二种表现是孤陋寡闻，闭塞保守；第三种表现是自我麻醉，极度愚昧。这就是平行并列式。这种讲述层次的特点是各自独立又互相连贯，共同阐明同一个主题——为了我们祖国的强盛，为了我们民族的兴旺，我们要彻底扫荡阿Q主义。

又如杨静美的演讲稿《同龄人的使命》：

我是一名大学生，曾经对自己很满意。因为不时有人向我投来羡慕的目光，不止一次地受到人们的赞扬和恭维。然而，"大学生"这三个字究竟意味着什么？我并没有认真思考过。去年8月，我随天津市大学生慰问团到了硝烟弥漫的老山前线。当看到战士们在40℃的高温下，忍受着各种难以想象的困难，坚守阵地的时候；当听说战士们无数次流着眼泪，向战友的遗体读烈士牺牲前久盼的家书的时候；当听到军人说"牺牲不要紧，只要国安宁；亏了我一个，幸福十亿人"这光辉的人生信条的时候，我的心被震撼了！从那时起，一种同龄人强烈的负债感便紧紧地包围了我……

我怎么也不能忘记：在去老山的途中，每当汽车在盘山公路上进入敌人封锁区的时候，战士们总是默默地将我们推向靠山的一面，让自己的身体迎着暗处敌人的枪口。这就是说，一旦有枪弹打来，首先倒下的，是战士，而不是大学生。——这太危险了！这太不应该了！同学们一再恳求："咱们散开吧，散开点会安全些。"但战士怎么也不肯。一位同学流着眼泪摇晃着战士的肩膀说："难道你们的生命就不宝贵吗？"战士平静地回答："别这么说，我们的任务就是保护你们，军人的使命就是牺牲！"如果说，军人的使命就是牺牲的话，那么，我们，当代大学生的使命又是什么呢？

记得在战地医院里，当我看到一位被炸掉下肢的小战士时，我哭了："这太不公平了！"那位战士却拉着我的手说："姐姐，别这么说。将来，你们的贡献要大得多了！因为你们是大学生啊。"我是大学生，是战士用生命保卫的大学生，是国家花了很高代价培养的大学生，是人民寄予无限希望的大学生。然而，扪心自问，我们中的一些人又都做了些什么呢？惭愧呀！多少次，学生宿舍里打扑克的喧嚣声彻夜不绝；多少次，在食堂里，我们因饭菜问题而慷慨陈词；多少次，我们为大学生的待遇"太低、太低"而抱怨；多少人，在毕业分配时，为了留校，为了进研究所，为了改行不当教师，为了进领导机关而绞尽脑汁，四处奔走，苦心钻营。但在争论所谓"人生的价值"时，却能满口马列，大谈奉献！……这一切，与"骄子"的称号，与人民和人民战士心目中的大学生形象，与大学生应有的形象，有着怎样的天壤之别呀！

在战场上，我曾问一位战士："为什么在战斗间隙，还坚持学习？"他诚恳地说："我们这些扛枪杆子的，如果不抓紧学点东西，日后回到内地能干什么呢？是的，也许明天就会牺牲，但只要还有生还的希望，我今天就要学习。"

面对英雄们如饥似渴的学习精神，我想了很多。我和他们，同是一个母亲的孩子，拼搏在同一个时代的两个战场。他们，已将一张张满分的人生答卷奉献给了母亲。正像他们在诗中写的："如果我在战斗中牺牲/我决不为自己的选择后悔/也不希望哪位姑娘在我的坟前献上一束玫瑰/只要有和平、安宁的边陲/我的生命就与这群山万壑同辉!”

如果说,这就是战士——我们的同龄人用青春谱写的英雄曲的话,我们的英雄曲又是什么呢?难道我们后方的青年,就没有英雄曲吗?不!请听吧:“虽然母亲如此贫穷/儿女对她的爱毫不含糊/长啸一声:振兴中华/炽热的感情发自灵魂深处。”

南疆血火交迸的战场,把前方战士和后方青年的心紧紧地连在了一起。在和战士告别的时候,一位侦察兵恳求我的同学:“给我写首诗吧,大学生。”那位同学说:“今天来不及了,等我回到天津以后,我一定写好多好多给你寄来。”那位战士摇摇头说:“不,过两天,我就要到最前线去,我会给你写信的;但是,你的信,我可能永远也收不到了。”我的同学再也无法抑制内心的激动,抓起笔,在战士的本本上飞快地写道:“英雄铁骑沙场驰,道声珍重泪眼湿。可盼我辈重聚首,笑看祖国腾飞时。”

青年朋友们,大学生们,虽然我们没有在战场上流血牺牲的机会,但是,当我们的同龄人——英雄的战士们从前线凯旋的时候,当我们前线、后方两路大军胜利会师的时候,让我们手挽手,肩并肩,问心无愧地同声高唱:祖国振兴的功勋章啊,有你的一半,也有我的一半!

中国青年,绝非几条英雄好汉,而是整整一代英雄!

主体部分既有正反对比式——第三至七段,就是将战士们的英雄行为与大学生们的表现对比起来写的,通过对比,揭示当代大学生与战士们以及广大人民的希望之间存在着很大的差距,从而鞭策并激励大学生们增强使命感;又用了层层深入的层次安排法——通过战士们与大学生们的对比,找出了差距,但她并不是停留在这个差距上,而是进一步将大学生与战士们对照起来讲述,深入地发掘出了大学生中潜在的积极因素,从而激励大学生们以战士们为榜样,在建设祖国的过程中,作出更大的贡献。

3.结尾

演讲稿的结尾,和开头一样,都是最能显示演讲艺术性的环节,对整篇演讲的成败得失具有不可忽视的作用。拿破仑曾经说过:“兵家胜败决定于最后五分钟。”俗话说:“编筐编篓,难在收口。”这些话对演讲也可资借鉴。出色的开场白能够赢得听众的兴趣和注意力,而精彩的结尾(结束语)则可以给听众留下难以忘怀的印象。要想使演讲得到始终如一的完美效果,就须把结束语写好。

那么,演讲稿的结束语要怎样写才精彩呢?“文如看山不喜平。”成功的演讲不应像涓涓的流水,而应像跌宕起伏的海浪。当演讲结尾时,就应形成一个高潮或顶峰,用出奇制胜的办法和不同寻常的语言说出最精彩、最感人的话来,使演讲的意境和听众的感情来一次升华,获得说服和感染听众的强烈效果。

演讲稿的结尾方式也是多种多样的,没有统一的程式。下面介绍几种常见的结尾方式,以资借鉴。

(1)总结式

用极其精练的语言,概括全篇的意思,简明扼要地突出全篇的中心,可以起到画龙点睛的作用。例如卢晓燕的演讲稿《超越自我》:

当我走上这讲台的时候,我的双腿在发软,我的嗓音在颤抖。的确,以我的胆量来说,我很害怕。但是我想,我毕竟走上了讲台,我毕竟对大家说出了第一句话,那么我要说,我庆幸我战胜了自己。

记得上高中时,学校兴起一股在教室张贴横幅的风气,每一条横幅都是一个班级精神的象征,都是每一位同学的座右铭。许多教室所贴的,都是"珍惜时光""努力学习"或者"奋发图强"等等,而我们的班主任却用黑色在教室正中大大地写下4个字:"超越自我"。我们尊敬的老师对我们解释说:"人最困难的,不是战胜别人,而是战胜你自己,因为要学好靠你自己,学坏靠你自己,跌倒了爬不爬得起来更要靠你自己。你能够超越自我,你就能勇敢地直面人生,你就能掌握自己的命运。"

是的,超越自我,靠这4个字,海伦22岁著书;靠这4个字,诺贝尔制出了炸药;靠这4个字,潘德明徒步环游全球……然而,我们是平凡人,我们中的大多数或许根本没有机会成就这样伟大的事业,而我们的人生却又不得不和伟人们一样承受艰辛与挫折,承受痛苦和坎坷,我们一样会站在命运面前接受挑战,我们中又有哪一位能不被内疚和忧患所击倒而到达生命的终点呢?可是想过吗?在忏悔中,在忧郁中,如果你永远走不出束缚你的痛苦,如果你永远在往事中徘徊,那么人生便犹如一个大大的旋涡,越走越深,越走越难以自拔。然而,人活着不是为了痛苦,那么人便不能总陷在悲观之中,以自己毫无意义的悲凉来换取微薄的补偿和同情是可悲的,你只有走出来。记得有一位朋友,在我很痛苦的时候对我说:"谁也不能帮助你,只有你自己才能拯救你自己。"是的,年少时不曾料到的挫折让我明白,世界上没有真正的上帝,你所能依靠的只有你自己,你能够超越自我,你就能直面人生,毫无愧色地面对那些给予你痛苦的人和事,以微笑证明自己的坚强,那么在旭日东升时,你看到的将不只是一轮红日,而是整个人生新的希望。

超越自我,超越你怯懦的自我,超越你悲观的自我,超越你逃避现实的自我。人生中,失败、内疚和悲哀有时会把我们引向绝望,但不必退缩,我们可以爬起来重新选择生活,我们也必须使劲站起来,重新开步走。因为生命只有一次,除了奋斗着战胜困苦,除了打败原来那个毫无生气、毫无希望的自我,我们别无选择。

过去属于死神,未来才属于你自己。即使你曾经犯过多么可怕的错误,即使你跌入过多么深的泥潭中,即使是人生在你不留意时给予你最不公平的待遇,只要你爬出来,站起来,只要你毫不畏惧地面对新的生活,甚至比过去更艰难的生活,只要你能战胜自我,超越自我,那么在夕阳西下时,你必将收获一份丰厚的人生。

这个结尾,语言精练,概括了全篇意思,突现了主题。

又如田萌的演讲辞《我愿是棵小草》:

在座的各位青年朋友,您听过《小草》这首歌吗?我想,您一定很熟悉、很喜欢她吧?“没有花香,没有树高,我是一棵无人知道的小草。从不寂寞,从不烦恼,你看我的伙伴遍及天涯海角……”当我唱起这首歌的时候,便陷入了深深的思索之中。

小时候,我在南京生活了三年。在这三年的时间里,给我印象最深的就是:每到清明节,爸爸就带着我到雨花台祭扫革命烈士墓。爸爸拉着我的手,在一个又一个数不清的烈士墓前默哀致意。那时候,我曾产生过这样一个疑问:为什么陵园里有那么多的烈士墓,既无墓碑又无碑文呢?十岁时,我回到了沈阳。每到清明,学校便去祭扫抗美援朝烈士陵园。在那里,我又产生了同样的疑问。后来,我终于明白了:这一个个普普通通的战士去得太匆忙了,他们没来得及,也没有想到要留下自己的姓名。但是,他们却用自己的血肉之躯奠定了新中国的基石。这就是我们的战士!——从大渡河畔的先烈,到上甘岭的英雄;从珍宝岛的舍身炸坦克,到老山前线滚雷的捐躯者……他们壮烈地牺牲了,但他们当中有多少被人们所知道呢?他们像广阔土地上的无名小草,默默无闻地潜入泥土,以自己的尸骸肥沃大地。这种无私牺牲的精神,难道不是高尚而伟大的吗?

在我的故乡辽宁,有一个人人熟知的青年女挡车工,名叫欧阳荣春,1981 年,她仅以 4 分之差高考落榜。然而她没有懊丧和气馁,当年就报考了纺织厂,当上了一名纺织女工。家乡人常说:重工业的女工不重,轻工业的女工不轻。一个纺织挡车工每天要走七八十里路,有时甚至是上百里路。双眼要不停地寻找机台上的断头,手要打结,而且还要三班倒,谈何容易啊!欧阳荣春身体不好,单位领导曾几次要给她调换工作,但都被她谢绝了。她在日记中写道:人生的价值在于对国家的奉献。上大学光荣,做一名挡车工也一样光荣。我愿当一辈子挡车工。

从此,欧阳荣春以顽强的毅力,争分夺秒地钻研技术。进厂不到一年的时间,她竟一人看护八面机台。三年时间,不管是酷暑严寒,还是狂风暴雨,无论是伤风感冒,还是手脚受伤的日子里,她都不曾耽误过一个班,没有迟到、早退过一次。1985 年 2 月的一天,正当欧阳荣春全神贯注工作的时候,突然感到头痛难忍,像有无数乱针刺来。随后,她的脸开始阵阵抽搐,豆大的汗珠从额头上滚了下来。欧阳荣春被送进医院,诊断结果是恶性脑瘤——不治之症!几天之后,病魔便无情地夺走了她年仅 22 岁的宝贵生命。

她就这样悄悄离去了,没有留下什么闪光的语言,也没有做出什么丰功伟绩来,但是,欧阳姐姐的平凡事迹给我们深刻的启发。我今年 17 岁了,是高中三年级的学生,我多么渴望能考上大学,将来能当上翻译家,读完世界上所有的名篇佳作,加强与世界各国的文化和经济交流。我简直不敢想考不上大学我会怎样!所以,当团市委几经选拔,决定让我代表沈阳市 170 万青年参加这次演讲比赛的时候,我真的犹豫了。因为高考前的每分钟都是宝贵的,老师的每句话,都是难得的。参加这样的比赛,很可能就意味着高考要落榜的。可是,人生的路,难道只有上大学这么一条吗?欧阳姐姐没有上大学,不也是同样在自己平凡的工作岗位上，作出了不平凡的贡献吗？就这样，我下定决心参赛，并高高兴兴地来到了首都北京。此刻，在我一生中是难忘的，就在我站在这里与大家交流思想的时候，辽宁省外语专业的口语高考也正在进行。我所失掉的，正是我日思夜想，为之准备了好久的高考机会啊！然而，正是欧阳姐姐的事迹教育了我，使我认识到：人生的路是广阔的，即使榜上无名，脚下照样有一条坦荡的路！我会像欧阳姐姐那样，心甘情愿地选择一种有益于人类的职业，努力学习，勤奋工作，哪怕平凡得不能再平凡，像小草那样默默奉献，默默牺牲。

小草是平凡的，极其普通的，没有花香，没有树高，但她从不抱怨，从不自卑，以自己勃勃的生机和无私的奉献，有益于人类。她多像我们那些默默牺牲的战士，多像欧阳荣春那样普通的工人、农民和教师们啊！没有棵棵小草，何来大地春色！没有块块砖石，何谈四化大厦！不正是那成千上万的普通人，创造了和正在创造着中国的历史吗！

我爱小草，她是平凡的，也是伟大的，她象征着无私的奉献和默默的献身精神，我愿是棵小草。

这个结尾，高度概括，高度凝练，突出了中心思想，能给听众留下清楚、完整而深刻的印象。

(2)鼓舞式

在演讲结束时，提出希望，发出号召，指明方向，给听众以极大的鼓舞和鞭策。例如吕元礼的演讲辞《祖国——母亲》的结束语：

同志们，请不要抱怨，说我们的祖国缺乏活力；请不要慨叹，说我们的母亲衰老年迈。我们有的是满腔的热血，有的是年轻的生命，那就用我们的热血来复苏祖国蓬勃的生机吧！用我们的生命来焕发母亲青春的光彩吧！

在充分论述的基础上，提出殷切的希望，使听众明确了前进的方向，振奋起精神去努力奋斗。又如毛泽东同志所作的党的八大闭幕词，结尾是：

我们的目的一定要达到！

我们的目的一定能够达到！

这类结尾，感情激越，基调高昂，可以使听众受到鼓舞。

(3)名言式

两千多年前，古希腊哲学家亚里士多德就把名人名言看作使人信服的三大权威之一。在演讲的结束语中恰当地引用名人的言辞或诗句，可以使演讲的主题得到升华，使听众受到更深的启发。

例如徐燕的演讲辞《担负起天下的兴亡》，就采用了这种方法结尾：

同学们，80 年代的大学生，不要再叹息“生不逢时”，祖国还贫穷落后，正需要我们贡献青春和才智。“墙角的花，当你孤芳自赏时，天地便小了。”跳出顾影自怜的可怜的小圈子吧，把个人的一切融会到民族和国家的命运、人民的事业中去吧！沉睡、多病的祖国，已经到了醒来的时刻，让我们这一代人甩掉祖国贫穷落后的帽子，一个使世界为之震惊的繁荣昌盛的中国，就要出现在地球的东方！“同学们，快拿出力量，担负起天下的兴亡！”

这个结尾，恰当地、巧妙地引用了冰心《春水》中的小诗和《毕业歌》中的歌词。那“墙角的花，当你孤芳自赏时，天地便小了”的诗句，富于哲理，耐人寻味；那“同学们，快拿出力量，担负起天下的兴亡”的歌词，犹如洪亮的歌声在耳，给人一股强大的鼓舞力量。

又如刘擎的演讲辞《男子汉的风度》：

我是中华人民共和国的一个男性公民！但我是否具有男子汉的风度呢？这——不能由我一个人来评说，而应该让大家来评说。男子汉的风度是当今的一个热门话题。上海有一部话剧，最近很热门，叫作《寻找男子汉》。

三个不同的女性，在生活的道路上，渴盼着寻找心目中的男子汉。她们都失望了：要么是仪表堂堂，但是才疏学浅；要么是知识丰厚，但是蔫蔫乎乎；要么是体魄雄壮，但是追求享乐！这些人都不是男子汉，年轻的姑娘碰到他们都会失望。那么什么是男子汉？在我看来，我想借用阿基米德的一句话，阿基米德说：“如果给我一个杠杆，我就可以把地球撬起来！”在这个社会上，如果我们把一个社会的事业、一个家庭的事业比喻成地球的话，那么，男子汉就应该是这个杠杆！（掌声）

做这样一个杠杆并不容易，它不是你生下来由一个y、一个x因子构成的坚强体魄，厚实的手掌，粗壮的臂膀。社会已走向20世纪80年代，靠体力与肌肉紧张来决定力气的时代已一去不复返了。今天的社会，要靠知识、靠文化、靠胸怀显示我们的力量。那么男子汉首先要靠内在气质，而不是貌似潇洒，貌似刚强，貌似轩昂。这除了一点装饰作用之外，没有一点实用价值。

真正的男子汉不一定有运动员的身体，但是，他是坚强的。在你困难的时候，他能给你力量；在你被误解的时候，他能给你理解；在一个民族危亡的时候，他能成为民族的脊梁，担起社会的责任。这样的人才能称得上真正的男子汉！

一个男子汉首先应对民族精神有一个高度理解，有一种高度自觉性。把握自己，设计自己，与时代的使命相连接；注重修养，注重文化，要有宽阔的胸怀，远大的抱负！在苦难的时候，他可能是默默无言的，担负着重要使命。男子汉的风度，是在痛苦中磨炼出来的。罗曼·罗兰说得好：“痛苦是一把犁刀，它一面割着你的心，一面掘出生命的新的水源。”让我们在生活的磨炼中、创造中成为一个男子汉吧！（掌声）

在结束语中引用了世界著名作家罗曼·罗兰的话：“痛苦是一把犁刀，它一面割着你的心，一面掘出生命的新的水源。”用来说明男子汉的风度是在痛苦中磨炼出来的，具有很强的说服力。

（4）赞颂式

用赞颂的话结束演讲，可以在演讲终了时，营造演讲者与听众的融洽和亲密的气氛，使听众产生非常愉快、满意的感情，从而更乐意接受演讲者的思想观点。例如权红的演讲《世界也有我们的一半》：

朋友，你是否留心过生活中这样一组镜头：早晨上班，毫不费力挤上公共汽车的是身强力壮的男子汉，而雨地里急哭了的是抱着孩子的女工；凶狠地谴责妻子没有及时把饭做好的是丈夫，委屈得哭了的是妻子；回到家里，清闲、自在地看电视的是爸爸，情愿、认真洗衣服的是妈妈。人常说，女人拥有世界的一半。可是，女人这一半竟是这样狭小吗？

不仅如此，社会上对女性的不公平到处可见。

我是今年毕业的中文系学生，做梦都想当个女记者。恰巧分配时学校有一个指标，因为我是全优毕业生，按规定可以优先选择工作，心想，这下子多年的梦想就要变成现实了！于是，我高高兴兴地拿来了分配志愿表，刚要往上填，却听到了报考的附加条件——四个字："不要女的"！

不要女的，叫人听了心发冷啊！

岂止是报考记者，今年我们那里许多用人单位都不要女的。于是有的分配单位便别出心裁："一个男的搭配两个女的。"这不成了怪事儿?！大学毕业生国家统一分配，这是严肃的事情，怎么能像在商店里买肉，要瘦的得搭点肥的；买烟，买盒大前门，搭盒新吉林……我们女同胞的尊严受到了多么可悲的伤害呀！我们的待遇为什么这样不平等？

我的母校有一位女老师，每次学校要分房子，她都认认真真地填写一份申请住房报告单。因为她一家祖孙三代，挤在一间十几平方米的小屋里，实在不方便，况且她要加班写教案，批改作业，确实有困难。可是房子真要分配了，又出来条规定，也是四个字："不给女的。"

听了这话，不禁叫人心发颤啊！

党中央三令五申要改善教师的生活和工作条件，尤其是中小学教师，他们当中绝大多数是女同志。而这些成千上万的女教师，什么时候才能通过她们那并不一定当教师的丈夫来改善她本身的条件呢？

这些不平等的事之所以发生，就是因为有男尊女卑这个封建道德残余在作怪，它是和社会主义精神文明格格不入的。

一个社会是否尊重人的价值，关心人的发展，反映了这个社会的文明程度。在社会公共生活中尊重妇女，不仅仅是社会主义道德的体现，更是提高我们整个民族文化素质的需要。

有人说，你要别人尊重你，你为何不去做个女强人？

是啊，我们当然钦佩像撒切尔夫人那样掌握着一个工业大国的经济和政治命脉，奔走在世界各地，处理着永载史册的大事的女强人，我们中华民族也出现了邓颖超、顾秀莲、钱正英、修瑞娟这样杰出的女性……然而，在几万万的中国妇女大军里，能有几位这样的女强人呢？

当然，在许多岗位上，女同志都取得了很大成就，如在体育战线中国女排已经成为全国人民的骄傲。然而，在大多数行业中，大多数岗位的工作任务，都是需要男女同胞共同完成的。

马克思主义向来认为，人总是隶属于一定的社会经济关系的。而社会主义道德只有在人与人之间平等互助的关系中才能得到真正的体现。

小时候，我曾经看过奶奶的脚，那是一双在旧社会和千百万中国妇女一样，被封建道德用一条长长的白布裹起来的小脚。奶奶对我说："旧社会叫咱大门不出二门不迈，拿咱女人不当人啊！"说着，她哭了。我摸着奶奶被裹折了的脚趾，也哭了，为旧中国妇女的悲惨命运流下了幼稚的、同情的眼泪。

岁月流逝，现在已经是20世纪80年代了，难道我们还能让男尊女卑等封建遗毒，重新裹住我们的手脚，阻碍我们人与人之间平等互助、互相信赖、和谐融洽的社会主义新型关系的形成和发展吗？让它阻碍社会主义民主化的进程吗？

男同胞们，你们不要在回到家里时才想起要有个贤内助，不要在文艺作品里去寻找什么良家妇女的典型，也不要在花前月下才想起身旁应有个温柔的女伴。而应该在现实生活中，在大千世界里，在两个文明建设中，团结所有的女同伴，共操四化大业。请不要忘记：世界也有我们的一半。

女同胞们，我们自己也要争气啊！要自强不息，要自爱自重，相信我们会干出一番事业的。

据我所知，目前吉林省还没有一位女省长，我们延边也没有一位女州长，延吉市也没有一位女市长。

假如有一天，我当上女市长，我当然要牢记自己是一个共产党员，党和人民的利益高于一切；此外呀，我就要特别注意一下妇女问题，为女同胞们办一两件实事。先盖两幢宿舍大楼，然后把它们全部分给女教师，为她们解决实际困难。再就是，早晚多安排几趟公共汽车，专门拉挤不上车的妇女、儿童和老人。

假如我当了省长，我要用很大精力抓精神文明建设，让我们这个盛产大豆高粱、有森林煤矿、在松花江畔的家乡，成为男女平等之乡、精神文明之乡。我将带领全省人民创建精神文明，争做全国最文明的省份。

当然我可能当不了市长，更可能当不了省长，因为我怕提候选人时又规定了那四个字……

虽然，我因为那四个字连记者都没当成，但我还是希望各位朋友，听听我这个没当成的女记者的心声吧：

我相信，女性是伟大的！

我也相信，男性是伟大的！

我更希望我们都相信，伟大的男性和伟大的女性加起来才是伟大的人民！他们的自信、自尊、自爱焕发出来的巨大搏力才是伟大的文明！

在这个结束语里，演讲者以诚恳的态度，热情地赞颂了所有的听众，使听众增强了自豪感和荣誉感，激起更大的热情和积极性，投入新的战斗。

又如李容生《在春节回乡大学生联谊会上的演说》：

同学们：

近来，安阳有一种风气，这就是有的人张口是安阳过去如何，闭口还是安阳过去如何。这使我想到一个问题：难道安阳人引以为骄傲的，只应该是安阳的过去吗？

不错，安阳有悠久的历史，也确实闻名遐迩。她是殷商的故都，甲骨文的故乡；她曾孕育出许名举世瞩目的名将、文豪、先哲；她曾产生过许多悲壮感人的故事……安阳，真可谓人杰地灵啊！

是的，安阳是一片神奇的土地，她有许多值得骄傲的过去，但是，这毕竟是历史。作为一个安阳青年，安阳哺育出来的20世纪80年代的大学生，能老用眼睛盯着安阳的过去吗？我们让四海而来的客人欣赏的难道只能是安阳人的陈迹、遗风吗？让四海而来的客人带走的难道只能是怀古的幽情吗？社会在发展，人类在前进，严酷的历史告诉我们：明天我们也得作古，今天也将成为历史。到那时候，仍让我们的子孙、我们的子孙的子孙去炫耀“司母戊”（商代青铜鼎，1939年于安阳出土）和“甲骨文”吗？

先人的骄傲，决不能代替今人的创造；先人的光荣，也决不等于我们的光荣！

我们这一代青年，是跨世纪的青年，历史不允许我们愧对古人和后人。我们应以卓越的智慧、坚强的意志、大无畏的开拓精神，使安阳展现她当代的风采！

1986年，援安中央讲师团的潘老师曾经说：“我在北京是搞外事的，初到安阳，就觉得安阳是块风水宝地，人杰地灵。安阳的青年含蓄、内秀，真是拿十个纽约，我们也不换给他们一个安阳。”朋友，你听了这样的赞誉，能不激动吗？是安阳的青年，就要时刻想着她的现在和未来，而不要总是津津乐道于她的过去；是安阳的青年，就应该在洹河岸边，在安阳大地，为我们的子孙后代竖一座空前辉煌的丰碑！

结尾，则是借中央讲师团潘老师之口，对听众进行了赞颂：

安阳是块“风水宝地，人杰地灵”。安阳的青年含蓄、内秀，真是拿十个纽约，我们也不换给他们一个安阳。

这样的结尾，使听众感到亲切，得到鼓励。

总之，结尾无定法，妙在巧用中。如李婷婷的演讲辞《我的理想》的结尾，拿自己的名字做了一段文章，不仅巧妙、新颖、有趣，而且进一步深化了主题。但是，无论用什么方式结尾，都要避免画蛇添足、拉杂冗长和一些令人厌烦的空话、套话，诸如“我们一定要好好学习，努力工作，为实现四化贡献自己的力量”“以上就是我对这个问题的认识，讲得不对，请大家批评”“我的话讲完了，由于时间关系，准备不充分，所以讲得不好，请大家原谅”之类的陈词滥调。

（五）语言要通俗生动

演讲主要是借助有声语言来表达思想感情的。因此，写演讲稿的时候，就必须注意演讲有声性的特点，做到口语化、通俗易懂、准确朴素、生动感人。

1.口语化

由于演讲时要把演讲稿中无声的文字变成一连串的声音说出来，听众听到的是一连串的声音。而声音一发出来，很快就消失了，听众来不及仔细品味，所以在写演讲稿的时候就要注意口语化问题。所谓口语化，就是要把演讲稿写得“上口”“入耳”。“上口”就是讲起来流畅，与平常说话没有什么差别；“入耳”，就是叫人听起来没有什么障碍，如同听平时说话一样顺当。例如：

生活赋予每个人一份阳光，一份田野，一隅丰富多彩的生活天地。在这块天地里，不仅有和煦的春风，也有严酷的暴风雨。那么，我们应该怎样对待人生，怎样生活呢？(《生命之树常青》)

这一段全是书面语言，写文章可以，作演讲稿却不行。又如：

亲爱的朋友，前些时候从报上看到一则有趣的消息：有人觉得爱因斯坦的相对论十分难懂，问他能不能用最简单的话来概括。爱公答道：你在一个漂亮姑娘的面前坐上几小时，只觉得过了片刻；把你放在火上燎片刻，也会觉得度日如年。妙哉妙哉！党的十一届三中全会之后，虽然不是每天坐在美女身边，至少觉得时间不够用，日子过得快，但这不是暗示我们应干得更多，做得更多么？“焚膏油以继晷，恒兀兀以穷年”，要想在富的右上角添上2、3、4……的符号，我们的劳动热情、工作态度又该怎样呢？愿君三思。(《由“富”所想到的一、二、三》)

其中有些话不仅不上口，而且很难听懂。总之，没有口语化。

这里所说的口语化，不是日常口头语言的复制和翻版，而是经过加工提炼了的口头语言。要做到演讲稿语言的口语化，就应该把长句子改成短句子，把倒装句改成顺装句，把难懂的文言词语、术语加以改换或删去，把单音词换成双音词。例如：

侵略者为了掩盖抢劫破坏的罪行和进一步对清政府施加压力，于10月18日，英军首先派出骑兵沿着周长20华里的圆明园跑马放火。(《在圆明园遗址前的演讲》)

此句太长，可改为：侵略者为了掩盖抢劫破坏的罪行，进一步对清政府施加压力，10月18日，英军首先派出骑兵，沿着圆明园跑马放火。

在开始以前已被打倒，是承认失败的人。

这是一个倒装句，应改为：承认失败的人，在开始以前就已经被打倒了。

焚膏油以继晷，恒兀兀以穷年。

此句难懂，可以改为成语“夜以继日”。

要想在“富”的右上角添上2、3、4……的符号，我们的劳动热情、工作态度又该怎样呢？愿君三思！

前一句用了数学上的术语，后一句用了文言词语，使人难懂，可以改为：“要想富上加富，使我们的财富成倍地增长，我们的劳动热情、工作态度又该怎祥呢？请诸位深思。”

毛泽东同志的演讲稿堪称口语化的典范。以《反对党八股》为例，其中采用了丰富的口语词汇和多变的口语句式，诸如“将一军”“老鼠过街，人人喊打”“懒婆娘的裹脚布，又臭又长”“到什么山上唱什么歌”“看菜吃饭，量体裁衣”等等俗语、谚语、歇后语，还提炼了一些整齐而富有音韵美和节奏感的命题语言，如“空话连篇，言之无物”“装腔作势，借以吓人”“无的放矢，不看对象”“语言无味，像个瘪三”“甲乙丙丁，开中药铺”“不负责任，到处害人”“流毒全党，妨害革命”“传播出去，祸国殃民”等等。

又如陈毅同志 1961 年 3 月 22 日《在戏曲编导工作座谈会上的讲话》：

……

讲一讲局限性问题。不仅过去时代有局限性，我们这个时代也有局限性。封建阶级有局限性，资产阶级有局限性，无产阶级也有局限性。我们只能尽量做我们这一代所能够做到的事，不是说一切事情我们都能够做。我们现在不仅能够看到太阳系，而且可能到月球、火星上去，但是太阳系以外的东西就可望而不可即了。毛主席有这样两句诗："坐地日行八万里，巡天遥看一千河。"(《送瘟神》)这就表明我们是有局限的——在今天的条件下，我们只能做到这个程度。我们今天只能搞社会主义建设，我们的思想虽然可以伸展到共产主义，可以看到共产主义萌芽，看到共产主义必不可免地要到来，可以去想一些共产主义社会的事，但这毕竟还不是现实。今天，在农业方面，有人想很快就跳到共产主义，刮"共产风"，犯了错误，毛主席和党中央正在进行纠正。我们怎么能够没有局限性呢？我们可以设想，也许过了一百年、两百年之后，有人会批评我们，说我们这样不对，那样不对。现在人们对人民大会堂交口称誉，可能 10 年、20 年之后，会有人批评它的设计、施工有错误。

我很喜欢看《光明日报》的《文学遗产》和《哲学》专栏。我看到其中有些文章把古人骂得一塌糊涂，把李清照完全否定了。李清照当然有她的局限性，她不能超过那个时代去解决问题。就是毛主席也不能超过今天的时代去解决问题，否则就要犯错误。我们要看到古人有肯定的一面，也有消极的一面。肯定的一面和消极的一面都可以作为我们的教训。胡适之在政治上是反动的，但是他在提倡白话文、提倡新诗，使它们成为文学正宗这一方面是有功绩的，这一笔在文学史上是不能抹煞的。只有这样看，才能服人。过去音乐界有些同志，因为贺绿汀说黄自是他的恩师，就大整贺绿汀，我就替贺绿汀打抱不平。贺绿汀受过黄自的培养，称"恩师"又有什么不可以呢？又犯什么法呢？宪法上也没有这么一条。黄自对中国的新音乐是有贡献的，虽然他还没有认识到要使文艺为工农兵服务，但这不是他的错误。我现在有一种恐慌，也许是无谓的恐慌，就怕我一闭眼睛，人家把我的什么历史都抄出来，造我许多谣言。我有些害怕，我的一生也有许多忧患，并不那么顺利。当然，把我说得那么好，我也不赞成，我只求那时对我有一个公正的评判。《阅微草堂笔记》(清·纪昀)这本书要看，其中有这么一个故事：有一个人行路，经过一座坟，他就在坟边睡着了。在那座坟里埋的是他父亲的一个朋友，当时做什么总督。他睡着以后，就做梦到了坟里，同那个人见了面。他对那个人说："你死了许多年，很多人都回忆你哩！"那人说："你不要这样说了。我今天见到你，很高兴，希望你回去把我的神道碑文抹掉，因为那上面的字写得很好，文章也做得很好，每个人走过都要念一遍，一念就念得我汗流浃背——那上面把我讲得太好了，因此使我很难过。”这个故事很有趣味。因为那个人的神道碑上所说的很多好话都不是事实，把它抹掉以后，人家就不会念了，死者也就安心了。有些人总是批评古人有局限性，仿佛他就没有局限性，其实我们有很大的局限性。我们只能根据现代的条件，解决现代的问题。可能提高一点，但是提得太高，就要犯“左”的错误；如果不根据现在的条件力求提高，搞点跃进，就要犯右的错误。在《文学遗产》专栏中有篇文章讲陶渊明，为什么当时不去和九江、鄱阳湖的起义军结合，却坐在那里喝酒。因此认为陶渊明的诗一无是处。简单的几句话，就把陶渊明给否定了。那么我就问你，为什么你那个时候不参加共产党、不参加解放军呢？是不是我们这些参加共产党比较早的人，可以取得资格训这个训那个呢？这样谈问题，简直是无聊！只要他们有一些贡献，在某些方面有些积极的意义，可以对我们有些好处，我们就应当加以发扬，他们的某些缺点，也可以作为我们的教训。我们要善于读古书，善于正确对待历史人物，也不要去“笔下超生”，把曹操、武则天写成十全十美的人物。有些人要求什么东西都要有人民性，只是有人民性的东西才加以垂青，没有人民性的就认为不值得去研究。有人民性的固然要研究，没有人民性的也要研究，可以作为材料嘛。曾国藩有很多东西很值得我们研究，他是个反革命，但是他能把太平天国镇压下去，说明在军事上是有一套的。他在他的《曾文正公家书》中说，兵凶战危，用兵是不得已，最好不要打第一枪。这是很有见地的，为什么我们不可以研究？毛主席在七届六中全会上说，我们还要向地主学习，向资本家学习。我们搞工业就不如资本家，资本家有成本管着，他们精打细算。我们有些人是大少爷作风，就赔本。

人类社会都是从局限性出发，又突破局限性。可以搞一个跃进，但是一个新的局限性又来了，又要不断地突破。这就是不断革命论。毛主席讲过，我们在北伐战争阶段看当时的情况是看不清楚的，只有到第二次国内革命战争阶段再来看北伐战争阶段的情况，就看得比较清楚了。我们在第二次国内革命战争阶段看当时的情况，不能完全看清楚，只有到了抗日战争阶段再来看第二次国内革命战争，就看得比较清楚了。我们做上一阶段的事，要看到下一阶段，但是不可能把下一阶段的事完全看清楚。我们本阶段的事情，也不可能完全看清楚，常常要在下一阶段才能看清楚。这一阶段的任务是不能全部完成的，有些要留到下一阶段去完成。这些话是比较科学的。

通篇用的都是通俗化的语言，却把“什么是局限性”这样一个复杂深奥的哲学命题讲得深入浅出，清楚透彻，使听众听得津津有味，懂得了我们看待和处理任何人和事都应当坚持实事求是的道理。

2.准确朴素

准确，是指演讲稿使用的语言，要能够确切地表现讲述的对象——事物和道理，揭示它们的本质和相互关系；朴素，是指用普普通通的语言，明白通畅地表达演讲的思想内容，而不刻意追求和堆砌华丽的辞藻。

列宁的演讲堪称这方面的典范，他在讲到苏维埃政权建立后的困难和斗争的艰巨性时说：

“在工人阶级和资产阶级旧社会之间并没有一道万里长城。革命爆发的时候，情形并不像一个人死的时候那样，只要把死尸抬出去就完事了。旧社会灭亡的时候，它的死尸是不能装进棺材，埋入坟墓的，它在我们中间腐烂发臭并且毒害我们。”

深刻的革命真理表达得如此朴素、简明而富有魅力。又如一个真正牧马人的自述——曲啸同志所作的演讲《人生·理想·追求》：

……

我是东北师范大学毕业的。那是1957年的时候，我刚毕业八天就赶上了“反右”斗争。我在这次斗争中被打成了“右派”。一夜之间，我就变成了人民的敌人，我是想不通的。但在那种年月，你不通也得通。不通你可保留意见，但结论是不会变的。在决定开除我的团籍的大会上，让我表态。我说：组织上既已决定开除我的团籍，我保留意见。我对同学们说，在我离开培养我多年的团组织，离开同志们的时候，我心情是沉重的。我希望能在若干年后，我们再见面时，彼此能问心无愧地告诉对方：毕业之后在社会主义建设中，我们个人为祖国做了些什么。我流着眼泪离开了团组织，也离开了母校。

离校后我被分配到西宁县的师范学校，我仍然满腔热情地工作，加之我热爱体育活动，青年朋友们比较愿意和我接近，没想到这又是一条罪状。

有位领导问我：“现在同学管你叫老师，而且愿意接近你?”我说：“对。”他把脸色一沉说：“你是和我们党争夺青少年，这是改造态度问题。”不容分说，就将我开除公职，送去劳动教养。

我当时想，学生不把我叫老师叫什么，学生接触老师有什么错呢？这似乎也成了罪。我想反正我不反党。这样我打起行李主动到教养院报到去了。青年人考虑问题比较简单，我想，到那里去不就是劳动吗？劳动完了，就回来了。其实，不是那么简单，这一进去，可就不能随便出来了。这是1958年4月23日。

当时，我们的活儿主要是耙地种稻。事物是一分为二的，虽然我不应该进这里来，但我通过劳动体会到了种稻子并不是容易的事情。现在，我们家吃饭，任何人都不能丢一颗大米粒。我们现在有些大学生吃大米饭半碗半碗地倒，吃馍还剥皮，浪费得很，我很心疼。一个人如果对劳动成果不珍惜，很难做到全心全意为人民服务。

经过一段时间的劳动，我们又调到开原，修清河水库。后又修大坝，建楼房，种地，总之各样的活儿都干过。因为我想着我劳动一段时间后还要出去做教师，所以我坚持学专业。

我对自己的要求是严格的。我觉得，做人的原则应该是自尊、自重、自爱、自强。自尊就是为了人的尊严，不能在任何情况下，轻易丢掉自己的人格；自重就是处理任何问题应该慎重仔细，不能成为随风倒的“墙头草”，或无根的浮萍；自爱应是不断地充实自己，丰富自己，使自己身心保持健康；自强是其中最重要的一点，就是人应该是自强不息的，一个青年人应该有一种决心，用自己的劳动在人类文明史上刻下一道痕迹，对后代人有所教益。这是我生命的真正价值。如果遇到一点事情就颓废了，悲观了，甚至走向自绝于人民的道路，那是不应该的。

我把巴甫洛夫的名言"原谅自己，就是堕落的开始"写成条幅，贴在墙上。由于我的表现，1961 年 10 月 1 日就被摘了"右派"帽子，解除了教养。

我是 1956 年结婚的。可我成了"右派"后，曾经和我"海誓山盟"的妻子向我提出了离婚，我感到很突然，但我又一想，没什么，大丈夫何患无妻？既然不能给你幸福，我还你自由。我们有一个刚出生的孩子，我想要，可法院的同志阶级斗争的弦绷得很紧，他说："你是'右派'，要什么孩子？"难道"右派"就不能要孩子吗？这样我妻离子散了。摘了帽子后，我满怀希望地走向新生活的道路，可社会上的一些事使我很痛心。我想教书，可没有一个学校要我，一听说"右派"，人人都是避而远之；我曾偷偷地去看孩子，可保姆对我说："这孩子的爹是'右派'、反革命，死了。"我一听心里咯噔一下，心想：人们说我已死了，孩子才 4 岁，不要因我而受牵连。我忍痛没暴露身份，怅然离开了托儿所。

我的母亲希望我能留在身边，可我哪能靠母亲来养活呢！我要自己劳动。邻居们向我投来白眼，比拿鞭子抽我还难受，这使我感到，家乡不能呆了，只好走。难道祖国这样大的国土，就没有我曲啸的立足之地，就没有我劳动的地方吗？于是我告别母亲离开了家乡，来到兴安岭脚下一个新开辟的农场安了身。农场让我养马，从此我成了牧马人。

我是学心理学的，我根据心理学的一些原理来驯养马。

看到我驯养的马能够犁地了，驾车了，心情很激动，我终于能用自己的劳动为社会主义建设出力了。我渐渐地和马有了感情，春节时我写了副对联，贴到了马圈，上联是"为牧马战槽头哪怕披星戴月"，下联是"垦荒地种五谷何惧宿露餐霜"，横批是"乐在其中"。

没想到，对联被传扬开了。一位领导找到我说："听说你是大学生？"我说："是啊。"他问："你能不能教书？"我说："我就是师范大学毕业的。"他说："那好，咱们大草原有十多个孩子，你教他们吧。"我说："我是'右派'身份，恐怕不合适。"他说："没关系，咱们这里山高皇帝远，能教就教吧。"他很坦率地又说了一句："你别说错了就行。"从此我做了教师。学校的条件比较简陋，只有我放马住的茅草房，找了些木板一钉，高点儿的是课桌，低点儿的就是板凳，用块铁皮涂上墨汁，就是黑板。开学时，来了 13 个小孩，根据实际程度，分了五个年级。学校条件虽简陋，上课却很正规，教学也是很认真的。我一个人代这五个年级的课，是很辛苦的。除了课堂上课外，我还领孩子们到野外去上课。在我们地区学校的统一考试中，我教的这个班以平均 98 分的成绩向祖国汇报。我很激动，我觉得在这一片被开垦的处女地上，为开垦孩子们的智力，我尽了自己的力量。

后来，我又被迁到辽宁，因为像我这样的人"不适于在边疆工作"。于是，我又在一个劳改农场教小学二年级。这一年我工作积极，同志们选我为优秀教师，可领导不批，说："'右派'不能当先进工作者。"不是摘帽子了吗？"摘了帽似乎也不行。"言外之意是摘了帽也是"右派"。

在这里，许多同志关心我，建议我成家。我想，谁家姑娘愿意找一个"右派"！我对此也不积极。后来，一位老司机愿意把他的侄女介绍给我。这个姑娘条件很好，论家庭出身，是贫农的女儿，父亲是土改时入党的老共产党员，还是农村的生产队长。她自己是妇女队长，还是共青团员，比我小十几岁。我觉得我配不上人家。后来，这位老司机把侄女叫到了我们农场，我们见了面。她是一个典型的农村姑娘打扮，很美丽。我记得有位作家说过，人啊，是由于他可爱才美丽，绝不是因为他美丽才可爱。表面上很美，但内心怎么样呢？这就需要谈话，需要了解。我想，心灵美是第一位的。我如实地介绍了我自己，特别是说到我是"右派"时，我还加重了语气，谁知她也没害怕，说："我听叔叔说了，你不是故意当'右派'的。"我一听，这个词真是有分量，谁还会故意当"右派"？这么多年，谁也没对我说过这样一句话，只听到什么"根深蒂固的、由来已久的，只有脱胎换骨才能重新做人"。这姑娘说了这句话，真是"良言一句三冬暖"啊！我心里一热乎，就同意和她结婚。我们当时订了三条：第一孝敬父母；第二不吵架；第三不能轻易离婚。姑娘一分钱的彩礼也不要，我非常感动，就把我的旧表给了她。可她还是不要。我想总要有点纪念品才好，我给她买了双鞋。第二天我们就去登记，第三天就成亲了。

我们结婚时，既没有隆重的仪式，也没有丰盛的酒宴，连一个来宾也没有。我们的新房很简陋，用几张桌子搭成了床，唯一的家具是我劳动教养时用过的书箱。我身上只有11元钱，她只有5元钱。买了一个饭锅，就花了7元多。《牧马人》电影中的许灵均当时还有40多元呢，这一点比我还富有。虽然物质条件不好，但是真正的爱情不是物质条件换来的。第二年，我们生了个胖小子。

可是好景不长，"文化大革命"开始了，一夜之间我又变成了"牛鬼蛇神"，批斗会昼夜轮番，家也被抄了。家庭生活刚刚出现了欢乐，又转化为悲惨和惆怅。

我的罪名越来越多，说我向学生散布反动言论，思想极端反动，图谋不轨。怎么回事？原来，"文革"前有一天晚上，我正在教室批改作业，突然进来一个女学生，说要找我谈一谈。我并不认识她，问她是哪个班的，她说是中学部三年级的。我是小学老师，不认识这个学生。她说，因为她父亲犯过罪，使她思想上有包袱，这个问题应该怎么解决？我说："你父亲有罪不等于你有罪。周总理对知识青年讲话时说过，家庭出身不能选择，个人前途可以选择。你应该做革命的接班人，主要在你自己的表现。"我还举了一个例子："旧社会因为教育权不在劳动人民手中，能上大学念书的劳动人民家庭子弟不多，所以，解放初期北京的大学生出身于非无产阶级家庭的约占百分之八十，共产党对这些人都是一视同仁的，同样可以做革命的接班人。你不必悲观。"

可就是在批斗会上，这个女同学的班主任拿着检举信，说我进行反革命串连，见到家庭有问题的子女就往身边拉拢；说我散布全国地富反坏右占百分之八十，而且让那个女孩子接反革命的班，千万别接革命的班。我当然不承认，别人就用皮带打我。到后来给我平反时，法院在沈阳找到这个女孩子，她出证说：那次找曲啸谈话是班主任老师派我去的，而且说是党交给的任务，并且整了个材料让我抄，让我签了字。这个假案就是这样制造出来的。当时公检法已被彻底砸烂，我也无法申诉。

批斗会上挨打是很厉害的，我当时还年轻，还是挺得住的。记得一次批斗会上，有位专政队长看我不说话，就喊："负偶（隅）顽抗！"我当时出于教师的本能说了句："那个字念'隅'。"这下可坏了，招来了一顿棍棒，他们说："革命群众念错一个字，你就恨之入骨，你反动透顶！"

批斗会越开越频繁，最后我被整为"现行反革命"，判有期徒刑20年。

一天，我爱人带着孩子，扶着婆母到监狱看我。我面对着一家老小生离死别，真是心如刀绞。我母亲把她的一床褥子给了我，说："我岁数大了，你这次入狱，我怕见不着你了，以后想起妈妈，你铺上褥子就像见到我一样。"

我爱人从身上脱下一件背心给我披上，那时是11月底了。孩子不懂事，他刚会叫爸爸，他一边摸着手铐一边问："爸！啥？啥？"我怎么能告诉孩子这是关系到我们一家人生死存亡的手铐呢？当时，我经过激烈的思想斗争后，对爱人说："玉兰，我们离婚吧。"我爱人听我这样一说就哭了。她说："为什么你要赶我走呢，我有什么地方对不起你？"我说："不是我们感情不好，当初你不嫌弃我是'右派'，和我结婚，我一辈子都感激你。可现在我被判了20年徒刑，你才二十几岁，怎么可以因为我而断送你的一生呢？"爱人坚决不同意，说："我自己能劳动，我等你回来。"我又说："为了孩子你不要等我了，你不能让我们孩子当一辈子'反革命子弟'。如果你珍惜我们的感情，你就答应我的要求：第一，替我把母亲埋了；第二，希望把孩子带大，等他长大成人后，再把我的事情告诉他；第三，你生活实在困难，你一定和一个朴实的农民结婚，这就算对得起我了。"就这样我们在哭声中分手了。后来专政队强行发给了我一份所谓离婚证明书。以后我才知道，我进狱后，专政队把我爱人和孩子都赶到了乡下，而且不让我母亲和我的爱人在一起。母亲回到了家乡，我爱人和孩子被赶回了娘家。更为狠毒的是把判我徒刑的大布告贴到了岳父的家门口，老岳父受不了这种打击得了重病，大妻弟也因为舆论的压力得病死了，二妻弟是部队副连长，也因受我的株连，转业了，许多亲戚受了株连。后来，我爱人和孩子由于生活不下去，不得不到山海关北边一个山沟里找了一个远房姨母家躲一躲，求个生存。后来姨母也死了，这样一来我爱人得了重病，孩子也有了病，娘俩处于生活的绝境，从此我和他们也断了音讯。后来母亲也死了。"四人帮"一伙搞的这一场历史灾难，害得我家破人亡，妻离子散。当然，和我有同样遭遇的不知有多少家，只是程度有深浅，所以今天彻底否定"文化大革命"，狠批"四人帮"一伙极左的东西，这确实是我们政治生活里非常重要的一件大事。"左"倾的流毒如不彻底肃清，不仅是影响我们四化建设，而且会留下祸患。

……

通篇都是朴朴素素、平平实实的口语。但他用词又很准确，如以"我听叔叔说了，你不是故意当‘右派’的”，表现姑娘的纯真和善良；以“我爱人带着孩子，扶着婆母到监狱看我”，表现老少三代人的艰难；以“我岁数大了，你这次入狱，我怕见不着你了，以后想起妈妈，你铺上褥子就像见到我一样”，表现母亲的慈爱和生离死别的痛苦；以“孩子边摸着手铐边问：‘爸，啥？啥？’”表现幼子在父亲灾祸临头时的童稚。如实地再现了当时的悲剧情景，令人听了心头发酸，禁不住潸然泪下，产生了极为强烈的艺术感染力。

3.生动感人

口语化、准确朴素，只是对演讲稿的基本要求。演讲要说服听众，打动听众，语言还应生动感人。生动感人，指演讲语言的运用要新鲜活泼，能绘声绘色、活灵活现地表现思想感情和客观事物。这是演讲语言艺术化的标志。只有生动感人的语言才能产生巨大的艺术魅力。

那么，演讲稿的语言要怎样才能生动感人呢？一要用形象化的词语，因为形象化的词语能把抽象化为具体，深奥讲得浅显，枯燥变成有趣；二要运用比喻、比拟、排比、对比、设问、反诘、反复、夸张等修辞手法，增强语言的形象性；三要幽默风趣，幽默风趣也是造成语言形象生动的一种有效手段。举例如下：

恩格斯《在马克思墓前的讲话》，开头讲到马克思逝世时，说“他在安乐椅上安静地睡着了”，就比说“他是死在安乐椅上的”形象生动得多，因为这是从视觉上写马克思坐在安乐椅上逝世的情景，使我们如见其人。不说“逝世”，而说“睡着”，不仅形象地写出了马克思逝世的从容、安详神态，而且饱含着作者无限痛惜的感情。又如，马克思把敌人的诬蔑“当作蛛丝一样轻轻抹去”，非常形象地表现了马克思对敌人的极端蔑视。用“蛛丝”比喻反动派的政治迫害，说明他们丝毫束缚不了革命家的手脚，阻挡不住革命家的前进；把它“轻轻抹去”，表现了革命家藐视敌人的大无畏英雄气概。

抗日战争时期，中央警卫团划归军委，由叶剑英分管。当时，警卫团的同志大多数都是从战斗部队抽调的经过长征的老同志，由于换了个环境，普遍不安心。叶剑英同志听说后，就在离枣园三四里的侯家沟（警卫团团部的驻地）召开了一次全团大会，叶剑英同志在大会上讲了话。当讲到大家都不愿在后方干，要到前线去杀敌的时候，他提高嗓门，大声地说：“中央警卫团应该改名，不叫警卫团，叫‘钢盔团’。”一句话把大家说懵了。叶剑英同志接着解释说：“钢盔是干什么的？钢盔是保护脑袋的！中央警卫团是保护全党的脑袋——党中央的，所以应该叫它‘钢盔团’。你们说对不对呀？”大家都笑了，异口同声地说：“对！”“人没有脑袋行不行呀？”大家又齐声答道：“不行！”“你们都是英雄好汉，到前方去可以杀千百个鬼子，但是没有党中央来领导抗战，能不能把鬼子打出去？”“不能！”于是叶剑英同志大声宣布：“谁再不安心在警卫团工作，叫他到办公室来找我，我们来谈这个道理。”叶剑英同志用了一个形象而贴切的比喻，说明了深刻的道理，使同志们的思想豁然开朗了，会后就再没有人要求离开警卫团了。

青海师范专科学校唐彩霞的演讲辞《强者之歌》，开头一段是这样讲的：“我们这些大学生，都像是在一辆公共汽车上，坐着的是名牌大学的，站着的是一般院校的，挤在车门口的是我们这些师专生。坐着的自命不凡，沾沾自喜；站在坐椅旁边的，有些愤愤不平，总认为自己也应该坐着；挤在车门口的，有的因挤上了车暗自庆幸，但更多的人则唉声叹气，悲叹自己怀才不遇，错失良机，挤到了这倒霉的'教书匠'的角落里。是啊，跟坐着的相比，没那般舒适可靠；与站着的相比，也似乎低了一大截子呢！”演讲辞不惜笔墨，详细地描述了人们挤上公共汽车时的不同心理状态，以此比喻几种不同大学的学生，惟妙惟肖地勾勒出某些青年学生的思想实际。人们对挤公共汽车都有切身感受，谁不知道那挤在车门口的滋味？这种形象化的演说，把一些大学生的心理状态活灵活现地展示了出来。接着，演讲者批评了这种不健康的思想，但她的批评也是很艺术的：“朋友，假如生活真像一辆车，载着我们这些还算幸运的'乘客'，那么，张海迪，她的位置又在哪里？生活赐予她的，也是一辆车，但只是一辆轮椅车！可就是在这样一辆车上，我们的同龄人、中国的保尔——张海迪，却用汗水和心血写下了她光荣的历史；用这辆普普通通的车子，走过了人生道路上最令人鼓舞的历程；靠这两只用人力启动的轮子，走在时代的最前列；用微笑和鲜花，迎来了人生最美好的春天。”演讲辞把几个乘车者的形象摆在听众面前，发人深省，逼迫着我们每一个人做出心灵的评判。在这种形象化的鲜明而强烈的对比面前，一切空洞的理论说教，不都变得软弱无力、黯然失色了么？

斯大林在共产国际执行委员会第七次扩大会议上的讲话中，引用了一个事例，批判党内的教条主义者：革命初期，克里木的水兵和步兵准备举行起义，他们去请示社会民主党，可是这些教条主义者怎么样呢？“社会民主党人就召开代表会议来讨论这个问题，他们拿出《资本论》第一卷，拿出《资本论》第二卷，最后拿出《资本论》第三卷，他们寻找马克思有关克里木、塞瓦斯托波里的指示，有关克里木起义的指示。但是，找遍三卷《资本论》，都没有找到一个，简直没有找到一个有关塞瓦斯托波里、有关克里木、有关水兵和步兵起义的指示。他们又翻阅马克思和恩格斯的其他著作，寻找指示，还是一点指示也没有找到。怎么办呢？水兵们已经来了，等着答复。结果怎样呢？社会民主党人只好承认，在这样的情形下，他们不能给水兵和步兵任何指示……水兵和步兵的起义就这样夭折了。”显然，这里引用的事实是夸张而又富于幽默感的，但它却把教条主义者的迂腐、僵化的头脑生动地揭示出来了。

鲁迅的幽默才能也是出类拔萃的。1927 年在香港作《老调子已经弹完》的演讲，讲到凡是老的旧的事物都应当灭亡时，用了一个很幽默的例子来说明，他说：“反动统治者希望自己永远不死，及至知道非死不可，又希望自己尸体不烂。如果真的永远不死，则地面上早就挤满了人，后人无法容身了；如果真的尸体不烂，则地上早就堆满了尸体，连掘井、造房子的空地也都没有了。”这样一讲，就从反面证明了旧事物都应该死亡的道理，说得既妙趣横生，又尖锐透辟。

郭沫若在《关于文风答〈新观察〉记者问》中指出：“要使文章生动，我想，少用形容词是一个秘诀。现在有些文章有个毛病，就是爱堆砌形容词，而且总是爱用最高级的形容词。比如嫌‘十分’不够，一定要说‘十二万分’。其实你愈极端化，效果愈见少，别人是愈不相信的。”写文章如同涂脂抹粉，因为嫌不美，而浓涂艳抹，会使漂亮的面容减色，使丑人变得更丑。写演讲稿也是如此，如果过分追求文辞的华美，会弄巧成拙，失去朴素美的感染力。例如，有一位青年演讲者，讲到他父亲被“四人帮”迫害致死的伤心情景时，说：“我的心海荡起悲哀的浪潮，两眼犹如双泉，盈满晶莹的泪水；最后，我的两行泪水像断线的珍珠纷纷落下。”尽管台上演讲者现出痛苦的表情，台下听众却发出一阵笑声。这样的演讲自然是不成功的。究其原因，恐怕就在于过分追求语言形式上的华美，使听众感到台上的人不是在同我们交流思想感情，而是在卖弄辞藻，炫耀文采。

(六)演讲稿的躯干——短小精悍的篇幅

德国著名演讲学家海茵兹·雷曼麦说：在一次演讲中，“宁可只有一个给人印象深刻的思想，也不要五十个前听后忘的思想。宁可牢牢地敲进一颗钉子，也不要松松地按上几十颗一拔即出的图钉。”我国古语云：“言不在多，达意则灵。”“善辩者寡言。”“浓绿万枝红一点，动人春色不须多。”“真正有口才的人，不一定是说话说得多的人，而是能句句说到点子上，即能触及问题实质、提出解决办法的人。”

在演讲史上，不少演讲大师惜语如金，言简意赅，留下了许多珍贵的名篇。

列宁在马克思、恩格斯纪念碑揭幕典礼上的讲话只有552个字。

最短的总统就职演说是1793年华盛顿的演说，仅仅135个字。

林肯的葛底斯堡演说，按汉字计算，连标点符号在内，总共才536字，只用了2分15秒时间就讲完了。他的演讲重点突出，一气呵成。而当时被指定为主要发言人的埃弗雷特(曾任国务卿、哈佛大学校长)，却语言唠叨，内容庞杂，与之形成鲜明对照。埃弗雷特自愧不如，次日写信给林肯说：“我用了两个小时，总算接触到了您所阐明的那个中心思想，而您只用了两分钟就说得明明白白。”可见林肯驾驭语言能力之非凡。这次演讲获得了巨大的成功，这篇演讲辞也成为世界演讲史上最著名的短小精悍的代表作。

演讲实践证明，短小精悍的演讲受人欢迎，而拉杂冗长的演讲则令人厌恶。美国著名作家、演说家马克·吐温有一次在教堂听牧师演讲，一开始他觉得讲得很好，打算在牧师募捐的时候，把自己口袋里的钱全拿出来。可是，过了十分钟，牧师还在没完没了地讲，马克·吐温于是改变了主意，决定留下整元的钱，只给牧师一些零碎钱。又过了十分钟，牧师还没有讲完，马克·吐温决定一分钱也不给了。等牧师讲完，收款的盘子递到他面前时，马克·吐温气得不但没给钱，反而从盘子里拿出两元钱。这说明马克·吐温对拉杂冗长的演讲是深恶痛绝的。

岂止是马克·吐温呢，世人谁不厌恶又长又臭的演讲呢？人们放下工作，放弃休息和娱乐，挤出时间来听你演讲，总希望受到某种启迪，获得一些教益，如果他们的愿望得不到满足，他们怎能不产生反感乃至厌恶呢？

遗憾的是，在我们的讲坛上，至今还不乏不着边际、信口雌黄、平庸枯燥的演讲，白白地浪费听众的宝贵时间。

三、演讲技巧

(一)即兴演讲

在通常情况下,严肃郑重的演讲,都是经过演讲者深思熟虑,并备有讲稿的。这是有准备的演讲。但是,也有许多特殊情况和特殊原因,使得演讲者不能事先准备出讲稿,或者原先准备好的讲稿已经不能适应当时的需要,这都要求作即兴演讲。

即兴演讲,又叫即席演讲,或事先无准备的演讲。例如1985年12月,著名的爱国高僧海灯法师带着高徒范应莲访问美国。在一次记者招待会上,一位美国记者提问:“法师和你的徒弟担任成都军区武术总教练和教练,而成都军区担负着打越南的任务,这岂不犯了你们佛教徒的杀戒,坏了佛门的规矩?”

海灯法师笑道:“朋友之言须作些修正,勿谓打越南,而谓之自卫还击,此其一;其二,我佛慈悲,善恶须分,惩恶扬善,佛门之本,越南当局忘恩负义,与邻反目,骚扰边境,杀害无辜,吾为中国一佛徒,岂能坐视?中国兵士乃再现之罗汉,深受黎民百姓之信赖,老衲愿效绵薄之力,聊表寸心。”

当时又有一名美国记者问道:“法师说中国军人值得信赖,有何根据?”

海灯法师对答如流:“敝人坐守佛门,天下之事了解甚少,实属坎井之蛙。不过,中国军人之德行,吾还有一点发言权。别的不说,仅就耳闻目睹之事作一简介,如上所述,惩治越军,保卫山河,中国军人抛头洒血在所不辞,吃尽苦头,也心甘情愿,此为一宗;1981年四川发大水,良田民房,惨遭淹没,妇孺老幼,危在旦夕,正值存亡之秋,忽千军万马犹如天兵天将,迅即赶来救援,普度众生,此乃二宗;为使庶民生活更上一层楼,几千军人和民兵活跃在李白故乡四川江津青莲乡,修建水电站,真是功德无量,善哉,善哉!”

法师如数家珍,滔滔不绝,听众无不钦佩。这就是即兴演讲。

又如在一次以“爱我神州”为题的演讲比赛会上,演讲者个个激情满怀,把伟大祖国上下五千年的伟业尽情歌颂,无一不谈雄伟的长城,无一不谈四大发明……听完第一个人的演讲,颇有新鲜感,但经过登台者多次重复之后,却令人感到单调乏味,千篇一律,千人一腔。不管是演讲者本人,还是听众、评委,都感到窒息。轮到最后一名演讲者登台了,他所准备的演讲稿,仍然没有跳出前边那些人的圈子。可是,当他演讲的时候,却独出心裁,别开生面。他说:

前边的同志们讲了我们伟大祖国悠久的历史,讲了雄伟壮观的长城,讲了给世界文明带来飞跃的四大发明。是的,我们的祖国,有这一切,是够可爱、够神圣的了。但是,我以为,只有这些还不够,因为长城尽管又高又长,却挡不住侵略者的铁蹄;而指南针呢,它确实能指导方向,却引来了武装到牙齿的侵略者,引来了帝国主义的战舰,引来了毒害中国人民的鸦片;火药,成了帝国主义列强杀我同胞、烧我国土的武器；而先辈发明的洁白的纸上，写下的却是不平等的尼布楚条约、丧权辱国的 21 条……是的，我们的祖先，曾是何等荣耀！我们的祖国，曾是怎样的富裕、强大！但是，我们又清楚地知道，这一切终归是祖先的，祖先的骄傲！我们，炎黄子孙们，决无权力躺在祖先的功劳簿上沾沾自喜，大吹大擂！俗话说，好汉不提当年勇，我怎能忘记自己肩上的重任？祖国，只有在我的辛勤劳动中，在我粗糙的大手中，变得在全世界范围内领了先，变得强大、富裕，才遂了我的意，才称了我的心！

此人演讲成功的原因，就在于他遇到“撞车”的情况，能够随机应变，另辟蹊径，逆向求新。这也是即兴演讲。

从某种意义说，即兴演讲能力比有准备演讲的能力更重要。因为在日常学习、工作和各种活动中，都需要这种即兴式的演讲。

特别是现代商业的要求，现在流行的口头交际带来的非正式性，都需要迅速地调集我们的思维、流利地表达我们的观点的能力。然而这种能力比起有准备的演讲也要困难得多。它要求演讲者有高度的概括能力，有敏捷的思维能力，有广博的知识储备和生活素材，有可供选择的典型事例，能够熟练地驾驭语言，有出口成章的本领。这就给演讲者提出了更高的要求。有位英国首相在一次即兴演说之后，遇到个年轻人向他祝贺：“刚才您的讲话真不愧是一篇绝妙的即席演说。”首相则回答道：“可不能这么说，年轻人，为这篇即席演说，我已经准备了 20 年。”

事前没有什么准备，在与会的现场上被邀请讲话，讲什么呢？即席讲话首先要解决的问题是选好议题。这里给你提供 3 个源泉：

(1)谈谈你的听众，他们是些什么人，在做什么，尤其要谈他们对社会对人类有哪些贡献；

(2)别人已经讲了些什么，还没有讲什么，还有什么问题可以补充、强调、深入发掘的；

(3)你还可以表示赞赏你前边一位演讲者的某一个见解，并且对它加以引申、发挥。

总之，你的演讲最好不要离开大会的主题。

即兴演讲有它的缺点，就是容易流于浮泛。演讲者应邀作即席讲话，有的不得要领，见解平庸；有的知识贫乏，条理紊乱；有的兴之所至，随意发挥；有的言之无物，于人无益。严格地说，信口开河，随便乱说的讲话，不能算作即兴演讲。当你被主持会议的人热情地邀请作即席讲话时，如果你确实无话可说，最好的办法就是谦恭地谢绝，千万不要贸然上台，东拉西扯，自己出丑难堪。

(二)随机应变

在演讲之前和演讲过程中，都可能出现各种意外情况，影响演讲的正常进行。遇到这种情况，演讲者要沉着镇定，善于根据不同情况随机应变。这样，就能够转危为安，甚至化腐朽为神奇。反之，则会面红耳赤，处境尴尬，甚至逃之夭夭，使演讲彻底"砸锅"。那将是多么不愉快的事啊!

例如,有一位团干部登台演讲,由于他的口头禅较多,不一会儿,台下就"蜂声嗡嗡",接着又传上来一张纸条,打开一看,上面写了一首打油诗:"因为所以总而言之,这个那个是不是,哼哼哈哈炒冷饭,敬请讲者要细思。"这时,应该怎么办呢?这位"讲者"由于缺乏应变能力,气得跳下了台。台是下了,但心里总不是滋味儿,以致几天几夜吃不下饭,睡不好觉。

同样的情况,李燕杰老师也遇到过,但他的结果却大相径庭。有一次,他讲到民族自尊心、民族尊严,批评那些盲目崇外、妄自菲薄的人时,下边有人递给他一张条子,写着:"你有本事讲讲四化吗?"面对这样的"将军",李燕杰从容不迫地给予了回答。他首先承认祖国落后这一事实,接着引用王勃《滕王阁序》中的名句"穷且益坚,不坠青云之志",说明这种精神就是我们的民族之魂。最后他说:"作为一个国家,一个民族,如果没有自尊自爱,这个国家就完了。我们中国人不应有傲气,但必须有傲骨,有志气,有勇气。因此,应该大力提倡发扬爱国主义精神。爱祖国的高风亮节,是炎黄子孙的传统美德,是中华民族向前发展的巨大动力。还有什么比为祖国'四化'奋斗、献身更光荣、更自豪的呢?"这是多么扣人心弦、铿锵有力的回答!不但其他的听众为之动容,就是那个写条子的人恐怕也会低头沉思吧!李燕杰如果没有应变能力,这次演讲岂不也要"砸锅"吗?

俄国早期著名革命家普列汉诺夫在日内瓦作《无产阶级与农民》的演讲时,社会革命党人和无政府主义者企图破坏,会场上哨声和吵闹声响成一片。面对这个混乱不堪的演讲环境,普列汉诺夫冷静沉着,双手叉在胸前,沉默不语,眼睛却在浓眉下闪烁着嘲笑的目光。待台下渐渐平静下来时,普列汉诺夫大声宣告:"如果我们也想用这种武器同你们斗争的话,我们来时就会——(他停顿了一下,大家以为他会说带着炸弹或棍棒,然而末尾那句话却出人意料)我们来时,就会带着冷若冰霜的美女。"这句话机智幽默,立刻引起哄堂大笑,连反对者也笑了起来。于是气氛缓和,演讲得以继续下去。

1924年,孙中山先生到广东大学讲三民主义,由于礼堂不大,听众又多,空气不好,有些人打不起精神,昏昏欲睡。孙先生为了提起大家的精神,便在演讲中临时插进一个故事,说:"我小的时候在香港读书,见过一位搬运工人买了一张彩票,因无地方可藏,便存放在时刻不离手的竹杠里,牢记彩票的号码。后来彩票开奖了,中头奖的正是他。他欣喜若狂地把竹杠抛到大海里,满以为今后不再靠这根竹杠生活了。直到问起领奖手续,才知道要凭票到指定银行取款,这才想起彩票放在竹杠里,便拼命跑到海边去,可是连竹杠的影子也没有了。"听完这个故事,大家议论纷纷,有的叹息,有的大笑,都被这生动有趣的故事所吸引,再也不打瞌睡了。孙中山先生接着趁热打铁地说:"民族主义就是根杠子。"他用这样一句话,很自然地回到演讲的主题上来。孙先生的这个"应急措施",既富有寓意,又紧扣主题,振奋了听众的精神,引起了听众的兴趣和注意。

演讲者要善于在各种错综复杂的场合审时度势,做出快速反应,才能保证演讲的顺利进行。某单位举行演讲大会，一位演讲者随着掌声走上讲坛，一不注意，她被话筒线绊倒了。台下的听众顿时发出一片嘘声和倒彩声，气氛一下子降到了零点，然而，这位聪明的演讲者从容地爬起来，不慌不忙地走到话筒跟前，微笑着说："同志们，我确实为大家的热情倾倒了，谢谢！"接着，她便开始了她那激动人心的演讲。顷刻间，欢呼声大作，全场沸腾了，大家都为她这绝妙的应变和开场白叫好。

有一次，周恩来总理在人民大会堂设宴招待外国贵宾，中国食品所显示的精美文化，深受外宾的赞赏。但是突然出现了一个意外，原来上来一道汤菜里，有雕刻成各种图案的蘑菇、荸荠、冬笋之类，其中冬笋片是按民族图案"卍"刻成的，用餐时用汤匙一搅，翻转来就变成了"卐"字形，这是德国纳粹党的党徽，法西斯的标志。贵宾们一见，不禁大吃一惊，当场就有人向周总理请教。周总理也感到突然，但他随即镇定自若地向贵宾们作了解释，他说：这不是法西斯的标志，其正面是佛祖释迦牟尼胸前的瑞相，是象征福寿绵长的"万"字图案，是对贵宾们的良好祝愿。接着他又风趣地说：

"就算是法西斯的标志，也没有关系嘛！我们大家一起来消灭法西斯，把它吃掉！"

话音刚落，宾主哈哈大笑，气氛也更加热烈友好了。这道菜也被吃了个精光。

在这次宴会上，面临"卍"字图案引起的轩然大波，周总理沉着冷静，用高超的论辩技巧、幽默的口吻，既讲清了"卍"字在佛教里的深刻含义，又巧妙地回答了朋友无声的质疑和诘难，最后用"我们大家一起来消灭法西斯"这样一句幽默的双关语，维护了中国人民与世界人民的深情厚谊，取得了良好的效果。

听众递上来的纸条或口头质疑、诘难，情况是复杂的，必须具体情况具体分析：对于那些与主题有关，而自己又能够解答的问题，应在适当的时候作出回答；对于那些比较深奥、怪诞或者离开演讲主旨很远的问题，可以暂时搁置起来，待演讲完毕后再作处置；对于那些有意刁难的挑衅性问题，可以不予理睬，以保证演讲有条不紊地进行。

此外，在演讲过程中出现一些差错或遗漏在所难免，如措词不当、读错字音、遗漏语句、碰翻茶杯等，这些都不要过分在意，自然地越过去就是了。有些青年演讲者出了差错后就神色不安，吐舌头，抓耳朵，或使劲地摇头，这些都是有害的动作。如果偶尔忘记下面的内容，也不必慌张，可以迅速地翻一下讲稿，或者干脆跳过这一段，改谈大体上能够连贯的其他内容就行了。你不说，听众并不会注意你出了岔子。

不过，应变能力并不是轻而易举就能获得的，而是需要长期培养才能具备的。一般说来，知识越渊博、阅历越丰富的人，应变能力就越强。更重要的，还必须有虚怀若谷、沉着镇定的气质。我们都有这样的体验：一些在心平气和的情况下能说出来的话，到怒火中烧时就气得说不出来了。一个人如果没有虚怀若谷、沉着镇定的气质，当别人向你攻击、向你发难的时候，你就会头脑发热，大动肝火，心慌意乱，六神无主，自顾不暇，哪里还谈得上应变呢？所以我们一定要养成“每临大事有静气”“任凭风浪起，稳坐钓鱼船”“泰山崩于侧而不惊”的气质。

（三）仪表风度

演讲者在开口演讲之前，首先引人注目的是他的仪表风度。

仪表，是指人的容貌、姿态、服饰、打扮等，是演讲者整个形象的外在表现；风度，是指人的言谈、举止、气质、神情等方面总的表现和风貌。二者之间既有区别，又有联系：仪表侧重于指演讲者的外表形象，风度侧重于指演讲者的精神风貌；但是二者之间又是相辅相成的，不能截然分开，仪表并不完全排除精神方面的因素，风度也要通过人的容貌、姿态体现出来。

演讲者的仪表风度，应给听众留下最佳的“第一印象”。心理学理论“晕轮效应”认为，一个人给别人的第一印象，往往成为人们对其作出判断的依据。比如你见到一个人衣着整洁，彬彬有礼，就会认为此人做事细心，有条有理。进而会想，这个人一定有责任心，你就会在心里产生中意的感觉。相反，倘若一个人给你的最初印象是衣冠不整，邋邋遢遢，吊儿郎当，满口脏话，你定会作出其人缺乏道德、缺乏责任心的结论。因此，每个演讲者从一上场起，就应该重视自己的一举一动。

有一位青年演讲者谈体会时说：“演讲就和谈对象一样，第一眼是非常重要的。”孙中山先生曾经深刻地指出：“身登演说台，其所具风度姿态应该是衣着整洁，举止大方，还没开口即使全场有肃穆起敬之心。”演讲“最忌轻佻作态”，要“处处出于自然，有时词旨严重，唤起听众注意，切不可故作惊人模样”。可见，孙中山先生在演讲时对仪表风度是非常重视的。

英国前首相撒切尔夫人是世界出类拔萃的政治家，她经常涉足讲坛，也十分注重自己的仪表风度。人们评论说，撒切尔夫人雍容而又不过分华贵，庄重但不显老相，内心是“铁女人”而谈吐却温善柔和。撒切尔夫人三次连任首相，与她的仪表风度有一定的关系。

由于仪表风度的原因致使演讲功败垂成的事也是不乏其例的。1961 年初，美国大选，素以思维敏捷、口齿伶俐、毅力坚强、经验丰富著称的共和党候选人尼克松，满怀信心地准备入主白宫。当时的民意测验也表明，尼克松将以 50%比 44%的多数票击败民主党候选人肯尼迪。然而，选举的结果却出乎人们的预料，肯尼迪以美国历史上最微弱的票数差额——49.9%比 49.6%战胜了尼克松，登上总统的宝座。这是什么原因呢？据美国报界评论，原来是 1960 年 9 月 26 日，肯尼迪与尼克松面对美国 7 千万电视观众，举行了第一次辩论，双方都为这次辩论作了充分的准备。但是在电视屏幕上，却出现了两个截然不同的形象：尼克松由于不久前膝盖被撞伤，伤痛使他的体重减轻了 4.5 公斤，显得衣服松垮，衣领过大，加上没有化妆，强烈的灯光在他眼窝周围形成了很深的阴影，再加上伤痛的折磨，使尼克松显得憔悴不堪，精疲力尽，选民们竟怀疑这位疲惫不堪、倦形于色的人，能否运转美国这部庞大的机器；而这时的肯尼迪，却服饰整洁、雅致，精神饱满，气宇轩昂，风度翩翩，使他赢得了许多听众的心。仪表风度上的优势，成为肯尼迪获胜的一个重要的潜在心理因素。

演讲的实践表明，演讲者的仪表风度是影响演讲效果的一种重要因素。一般说来，一个仪表端庄、风度优雅大方的人，容易有比较好的“台缘”，产生正效果；而一个衣冠不整、举止粗俗的人，则较难得到听众的合作，容易产生负效果。

具体地说，演讲者在登台演讲之前，要精神饱满，文雅庄重，举止、姿态都要注意保持优美合度。如果演讲者应邀到主席台上就座，则更要坐姿端正，态度自然，谦逊有礼，给人良好的印象。切不可忸怩作态，局促不安；但也不可显得过分一本正经，严肃傲慢，给人一种自以为了不起的感觉。

苏联伟大的教育家、演讲家加里宁曾告诫我们：“人们能在许多事情上宽恕你，但永远不会宽恕你的自高自大。所以重要的是不要自命不凡。”诺尔曼·温森特·皮尔博士也说：“人天生就需要爱，也天生需要尊敬。每个人对于价值、重要性以及尊敬，都有一种内在的感觉。你如果伤害了这些东西，你就永远失去了这个人。所以，如果你热爱和尊敬一个人，你就赢得了他的好感，他自然也会热爱你，尊敬你。”对于推销员来说，顾客就是上帝；对于演讲者来说，听众就是上帝。因此，演讲者对听众一定要尊重，要谦逊有礼，决不可自视清高，以教育者自居。

当主持会议的人介绍和邀请演讲者上台演讲时，演讲者应及时地走上讲坛，登台的步伐快慢要适度，既不要急匆匆连走带跑，也不要一摇三摆，故意缓慢。举步移脚要稳健、自然，表现出庄重的风度。

走上讲坛以后，演讲者应向主持人颔首微笑致意，然后稳健地走到讲台前，向听众敬礼，以创造一种融洽、和谐、信任的气氛。然后，以亲切的目光环视听众，以表示对前来听讲的听众的感谢之意，并起到安定听众情绪的“镇场”作用。

在讲坛上，演讲者成了听众瞩目的对象，应该抬头、挺胸、直腰、收腹、双手自然下垂于身体两侧，两脚自然分开。这样显得稳重潇洒，给听众一种气宇轩昂、胸有成竹、生气勃勃的印象。决不可弯腰驼背，或者侧着身，双手撑在讲台上或者插入衣袋内，这样会显得懒散、松垮。有的演讲者在演讲时故意耸肩，踮起脚尖，抖动膝盖，这就更容易使听众反感，有损于演讲者的形象。

演讲者的风度，还表现在称呼上。演讲者对听众的称呼，不仅表现出演讲者与听众的关系，反映出演讲者的思想、道德和修养，而且也直接影响着演讲的成败：一声充满感情的称呼，能够体现出演讲者礼貌待人、诚恳谦逊的美德，马上就和听众沟通了感情，建立起友谊的桥梁，为演讲的成功铺平了道路。因此，称呼问题必须引起演讲者的重视。

演讲者在进行演讲时，要留意听众的反应，不能只是埋头讲。倘若发现听众对你的演讲不感兴趣，场中秩序不好，交头接耳，窃窃私语，或者出出进进……这些情景会使演讲者感到不愉快。遇到这种情况，也不能板起面孔训人，可以通过加重语气来集中听众的注意力，或者讲一个与演讲内容相关的笑话来引起听众的兴趣。如果演讲者在不利的气氛下不能保持理智和镇静，对听众批评、讽刺甚至发火，就会加重对立情绪，造成僵局，使自己陷于被动。1959 年，苏联领导人赫鲁晓夫在联合国会议上发表冗长的演讲，听众反感，秩序很乱，赫鲁晓夫暴怒起来，竟然脱下皮鞋，用鞋跟敲打讲台。这种拙劣的做法，无异于一个小丑的滑稽表演，是决然收不到好效果的。

即使遇到有人故意寻衅，我们也要坚持以礼相待，不应以非对非。例如，英国现代戏剧的奠基人萧伯纳的剧本《武器与人》首次公演，便获得成功。剧终时，许多观众要求萧伯纳上台讲话。可是，当萧伯纳走上舞台，正准备讲话之际，突然有一个人对他大声喊道："萧伯纳，你的剧本糟透了！谁也不要看，收回去吧！停演吧！"观众大吃一惊，以为萧伯纳一定会气得暴跳如雷。谁知出乎意料，萧伯纳不但不生气，反而笑容满面地向那个人深深地鞠了一躬，彬彬有礼地说："我的朋友，你说得好，我完全同意你的意见！"说着，他指了指剧场中的其他观众，说："但遗憾的是，我们两个人反对这么多观众有什么用呢？我们能禁止这剧本演出吗？"萧伯纳话音刚落，全场响起一阵响亮的笑声，紧接着又是一片暴风雨般的掌声。在掌声中，那个故意寻衅的人灰溜溜地走出了剧场。在这种情况下，你以温文尔雅、彬彬有礼的方式笑迎攻击者，显然比暴跳如雷、大动肝火更好。

演讲结束时，演讲者也应该向听众行礼，以表示对听众的感谢。如遇听众热烈鼓掌，不应不理不睬，匆忙下台，而应面向听众，或报以鼓掌，或敬礼，以表示答谢。演讲者下台时的举止应同上台时一样，稳健庄重。

（四）态势语言

演讲主要靠有声语言，但如果只注重这一方面还不够，还必须辅之以无声语言。讲，是有声语言，给人以听觉形象；演，是无声语言，给人以视觉形象。俗话说："红花虽好，还须绿叶扶持。"如果说有声语言是红花，那么，无声语言就是绿叶。演讲演讲，必须有演有讲，光讲不演，光演不讲，都不成其为演讲。只有将二者有机地结合起来，才能构成完整的演讲形式，也才称得上上乘的演讲。

无声语言，又叫态势语言，是指能在一定程度上表达演讲者的思想感情的姿态、表情、手势、动作等。态势语言的作用在于辅助有声语言更准确、更形象、更有效地表情达意，弥补有声语言表达上的不足。古希腊著名的演说家德摩西尼说："演讲之秘诀在于姿态。"我国的教育家陶行知先生说："演讲能使聋子看得懂，则演讲之技精矣。"因此，古今中外的演讲家都十分重视使用态势语言为辅助工具，来增强演讲效果。

演讲者一举手，一投足，一扬眉，一怒颜，都会产生表意作用。明末清初的著名说书人柳敬亭，很善于用各种姿势渲染气氛，他的每一个眼神，每一个手势，都恰到好处。这样的"演"，对于他的"讲"就有很强的辅助功能了。

据美国演讲学家卡内基记述，老罗斯福在演讲时，比其他演说家"更有力，更勇猛，更活跃。他满脸都是动人的情绪，他的双拳紧握，他的全身好像一架表现感情的机器。"

态势语言由如下一些基本因素构成。

1.站姿

古今中外成功的演说家一般都是站着演讲的。演讲者站立，可以给人一个完整的形象；唯有站立，才能使手势、身姿自由地摆动。演讲者站在台上，要如青松般挺立，不能掉肩斜背；可一脚略前，一脚稍后，或呈“稍息式”，但绝不可扭曲身子，或过分侧向一方，背对场中另一方，这是对场中听众不一视同仁的表示；两脚不可靠得太拢，不宜跨得太开；演讲中应有所变换，应有适当的移动，但不可跨越太远，来回走动。总之，站姿应自然、大方、不拘谨、不呆板，身子要正，无论动与不动，都应当像一尊优美的雕像，体现出一种形象美。高尔基赞扬列宁的演说时，说：“他站在讲台上的整个形象，简直就像一件古典艺术作品，什么都有，然而没有丝毫多余，没有任何装饰；即使有的话，也看不出来，正如脸上的两只眼睛，手上的五个指头那样，天生不可缺少似的。”

2.表情

有人曾问古希腊最伟大的演说家德摩西尼：“对于一个演说家，最重要的才能是什么？”

德摩西尼回答：“表情。”

又问：“其次呢？”

“表情。”

“再其次呢？”

“还是表情。”

由此可见表情在演讲中的重要性。

人们的面部表情，是人的思想感情在外貌上的显示，是人的思想感情最灵敏、最复杂、最准确、最微妙的“晴雨表”。一般地说，喜则眉飞色舞，怒则切齿瞪眼，哀则蹙额锁眉，乐则笑逐颜开。

演讲者应该通过自己的面部表情，对听众施加心理影响，构筑起与听众交流思想感情的桥梁：点头表示同意，摇头表示否定，昂首表示骄傲，垂头表示沮丧，咬唇表示坚决，撇嘴表示轻蔑，张口瞪眼表示惊讶，等等。

面部表情要随着演讲内容和演讲者情感的变化而变化。例如，1983 年在上海市职工“振兴中华”读书演讲比赛中，中鹄夺标的青年女工周念丽，在题为《人生的航线》的演讲中，提到自己过去的遭遇时说：

我，是一个生下来就有“帽子”的人。长大后，又曾是一个丢失了名字的人。襁褓之中，我父亲已去世。他留给我的唯一遗产，是一顶沉重的政治帽子。史无前例的“文革”风暴，又把妈妈卷人“牛棚”。“双料狗崽”便是同学赠给我的“雅号”。为了给近乎悲凉的心灵以一丝慰藉，我从港台歌曲中去寻找刺激，去教堂望弥撒，以幻求“超脱”。

这时候，演讲者的声调是颤动的，表情是哀怨的，愁眉苦脸，蹙额锁眉，甚至发出了“妈妈，您为什么生下我”这样令铁石心肠也会心酸的呼喊。演讲者声泪俱下，听众无不动容。接下来，她又讲道：

是祖国母亲挟着十一届三中全会的春风，来拥抱了我，为父亲平了反，又送我进了大学的校门。团组织也纠正了我的航线偏差，把我从迷茫中拉出来，教我读书，教我奋进。

这时，喜悦、感激之情使她绽开了笑脸，听众也为之开颜。随着演讲者感情波澜的起伏，听众受到深深的感染，演讲获得了圆满的成功。

有些演讲者不善于运用自己的面部表情，不管内容如何转折变化，不管感情如何波澜起伏，始终都是一种表情，仿佛面部表情同思想感情的变化毫无关系。这不仅会给听众一种呆滞、麻木的感觉，而且有损于思想感情的表达。

面部表情中最重要的是眼神。在演讲中，眼睛的表情达意起着关键性的作用。意大利著名艺术大师达·芬奇说过：“眼睛是心灵的窗户。”人的眼睛是很能够表达思想感情的，甚至能够表达出用语言难以表达的极其微妙的思想情感。优秀的演说家，总是十分重视和善于运用眼睛来“说话”，表达出丰富而多变的思想情感。通常，愤怒便瞪眼，思虑便凝目；双眉紧锁，就表示忧愁；眉目骤张，表示惊异；目光明澈，表示心怀坦荡；目光呆滞，表示心事重重；目光炯炯，表示精神焕发。

在演讲实践中，应当如何运用眼神呢？

一要尽量看着听众说话。这样，表示演讲者心目中装着听众，是在与听众交流感情。有的演讲者，眼睛或仰视天花板，或俯视地下，或左顾右盼，东张西望，躲避听众的目光，显得很不庄重，很不礼貌。演讲者也不应该一味地直视某一个人，或者眼睛滴溜溜乱转，而应该将两眼略向下平视，并兼顾全场，尤其不要忘掉最后一排的听众。

二要注意眼神运用的复杂多样。眼神的运用，虽然都是与听众交流感情，但有的是依据演讲的内容，有的是依据对听众的态度，有的是依据自己的特殊情绪等等，情况错综复杂，眼神的运用自然也是丰富多彩的。如果演讲者总是一种无动于衷的眼神，就会给听众一种麻木、呆滞的感觉，对演讲的效果也是有害无益的。

3.手势

用大方、文明、得体的手势来激发听众的情绪，是演讲者必不可少的手段。生动的有声语言如果配上恰当、优美的手势，就能使演讲更富有感染力、说服力和号召力，造成理想的演讲效果。

毛泽东当年在延安演讲抗战必胜之路，当讲到“前途是光明的，道路是曲折的”时，他沉静地向前望着，举起右手掌慢慢地向前方推出——这真是推动历史前进的伟大手势，造成了极为强烈的表现力和感染力，成为人们记忆中的一个极难忘、极典型的手势。

英国首相丘吉尔在演讲中，经常伸出中指和食指，组成V字符号，象征胜利，在反法西斯战争中给人们留下了难忘的印象。

手势的基本含义有四种：一为抒情手势——表达演讲者喜、怒、哀、乐的强烈情感，使之形象化、具体化。比如讲到非常气愤的事情，演讲者怒不可遏，就可以双手握拳，不住地颤抖，或者以拳击桌，有助于情感的表达。1947 年 8 月 24 日，刘邓大军在进军大别山途中，中路先遣队和野战军司令部抢渡汝河时，遭到敌人的围追堵截，情势非常危急，刘帅立即召集指挥员进行紧急动员："同志们，情况确实是严重的，我们已经听到追击我们的敌人的炮声了！如果让后面的敌人赶到，把我们夹在中间，不但影响战略跃进，而且还有全军覆灭的危险！"说到这里，他的声调变了，变得坚毅有力，如金石坠地般地说："狭路相逢勇者胜！"同时，用拳头猛击桌面，朗声复诵："狭路相逢勇者胜！"刘帅的演讲，极大地鼓舞了部队的士气，经过一夜的激战，我军终于渡过了汝河。

二为指示手势——指出听众视觉范围内的人、物或方向，给听众以实感。如说到"我""你们""这边""那边""上头""下头"等等，都可以用手指一下。闻一多先生在《最后一次演讲》中，讲到"今天，在这里有特务没有？你站出来！是好汉的话，你出来讲"，这时，伸直食指，指向台下，使那些混杂在听众中的特务有的胆战心惊地低下了头，有的夹着尾巴溜出了会场，而群众则报以长时间暴风雨般的掌声。

三为象形手势——用来摹形状物，给听众一种具体、形象的感觉。比如，在说到某个东西的形状、大小时，就用手比一下，听众就可以知道它的形状、大小了。1934 年，国民党北平市长袁良曾下令禁止男女同学同泳，鲁迅对青年们发表演说道："不准男女同学同泳，那男女一同呼吸空气，淆乱乾坤，岂非比同学同泳更严重？袁良市长不如再下一道命令，今后男女外出，各戴一个防毒面具，既避免空气污染，又不抛头露面。这样，每个都是，喏，喏！……"说着，诙谐地把头微微后仰，用手模拟着防毒面具的管子，讽刺意味儿十足。

四为象征手势——表示抽象的意念，能够启迪听众的思维，引起听众的联想。比如，讲到"同志们，祖国的未来，前程似锦"时，演讲者就可以把右手向前方伸出，以示未来。

运用手势也要掌握两条原则：一要简约干净。手势虽很重要，但毕竟是辅助手段，不可过多，过于烦琐。有的演讲者手势泛滥，两句一招，三句一式，左挥右舞，大砍大劈，令人眼花缭乱，目不暇接，仿佛在观看杂技表演。时间一长，听众会产生逆反心理和厌烦情绪。手势要根据表情达意的需要，该用的地方才用，不该用的地方坚决不用。二要自然恰当。演讲者的手势贵在自然，自然才是感情的真实流露，自然才能给人以美的享受。

4. 动作

态势语言除了上述几方面外，还可以用演讲者的全身动作来表情达意。例如，鲁迅先生 1931 年在北平演讲，当他讲到左联五烈士惨遭国民党反动派杀害时，他突然一下子从藤椅里站了起来，沉痛、悲愤地说："他们五位，被杀害了！中国失掉了很好的青年，左联失掉了很好的战士，我沉重地感到，我、我失掉了很好的朋友!”显然,这种突然站起的大幅度的态势动作,在听众中唤起了庄严肃穆的感情。这是单纯的手势难以产生的效果。

又如林肯在当选总统以前,有一次作为被告的辩护律师出庭。原告的律师将一个简单的证据翻来覆去地陈述了两个多小时,听众都不耐烦了。好不容易才轮到林肯辩护,只见他走上讲台,一言不发,先把外衣脱下,放在桌子上,然后拿起玻璃杯喝了口水,接着重新穿上外衣,这样的动作重复了五六次,逗得听众哄堂大笑。在笑声中,林肯开始了他的辩护演说。他的幽默动作,实在是对原告律师的绝妙讽刺,也为自己辩护的成功奠定了基础。

总而言之,演讲离不开态势语言,必须运用态势语言作为辅助工具来增强演讲效果。但又不可过多过滥,喧宾夺主,应该用得恰当,显得自然。

参考书目

1.王东,高永华.口才艺术.北京:光明日报出版社,1991

2.吴绿星.日常实用口才.广州:新世纪出版社,1988

3.乔居松.实用口才.北京:中国国际广播出版社,1993

4.田乃吉,吴绿星,丘克军.新编口才学.福州:福建科学技术出版社,1988

5.古伟.口才学技巧成功术.武汉:湖北科学技术出版社,1994

6.舒志.能说会道80法.成都:四川科学技术出版社,1993

7.舒志.能言善辩80例.成都:四川科学技术出版社,1993

8.邵天声.演讲与口才文章荟萃.长春:吉林大学出版社,1993

9.〔美〕戴尔·卡耐基.怎样使你的谈吐更动人.上海:上海文化出版社,1988

10.〔美〕戴尔·卡耐基.处世的艺术.广州:广东旅游出版社,1987

11.孔棣华.学会交际.郑州:河南教育出版社,1991

12.李志强,徐佩印.交际与口才.南昌:江西人民出版社,1987

13.王双成.实用交际口才.大连:大连理工大学出版社,1993

14.冯大明,社交与口才.北京:中国城市出版社,1991

15.李建南,黄淘安,王强东.口头交际的艺术.北京:中国青年出版社,1991

16.天鸿.社交指南.长春:吉林大学出版社,1988

17.〔美〕杰勒德·I.尼文贝格.交涉必胜术.北京:海潮出版社,1989

18.吕支东.说服人的艺术.沈阳:白山出版社,1991

19.于秀臣,胡振开,吕义军.降人术.大连:大连出版社,1990

20.维嘉,金川,纯洁.随机应变.石家庄:河北科学技术出版社,1990

21.魏保信,袁跃兴,睢义.成功交谈妙例.石家庄:河北教育出版社,1993

22.冯大明.幽默与口才.北京:中国城市出版社,1991

23.〔美〕赫伯·特鲁.论幽默.成都:成都科技大学出版社,1988

24.居工.处世幽默术.北京:中国国际广播出版社,1991

25.余明阳,岳瑜,李元根.幽默艺术.长春:吉林大学出版社,1989

26.〔美〕赫伯·特鲁.幽默的艺术.上海:上海文化出版社,1987

27.胡范铸.幽默语言学.上海:上海社会科学院出版社,1987

28.龚维才.幽默的语言艺术.重庆:重庆出版社,1993
29.〔美〕赫伯·特鲁.幽默的秘诀.厦门:鹭江出版社,1989
30.檀明山.成功幽默技巧.北京:中国商业出版社,1994
31.进生,众集.世界幽默大观.北京:中国物资出版社,1988
32.苏捷,筱笠等.名人的幽默与妙答.北京:中国青年出版社,1993
33.孙绍振.幽默答辩50法.厦门:厦门大学出版社,1990
34.王双龙,刘兴恒.幽默谈吐100法.大连:大连理工大学出版社,1993
35.明山.精明经商与口才.北京:中国商业出版社,1993
36.明山.推销与口才.成都:四川科学技术出版社,1992
37.吴绿星,田乃吉.推销与口才.福州:福建科学技术出版社,1989
38.舒志.谈判与口才.成都:四川人民出版社,1992
39.〔美〕荷伯·科恩.人生与谈判.北京:旅游教育出版社,1989
40.章卫群,杨江华.第一流的谈判技巧.北京:经济管理出版社,1992
41.〔美〕霍华德·雷法.谈判的艺术与科学.北京:北京航空学院出版社,1987
42.杜娴.无敌谈判术.北京:学苑出版社,1989
43.朱文忠等.经济谈判艺术.郑州:中原农民出版社,1989
44.无名氏.经济谈判术.北京:能源出版社,1988
45.苏永青.最新谈判竞争术.北京:农村读物出版社,1990
46.〔美〕哈维·麦凯.最怕竞争对手看的书.长春:长春出版社,1989
47.陈纪元.商战36计.北京:能源出版社,1989
48.杨杜,陈杰.大学生择业技巧.北京:经济管理出版社,1996
49.董秋枫.实用雄辩术.福州:福建科学技术出版社,1988
50.思勤,廖祥麟.机智雄辩术.北京:华龄出版社,1994
51.周益华.辩才学.成都:四川人民出版社,1993
52.〔美〕欧文·斯通.舌战大师丹诺辩护实录.北京:法律出版社,1991
53.王沪宁,俞吾金.狮城舌战.上海:复旦大学出版社,1993
54.王沪宁,俞吾金.狮城舌战启示录.上海:上海人民出版社,1994
55.卢良梅,田崇勤.论诡辩.福州:福建人民出版社,1988
56.王建伟.诡辩与反诡辩.延吉:延边大学出版社,1988
57.陈显泗等.司法妙计.成都:四川辞书出版社,1994
58.周光明.法庭辩护演讲与逻辑推理.重庆:重庆大学出版社,1987
59.沧波.实用官司大全.重庆:西南师范大学出版社,1996
60.林准.刑事案例选编.北京:法律出版社,1994
61.邵守义,肖国良,宋嗣廉,高振远.演讲全书.长春:吉林人民出版社,1991
62.蔡顺华,彭树楷.演讲与说话艺术辞典.西安:陕西人民教育出版社,1989
63.谭大容.演讲·论辩与逻辑.重庆:重庆大学出版社,1987
64.季世昌,朱净之.演讲学.南京:江苏教育出版社,1986

65.邵守义.实用演讲学.北京:中国青年出版社,1985

66.高瑞卿.演讲稿写作概要.长春:东北师范大学出版社,1985

67.周新干,魏传宪.精短实用演讲辞百篇.成都:成都科技大学出版社,1993

68.北京市委党校文史教研室.应用文写作教程.西安:陕西人民教育出版社,1987

69.凌空,盛沛林.简明演讲学.北京:解放军出版社,1988

70.黄士基.演说的技巧与艺术.武昌:华中理工大学出版社,1986

71.梁世坚.演讲成功术.桂林:漓江出版社,1991

72.冯远征.演讲心理学.延吉:延边大学出版社,1983

73.晓舟,张双.中外演讲轶事.重庆:重庆大学出版社,1988

74.庞耀辉.演讲与美.重庆:重庆大学出版社,1987

75.仲金留,魏裕铭.名人演讲辞精萃.桂林:漓江出版社,1987

76.邵守义等.当代演讲辞精选.延吉:延边大学出版社,1988

77.战晓书.全国十二次演讲大赛演讲辞选粹.长春:吉林大学出版社,1993

78.周绪全.当代大学生演讲辞精选.重庆:西南师范大学出版社,1995

79.杨恒松,周放.中外演讲词名篇赏析.重庆:重庆大学出版社,1987

80.刘世芳.演讲学资料汇编.延吉:延边大学出版社,1988

81.邵守义等.演讲与口才(杂志 1～163 期).吉林:演讲与口才编辑部,1983—1997

82.毕业生就业指导(报纸)

后记

我国口才学泰斗邵守义先生说得好:“人才未必有口才,有口才必定是人才。”为了培养适应社会需要的人才,我们从1988年起,在全国范围内率先开创了《口才学》这门崭新的课程,全面、系统地讲授了“演讲艺术”“交际艺术”“商务谈判术”和“雄辩术”等内容。

我们广泛收集这方面的著作,特别是全套《演讲与口才》杂志,从中吸取了丰富的营养。加上自己多年来的实践经验和研究成果,主编、出版了《实用口才技巧》《新编实用口才》《最新实用口才技巧》《现代实用口才》《自我推销诀窍》《当代大学生演讲辞精选》等系列著作。承蒙广大读者的厚爱,这些书均已脱销。

为了满足新一代读者的需求,我们又作了较大的修改,重新出版了这部《实用口才艺术》。实事求是地说,这部书中包含着成百上千人的心血和成果,可以说是一部集大成的作品。为此,特向各位同行专家和作者(参考书目附后)致以诚挚的谢意!

“金无足赤,人无完人。”书中的缺点错误在所难免,恳请同行专家和读者不吝赐教。

作者

2013年深秋